大学体育运动与教学训练研究

吴海琴 崔亚楠 王 兴 著

吉林科学技术出版社

图书在版编目（CIP）数据

大学体育运动与教学训练研究 / 吴海琴，崔亚楠，
王兴著．-- 长春：吉林科学技术出版社，2023.10
　　ISBN 978-7-5744-0811-1

　　Ⅰ．①大… Ⅱ．①吴… ②崔… ③王… Ⅲ．①体育教
学－教学研究－高等学校 Ⅳ．① G807.4

　　中国国家版本馆 CIP 数据核字（2023）第 177119 号

大学体育运动与教学训练研究

著	吴海琴 崔亚楠 王 兴	
出 版 人	宛 霞	
责任编辑	周振新	
封面设计	树人教育	
制 版	树人教育	
幅面尺寸	185mm×260mm	
开 本	16	
字 数	250 千字	
印 张	11.25	
印 数	1-1500 册	
版 次	2023年10月第1版	
印 次	2024年2月第1次印刷	

出 版　吉林科学技术出版社
发 行　吉林科学技术出版社
地 址　长春市福祉大路5788号
邮 编　130118
发行部电话/传真　0431-81629529 81629530 81629531
　　　　　　　　　81629532 81629533 81629534
储运部电话　0431-86059116
编辑部电话　0431-81629518
印 刷　三河市嵩川印刷有限公司

书 号　ISBN 978-7-5744-0811-1
定 价　85.00元

前　言

为了全面贯彻党的教育方针，促进学生体质的健康发展，所以当代大学生成为了德智体美劳全面发展的社会主义事业合格的建设者和接班人，根据《中共中央国务院关于深化教育改革全面推进素质教育的决定》以及《学校体育工作条例》和《全国普通高等学校体育课程教学指导纲要》的精神，撰写了《大学体育运动与教学训练研究》一书。本书主要对目前普通高校体育课程改革以及大学生在校期间的课余训练、体育竞赛等方面进行了总结，力求使学生在体育锻炼中达到"享受乐趣、增强体质、健全人格、锤炼意志"。本书有以下几方面特点：

第一，贯彻"立德树人"的根本任务。深入挖掘体育运动的文化价值，加强课程思政建设，让新时代大学生在体育教育和运动技能学习过程中，更好地践行社会主义核心价值观和学习中华民族的优秀传统文化，坚定为实现中华民族伟大复兴贡献自己的青春和力量。

第二，树立"健康第一"的指导思想。健康是人类社会发展的永恒主题，大学阶段是接受健康教育的极佳时期，向大学生传授生理、心理、社会适应力等的健康新理念，让大学生掌握一至两项运动技能，培养其终身体育锻炼意识，使其终身受益。

第三，紧扣课程目标和课程标准。教材内容立足于大学体育教学的基本要求，紧扣新时代国家对于高校教学的新要求，适当提高大学体育课程的难度和挑战性，传授给学生更多的锻炼身体方法，让学生在业余时间也能参与体育锻炼和休闲，养成终身体育的习惯。

第四，构建新时代大学体育教材体系。课堂教学与课后锻炼、课余训练融为一体的"俱乐部"教学模式是大学体育改革的方向，构建符合校内外、课内外一体化的教与学新模式，实现在线教学、线上线下、翻转课堂等教学方法的改革。

目　录

第一章　体育运动的价值作用

随着科学技术的高速发展，社会经济的突飞猛进和人民生活水平的不断提高，人们征服自然和改造自然的能力达到了相当高的水准。当然，生产力的提高，物质生产的丰富，在给人们的生活带来便利的同时，人们也付出了较为沉重的代价。尽管人们的平均寿命都有延长，社会养老保险覆盖9亿多人，基本医疗保险覆盖13.5亿人，人均预期寿命达到76.7岁，然而由于环境污染，造成了人们生存条件的不断恶化，各种营养素的盲目摄入和传统的饮食文化，造成了人体内部新陈代谢的紊乱；先进交通工具的普及，使人们以车代步导致体育运动不足，机械化、电气化、信息文明又造成了人类生物结构和人体功能的退化；工作节奏快、生活压力大，社会竞争日益激烈等因素不仅导致多种心理障碍与疾患，更重要的是老年人的疾病，如高血压、高血脂等也出现在不少年轻人的身上，使他们常常处于亚健康或不健康状态。

健康是进行一切生产、生活活动的重要基础和保障，而体育锻炼则是获取健康的最佳途径。健康的生活方式不仅有利于预防各种疾病，还有利于提高人们的健康水平，提高生活质量。学校体育是一种有计划、有组织、有系统的文化教育活动，它以身体练习为主要手段，使得学生获得健康观念、建立健康行为、享有健康并为终生享有健康奠定基础。学校体育具有鲜明的教育性、健身性、约束性、娱乐性和周期性。

第一节　体育运动对人的生理健康作用

一、体育锻炼与身体发育

我们可以将人体生命的全部过程大致分为三个时期，即儿童少年时期、青少年时期和中老年时期。不同时期的生长发育速度是不同的，而且每个人在其自身生长发育的不同时期，发育的速度也是不相同的。虽然总的发育规律不可以改变，但是变化的速度是可以控制的。

（一）身高增加

有研究表明，经常参加体育锻炼的青少年，其身高要高于不经常锻炼的青少年。在青春发育期，后天因素对身体的影响在任何时候都大。青少年时期是人体生长发育的最佳时期，也是人的体型、体力和健康奠定的关键时期。此时，后天因素对身体的影响比任何时期都大。据调查发现，经常参加合适的、科学的体育锻炼对身高、体重、围度、身体机能和素质等指标的可塑程度可以达到 50%~70%。

（二）体重控制

现代社会的物质条件改善，让肥胖问题变得越来越严重，构成了对人类健康的一个重大威胁。体育锻炼是控制体重的重要因素之一，可以使得身体成分明显改变，改变程度根据训练强度和时间而变化，控制体重是女学生最感兴趣的话题之一。体重除了受先天遗传的影响外，还会受到新陈代谢的影响。如果人体吸收的能量（或物质）大于消耗的能量（或物质），体重就会增加；反之体重则下降。而体育锻炼可以有效地消耗体内脂肪，避免皮下脂肪过多，从而改变体型，使得身材更为匀称。

（三）促进骨骼发育

坚持科学的、合理的体育锻炼，可以较好地促进人体血液循环与新陈代谢，并且可以确保充足的营养物质供氧给骨骼，从而加快骨细胞的生长发育，骨密质增厚，使骨小梁的排列根据压力和拉力的不同变得更加整齐、规律，骨表面的突起更加明显和粗糙，更有利于肌肉和韧带牢固地附在骨骼面上。科学研究和实践都表明：坚持体育锻炼的人的骨骼要比一般人粗壮、坚固和稳定，骨的抗折、抗弯、抗压和抗扭曲性都比较强，对骨的承受能力和生长发育都有较好作用。

（四）促进肌肉、关节和韧带发育

科学研究表明，坚持体育锻炼的人的肌肉重量要比一般人增加 10%~15%，显得肌肉丰满、结实、有力、匀称、协调和有弹性。坚持体育锻炼，增强了关节周围肌肉和韧带的收缩性和弹性，同时也使得关节囊增厚，关节摩擦增加，所以关节活动得更加灵活、敏捷、幅度大。因此，骨骼、肌肉、关节对良好身体形态的形成起着至关重要的作用。

二、体育锻炼与身体机能

1. 可以改善和提高心脏血管功能

科学的参加体育锻炼对于人体心血管的结构和技能来说，均可产生不同程度的良好作用。在锻炼过程中，由于肌肉的紧张活动，会使心脏的工作量适当增加，心脏毛细血管开放增多，心肌的血液供应和新陈代谢增强，增加了心肌中蛋白质和糖原的贮备；心肌纤维变粗、心肌增厚，心肌的收缩力增大，心脏容量增加，从而使得心脏每搏输入量和每分输出量增加。

2. 可以改善和提高神经系统的功能

神经系统是体育锻炼过程中的最高"司令部"，人的运动是神经系统的一种特有的反射活动，可以与返回的信息形成回路的一种神经联系。人体解剖学和生理学告诉我们，人体在锻炼过程中，由感受器传入信息，通过神经中枢的反馈，再从感受器返回大脑进行改进，这种反馈促进动作技能的形成，使得动作变得更加协调、准确，神经系统经常重复这个过程，能够改善神经系统的平衡性、灵活性和持久性，达到抗疲劳、协调平衡的功能，同时提高大脑的分析、综合和判断能力。因此，练习对神经系统要求高的项目，将极大地提高神经系统的功能。

人脑的重量虽然只占全身体重的 1/50，但脑的耗氧量却占全身耗氧量的 1/4。坚持体育锻炼，可以使大脑对氧的利用率从 25% 增加到 32%，保证大脑拥有充足的氧气，营养特质提供给神经系统，从而促进脑细胞的生长发育，使大脑皮层增厚，整个大脑重量增加，体表面增大。

3. 可以促进消化系统的功能

（1）促进消化系统的功能更加完善。经常参加体育锻炼的人，能量的消耗比平时要多，新陈代谢也更加旺盛。根据生理学可知，机体要通过消化系统来吸取养分，从而为运动提供必需的动力。因此，需要消化器官加强一定的功能，从而更好地吸取养料进而满足机体的需要。经常适量地进行中、小量的体育运动，能让消化系统功能更趋完善。有研究表明，经常参加体育锻炼对食物中的营养吸收得较好，不易使身体热量过剩而发胖。体育锻炼能够增强腹肌、强化消化道的平滑肌，使腹腔内的消化器官保持正常的位置，能够有效预防内脏下垂和便秘。

（2）减少消化系统疾病。我们知道，消化和吸收是由中枢神经通过交感神经和副交感神经来起作用的。"思伤脾""气伤肝"是我国医学对精神因素与脏、腑关系的经典总结。任何痛苦和悲伤、忧郁和焦虑等情绪都会使胃、脾功能下降，如消化不良、慢性胃炎、胃下垂、便秘和溃疡等肠胃疾病，而人们情绪的改变与中枢神经系统活动具有直接关系，并且会涉及全身各重要器官的功能。科学证明，经常参加体育锻炼，使人激情四射、精神振奋，浑身充满生命活力。体育锻炼使人可以忘却悲伤、抑制忧虑和急躁情绪，通过对神经系统的良好刺激作用，能让大脑皮层形成的病理兴奋灶得到某种控制。

在运动过程中，会导致交感神经兴奋，消化液分泌会不断减少，因此，在吃饭前（饭后）半个小时不宜进行剧烈运动；另外，饭前也不宜大量喝水，饭后和运动后切勿过多吃冷食等。

4. 可以改善呼吸系统的功能

（1）对肺的影响。人的两肺是由平均直径 0.2mm 的肺泡组成。这些肺泡被无数的肺泡管串连，犹如一串串葡萄，每一个"葡萄粒"就是一个肺泡。成人的肺有 7 亿多个肺泡，如果将肺泡一一展开，其总面积达 100 ㎡，大约有 50 个乒乓球桌那么大。肺泡是肺部气体交换的主要部位，也是肺的功能单位。安静时，由于人体需氧量较少，大约有 5% 的肺泡工作就可以满足身体对氧的需求。当进行体育运动时，由于肌肉活动及人体的需氧量不断增加，促使大部分肺泡参与工作，对保持肺泡的弹性和改善肺泡冲性都具有较大的作用。

在体育锻炼过程中，呼吸频率会适当加快，深度加深，既增强了呼吸肌的力量，又增加了肺通气量，使呼吸器官能够得到良好的锻炼与增强。实践证明，经常参加体育锻炼可以促进胸廓的增长发育，并增大胸围、肺活量和呼吸差，改善呼吸频率；同时，还能增加呼吸深度，提高呼吸率。另外，通过体育锻炼还能提高机能耐酸和抗缺氧的能力。

（2）对呼吸运动的调节。呼吸运动受呼吸中枢的控制，呼吸器官本身的各种感觉器传入冲动的反馈调节，骨骼肌和关节活动，温度及血液化学成分的改变都会影响呼吸中枢的兴奋性。

实践证明，经常科学地参加适量的体育运动，人的呼吸中枢兴奋性普遍增高，对血液化学成分的改变也相对敏感。随意停止呼吸运动的长短是评价组织呼吸强度和呼吸中枢对缺氧和二氧化碳增多耐受的重要指标。优秀运动员随意停止呼吸的持续时间较长，而且对膈肌的控制稳定。他们在恢复呼吸时，血液的氧合作用也加快恢复。

5. 可以预防疾病、抗衰老、延年益寿

众所周知，人的生长是由于人体细胞不断繁殖和细胞间质不断增多导致的结果。人的发育是人体细胞不断分化、器官不断发展、机体逐渐成熟、形态逐渐完善的结果。发育与生长之间是相辅相成的，但发育比较复杂，还会受到各种条件的影响。人体是一个统一、完整的有机体，它由许多细胞构成，在长期的进化过程中，这些细胞已经高度分化，具有不同的结构和不同的功能，组成为各种功能的器官系统。参加科学的体育锻炼，均能促进机体的全面发展，保持内部与外界环境平衡，延缓各器官系统功能的衰退进程，起到预防疾病、健身美体、延年益寿的作用。

第二节　体育运动对人的心理健康作用

一、心理健康与身体锻炼

健康诸要素之间的关系实际上是身心之间的关系。它们关系密切，相互作用，相互依存。身体健康有助于心理健康。中国古代哲学家范缜提出："形存则神存，形谢则神灭"，强调了躯体是心理之载体，近30年来生理学及生物学研究证实了生理机能对心理健康的影响作用。例如，中状腺的主要功能是控制人体的新陈代谢，中状腺素分泌过多，使得人体的新陈代谢速度加快，个体便会产生紧张反应，表现为肢体颤动、情绪激动、注意力难以集中、焦虑不安和失眠等。心理健康也同样影响身体健康。古人云："怒伤肝，喜伤心，忧伤肺，恐伤肾，思伤脾。"一些生理疾病（包括冠心病、哮喘、头痛和溃疡等）和心理状况有关。例如，抑郁会增加肾上腺激素和肾上腺皮质激素的分泌量，还会降低免疫系统的功能，从而使个体更容易患病。因而，保持身体与心理之间的平衡与和谐对人的健康是至关重要的。

大量的研究表明，体育锻炼是一种低经济支出、低风险和低副作用的有效改善心理健康手段。体育锻炼对心理健康的积极影响主要表现在以下几个方面。

（1）改善情绪状态。不良情绪是导致生理和心理不健康的重要因素之一，而体育锻炼能直接给人带来愉快和喜悦，并能降低紧张和不安，从而调控人的情绪，改善心理健康状况。体育锻炼的情绪效应有短期效应和长期效应两种。温伯格等人研究报道，一次30min的跑步可以显著地改善紧张、困惑、焦虑、愤怒和抑郁等不良情绪状态。同时，温伯格研究认为，长期有规律的中等强度体育锻炼有助于情绪的改善。大学生常常因为学习的压力、同学间的竞争、人际关系的复杂以及未来前程的担忧而持续产生紧张、焦虑和不安，经常参加体育锻炼可以使这些不良情绪得到改善，心理承受能力增强。

（2）提高智能。长时间地进行脑力劳动后，通过体育锻炼有益于呼吸、血液循环和神经细胞兴奋与抑制的交替，更有助于学生的注意力、记忆力、想象力、思维分析等心智能力的健康发展，并使其情绪稳定、性格开朗、疲劳感下降等，这些非智力锻炼对人的智能发展具有促进作用。

（3）强化自我概念和自尊。自我概念是个体主观上对自己的特长、能力、身体和社会接受性等各方面的看法和感觉的总和，如"我的学业成绩非常优秀""我的身材不是很有吸引力"等。而自尊是在自我概念的基础上对自己各方面的自我评价和情感反应，如"我对自己优异的学业成绩感到自豪""我对自己富有吸引力的身体感到非常满意"等。由于自我概念和自尊都是由许多方面的自我认识所组成，通常我们认为自我概念和自尊是同义词，它们在适应社会和人格形成方面都起着很大的作用。

研究表明，青年人对自我身体方面的关注达到最高点。据有关报告显示，54%的大学生对他们的体重不甚满意。与男性相比，女性倾向于高估她们的身高和低估她们的体重，而身体肥胖的个体更可能有身体自尊方面的障碍。身体自尊主要包括一个人对自己运动能力、身体吸引力、健康状况以及对自己身体的抵抗力等各方面的评价。当个体对身体形象不满意时会使其整体自尊降低，并产生不安全感和抑郁症状，通过体育锻炼可以对参加者有关身体方面的自尊产生巨大的影响，从而最终影响自尊。例如，一项降低体重的训练可以明显影响参加者的身体外表知觉和身体想象（如果体育锻炼达到足够强度和足够时间，它就会影响自尊，再如，当一名大学生在他的首次网球比赛中获胜了，这将对他的网球运动能力是一次肯定，相应地就会提高他对自己这一能力的知觉。如果他能够继续成功，则有可能提高其身体自尊，到最后可能会是整体自尊的提高）。

（4）培养坚强的意志品质。意志品质是指一个人的果断性、坚韧性、自制力以及勇敢顽强和主动独立等精神。意志品质既是在克服困难的过程中表现出来的，又是在克服困难的过程中培养起来的。在体育锻炼中要不断克服客观困难（如气候环境条件的变化、身体素质与能力的限制或意外等）和主观困难（如紧张、畏惧心理、失意、疲劳等），锻炼者越能努力克服困难，也就越能培养良好的意志品质。从锻炼中培养起来的坚强意志品质能够迁移到日常的学习、生活和工作中去。

（5）协调人际关系。我国著名医学心理学教授丁瓒指出：人类的心理适应最主要的就是对于人际关系的适应，人际关系是影响一个人的心理是否健康的重要因素之一。在生活中，我们常常可以发现，那些人际关系好的人总是心情愉快、精神饱满，对什么事情都充满兴趣，这些人生活得很愉快、很舒畅；人际关系不好的人常常无精打采、抑郁寡欢，缺乏生活的乐趣。而体育锻炼可以改变这一现象，因为体育锻炼总是在一定的社会环境中进行，它总是与人群发生交往和联系，人们在运动中能够较好地克服孤僻，忘却烦恼和痛苦，协调人际关系，扩大社会交往，提高社会适应能力。著名学者麦亦尼认为，游戏和运动具有启发独创、消除紧张和保持友谊等心理保健价值。马赛等人调查发现，外向性格者比内向性格者的社会需要更强烈，这种需要可通过集体性的体育活动得到满足。

（6）治疗心理疾病。20世纪80年代中期以来，我国大学生患心理疾病的比率明显上升。这说明了激烈的社会竞争正在逼近学校，使学生的压力不断增大。

大量研究表明，体育锻炼能预防和治疗心理疾病。美国的一项调查显示，1750名心理医生中有80%的人认为体育锻炼是治疗抑郁症的有效手段之一，60%的人认为应将体育锻炼作为一种消除焦虑症的治疗方法。

二、怎样使体育锻炼产生良好的心理效应

（一）影响坚持体育锻炼的因素

体育锻炼同其他健康生活方式，如合理的膳食、戒烟等一样，它经历被人们接纳采取和坚持的一个连续过程。人们对体育行为的启动和坚持直接影响它所产生的积极心理效应。那么，哪些因素会影响参加体育锻炼者坚持体育活动呢？

1. 锻炼的目的

据报道，大多数成人参加体育锻炼的最主要的目的是为了获得健康。也就是说，要改变久坐不动人群的不健康生活方式，启动锻炼行为就要对他们进行体育锻炼与健康知识的教育。这些健康知识包括通过体育锻炼可获得日常生活所需的体能，预防心血管疾病，减轻体重，塑造形体以及消除日益激烈的竞争压力所带来的紧张应激等方面内容。人们只有增强了体育锻炼才能促进健康的意识，才会更多地投入这项投资少、风险小、收益大的活动中。

2. 运动愉快感

运动愉快感是在运动中瞬间体验到的一种欣快感，通常是不可预料地突然出现。在跑步时，人们很容易出现这种愉快感，因此，国外称之为"跑步者高潮"。当高潮出现时，

锻炼者会感到一种良好的身心状态，整个人与周围情境融为一体，身心轻松，忘却自我，充满活力，超越时空障碍。

愉快是任何休闲活动的主要特点。萨尼思报告，人们自懂事之日就主动要求参与活动与身体锻炼，就是因为觉得乐在其中。尽管对于刚参加体育活动的人来说，健康是最重要的目的，但愉快感是锻炼者长期参加体育活动的主要原因。调查表明，由于缺乏运动愉快感，多于50%的人在获得理想的健康效果之前就放弃了运动。因此大学生要坚持体育锻炼，使其形成一种健康的生活方式就要根据自己的兴趣和爱好，选择体育活动项目。

3. 自我效能

自我效能是人们对自己是否具有在从事和完成某项活动过程中达到指定操作表现目的的能力的判断。在体育锻炼中，自我效能影响人们的行为选择。为什么有些人喜欢去跑步或做健身操，而不是去打网球或羽毛球，个人之间的偏爱不尽相同。这里，选择适合自己能力的项目是重要的原因之一。自我效能还能影响人们对锻炼行为的坚持性和人们在运动时的努力程度。例如，两个在身体能力方面没有明显差异的网球初学者，由于他们对自己运动能力的判断是不同的，因此他们在网球运动中会有不一样的表现。高自我效能者在练习中保持充沛的精力和活力，碰到挫折不灰心，始终相信自己能够坚持网球技能，并且最终真的在网球场上挥拍自如，而低自我效能者在运动一开始就落后了，因为他认为自己难以应付困难，低估自己的能力，很容易产生恐惧感，常常灰心丧气，失去解决问题的动力，最终很快就放弃了网球运动。

因此，对大学生来说，最好制定符合个人能力的活动目标，它将有助于个体获得成功感和控制感，提高自我效能，坚持锻炼行为。

4. 环境

环境影响体育锻炼的心理效应，同时也影响运动愉快感的产生。体育活动时的社会环境包括体育锻炼的指导者、同伴、家长和观众等。研究表明，来自同伴的社会支持是个体参加和坚持体育活动的主要因素之一。体育活动时的自然环境包括阳光、空气和水。阳光、空气和水对运动的人们非常重要。例如，恶劣的空气状况令人感到压抑、沉闷、昏昏欲睡；而清新的空气令人心旷神怡，神清气爽。如果运动环境的空气不流通，会使空气中二氧化碳的浓度上升，对人的健康造成极大的伤害。运动环境中的温度对人们的心理状况也有一定的影响，虽然有资料显示，寒冷并不会显著地影响人们的心理状况，但高温对人们的生理、心理有较大的影响。热环境下运动体内大量出汗可使电解质丢失，会引起中枢神经系统功能不全（如易受刺激、判断力下降，甚至行为异常、精神错乱、昏迷等）。因而，在热环境中运动时除了衣服要轻、松、透气外，还可以在运动前、中、后少量多次地补充含糖和钠盐的饮料。

（二）体育活动特征和心理健康的关系

要使体育锻炼达到改善身心的效应，我们应该如何进行锻炼？

1. 锻炼的准备

锻炼的准备活动和锻炼本身一样重要,每项锻炼活动都分为三个阶段:热身活动、锻炼活动和整理活动。

在正式活动之前安排 10—20min 的热身活动,做一些伸展运动,其目的是慢慢提高体温并使肌肉做好进行高强度活动的准备。如果是跑步,在开始前先做些柔韧练习,不要以全速开始。如果是踢球,先活动一下踝关节,然后慢跑一会儿再做激烈的争抢动作。

当结束锻炼后,留 10—20min 使体温降低。锻炼的时间越长,强度越大,整理活动的时间应延长。轻松地走走,或做些不费力的柔软体操都有益于身体恢复。如果不充分地放松,肌肉也许会充满血流,或使有毒物质存在血液中以致产生疼痛和不适,如痉挛等。

锻炼是一个发展过程。开始阶段最好在短时间内只做轻度的锻炼,当健康状况有了进步之后,再逐步增加锻炼的强度和时间。像有人指出的那样,健康不是比赛中赢得的奖章,而是你一生的旅途,因而,锻炼是一个持续的过程。

2. 体育活动特征与心理健康

通过锻炼达到身心健康的改善,与体育活动的四个特征有关,它们是活动的类型、强度、持续时间和频率。锻炼有多大的身心效果依赖于这四个因素的相互作用。这项理论与生理学的研究结果是一致的。

(1)体育活动的类型。由于对竞技和"没有疼痛就没有收获"这一观点的过于强调,一般人也会像运动员一样认为通过锻炼一定要达到胜利的顶峰。因而,喜欢运动的人常常锻炼得太过分、太用力,不考虑生理能力所能承受的范围,最终也许就伤害了身体。应该澄清的是,不论是哪种形式的运动,如疾走、游泳或骑自行车,只要是中等强度的有氧运动(中低强度、长时间、需要氧气的运动)都会对心血管健康有益。同时,伯杰等大量研究者发现有氧运动可以降低焦虑和抑郁。所以,大学生也应改变过去形成的"奥林匹克综合征",多选择一些有氧健康的运动,如跑步、骑自行车、游泳、跳绳、爬楼梯或有氧健身操等。同时,要将体育锻炼作为一种长期的健康的生活方式。大学生选择的运动类型应该是适合自己的生活方式以及符合个人的喜爱类型并能从中取得乐趣的项目。

(2)体育活动的强度。活动强度是指单位时间内所做的功,人们常常用 10s 的心跳频率作为评价强度的方法。体育活动的大、中、小强度与耗氧量密切相关,人体是一个有机整体,人体的最大吸氧量与心率之间存在对应关系。为了增加实际操作的可行性,人们一般用心率指标来衡量活动强度。运动医学一般规定:活动的大强度相当于最大吸氧量的 70%~80%,即相当于最高心率的 80%~90%;中等强度相当于最大吸氧量的 50%~60%,即相当于最高心率的 65%~75%;小强度相当于最大吸氧量的 40% 左右,即相当于最高心率的 60% 左右。人体的心脏最大能力(最高心率)可以通过用 220 减去自己的年龄求出。一般要使锻炼达到积极的身心效应,锻炼者的心率应在最高心率的 60%~80% 之间。在此范围内的锻炼既有效果,又是安全可靠的。

（3）体育活动的持续时间。体育活动的持续时间是指每次活动的时间长短和活动方案的时间长短。每次活动的持续时间与活动的强度有关，并且两者之间呈反比。活动的强度大，持续时间应相应缩短；活动的强度小，持续时间可延长。你可以通过逐渐增加锻炼强度、逐渐增加锻炼时间或同时增加强度和时间来获得有氧健康。十分强烈的锻炼可能是危险的，尤其是在季节变化时。真正对心血管有益处的是锻炼中间心跳加快的那20-30min。因此，你可以通过中等强度的有氧锻炼获得健康。对于每次体育活动的持续时间究竟多长才会产生良好的心理效果，大多数研究结果表明，每次活动时间在20—60min之间对改善情绪状态的效果最为理想，并一致认为持续时间过长或强度过高的竞赛活动不会产生良好的心理效果。同时，活动方案的持续时间越长，体育活动取得的心理效果越好，尤其是对低自尊、患焦虑症和抑郁症的大学生来说，治疗效果最好。

（4）体育活动的频率。活动频率是指每周的活动次数。有规律的体育活动能有效地保持人体的运动机能水平和降低个体的紧张应激和抑郁。对于大学生来说，一般的标准是每周3~5次。如果太少，那么在不锻炼的日子就会消磨掉锻炼的成果；而过分锻炼，则会消耗你的能量，使身心过度疲劳，最终也许会失去动力。

第三节　体育运动对人社会适应性的作用

一、社会适应性

（一）社会适应性的概念

社会适应性，也称社会健康，是指个体与他人及社会环境的相互作用并具有处理好人际关系和实现社会角色的能力，它不是指一个社会全体国民的平均健康水平，也不是指社会及其运行的健康程度，它是个人健康的重要维度，即个人的社会健康。有此能力的个体在交往中有自信感和安全感，与人友好相处，心情舒畅，知道如何结交朋友，维护友谊，知道如何帮助别人和求助别人，能听取他人意见，表达自己的思想，能以负责任的态度行事并在社会中找到合适自己的位置。

对社会适应的评价，应该从以下几个方面对个人的社会适应健康状况做出评价。

（1）接受与他人的差异。

（2）能与同性或异性交朋友。

（3）主动与人交往，有稳定而广泛的人际关系。

（4）与家庭成员和睦相处。

（5）当自己的意见与多人意见不同时，能保留意见和继续工作。

（6）有 1~2 个亲密朋友。

（7）共同工作时能容纳他人，能接受他人的思想和建议。

（8）交往中客观评价他人，能自我批评，取长补短。

社会适应能力低的人与别人交往时，总是牢骚满腹，别人总是欠他的。没有耐心听取他人劝告或建议，拒绝从他人的立场考虑问题。也有些人对人际关系表现出恐惧心理，害怕与他人接触，使自己形成孤僻的性格，不被别人所接受。

（二）社会适应性对身心的影响

1. 人际关系出现障碍

人类心理适应最主要的就是对人际关系的适应，所以人类心理病态，主要是由人际关系失调而来。许多研究成果表明，社会关系越丰富，交往越广泛，人的寿命越长。相反，社交生活越单调，人的寿命就越短。在美国，对 6900 名成年人进行为期 9 年的观察，结果发现，社交单调的人死亡比例占总数的 30.8%，而社会交往多的人死亡率只有 9.6%。因此，我们要在有限的生命里，不要把时间交给寂寞和孤独，走出内心的设限，阳光自信的走向人群，我们将会收获到意想不到的效果。

2. 对社会环境不适应

社会适应能力是反馈一个人综合素质能力高低的间接表现，是人这个个体融入社会、接纳社会能力的表现。社会适应是个体与各种环境因素连续向不断改变的相互作用过程。现在越来越多的人对环境适应能力差，对各种社会关系看不惯，只看到社会的阴暗面，对社会进步性不予接受，不知感恩社会，反而对社会充满失望，继而产生各种精神疾病。因此，当在学习和生活中碰到困难和挫折而产生烦恼和压抑情绪时，通过体育运动就可以摆脱烦恼，振奋精神。

3. 对家庭不适应

人一出生注定要面对家庭，扮演不同角色，为人子、为人夫、为人父等。而有些人却不能适应这些角色的更替，面对各种责任和压力总是感觉身心疲惫，甚至产生恐惧感，影响自己的身体健康和心理健康。

因此，为了保持身心健康，我们要积极参加体育锻炼。身心健康需要友谊、爱情、亲情、支持、理解和尊重等，通过人际关系获得心理方面的满足。良好的人际关系是成功的基础。善于同他人相处是一个人诸多能力中最重要的、不可或缺的能力之一。

二、体育锻炼对社会适应性的影响

（一）体育锻炼可以促进适应社会性的合作意识和团队精神

现代社会需要合作精神，合作是建立在团体成员对团队目标认识相同的基础上的，一个人想在社会中取得成功和成就就需要与他人合作，需要得到他人的帮助。在合作过程中，个人所得有助于团队所得。合作的优越性体现在个人与他人一起工作时获得的社会效益，如增加沟通、互相信任等。在做一些相互依赖的运动项目时，合作会使该项目的完成变得更为有效，因为团队要获得成功，团队成员就必须相互努力、共同协作。

泰戈尔曾经说过："唯有具备强烈的合作精神的人，才能生存，创造文明。"合作能力既是体育活动参与者必备的条件，也是通过体育活动需要发展的一种能力。人们经常参加体育活动，特别是参与集体性较强的体育活动，不仅需要发挥个人的力量，还需要自己与他人的通力合作，只有这样，才能使集体的目标得以实现，个人的作用也能充分地发挥。加上现代社会科学技术更新换代加速，新学科、新技术的不断涌现，瞬息万变的信息纷至沓来，令人目不暇接，各学科之间相互渗透交融，社会分工既精细又要求互相合作，要求每一个现代人必须具备合作精神与能力。因此，经常参加体育活动，特别是参与集体性的体育活动，有助于加强合作意识，有助于培养团队精神。

体育竞技中的许多团体项目，如足球、排球、篮球等已广泛普及，人们在投身于这些运动强身健体项目的同时，学会了如何恰当地处理个人与集体的关系，如何融入集体之中，与他人沟通及合作，并在其中强化个人的组织性和纪律性。

（二）体育锻炼有助于人际关系的改善

我国著名医学心理学家丁瓒教授说："人类的心理适应，最主要的就是对于人际关系的适应，所以人类的心理病态主要是由于人际关系的失调而来。"人是社会的基本构成单元，人对社会的适应从本质上来说是自身对他人的适应，能否成功地与他人交往、与他人沟通是人与社会适应最直接、最客观的体现方式。体育运动使人们相聚在运动场上，进行平等、友好和谐的练习或比赛，使人们相互之间产生一种亲切感，尤其是集体比赛项目，可以让直接参与者及间接参与者提供交往、交流的机会，让他们之间的关系变得更加和谐友好。有多项国内外研究表明，外向性格者比内向性格者的社会交往需要更强烈，这种社交需要通过跳舞、打球等集体的体育活动才可得到满足。性格内向者更应该参与集体性的体育活动，使个性逐步得到改变。

参加任何一个体育锻炼项目都有固定的技术动作和运动要点，所有参与者在锻炼过程中都需要学习和练习，都需要讲解与示范，都存在对技术动作的纠正和完善得需要。这就要求无论是自我纠正和完善，还是互相纠正与完善，都需要相互配合和主动沟通。实践证明，在集体项目中，每个人能否在完成自己任务的同时，达到与同伴的协助配合，对竞赛的输赢关系重大，这也要求队员之间必须具有较好的合作意识。

（三）体育锻炼有助于提高人们的心理素质

体育运动与日常自然的身体运动相比，无论内容和形式都不尽相同。体育运动一般具有艰苦、疲劳、激烈、紧张、对抗以及竞争性强的特点。凡是比赛都要争高低、论输赢，体育运动的过程必然伴有成功的喜悦和失败的辛酸。在成功或失败之中，人们学会享受战胜困难、战胜对手、战胜自我的快乐；磨练了人们面对现实，以积极的心态对待困难和挫折，用健康的心态去迎接新的挑战的意志，培养了人们胜不骄、败不馁的素质，人们心理承受能力与心理适应能力在不断的锤炼中得到了显著加强。

（四）体育锻炼有助于塑造健全的人格

人们在体育运动中要承受一定的生理负荷，这就要求运动员有勇敢、坚持、自制、不怕困难、不怕艰辛等良好的意志品质和乐观、友爱、愉快、同情等多样的感情。体育运动项目多，有的要求快速，有的要求耐久，有的动作复杂惊险，有的动作变化无穷，这就要求人们勇敢地去挑战，果断地做判断，而以上这些优秀的品质对一个人适应社会竞争，胜任社会角色都有深远的意义。此外，绝大多数的体育项目都伴随高强度的对抗，这是一个侵犯与被侵犯、忍让与被忍让、尊重与被尊重的过程，人们参与其中，学会了彼此尊重、彼此体谅。

（五）体育锻炼有助于培养适应社会需要的价值观

价值观是基于人的一定的思维感官之上而做出的认知、理解、判断或抉择，也就是人认定事物、辨定是非的一种思维或取向，从而体现出人、事、物一定的价值或作用。尽管因为各时代的制度有异，社会价值观所包含的价值取向均不相同，但是都离不开对和平、自由、平等、幸福、友谊等具体价值内容所持的态度和行为。体育锻炼因其宗旨方式、结果都对价值观所涵盖的内容具有积极的影响作用，所以它可以培养、塑造、树立人们适应当今社会的正确价值观。

（六）体育锻炼有助于适应社会发展的生活方式

当前，由高科技开创的文明与繁荣使人们的生活水平有了极大的提高。此时，尽管闲余时间不断增多，但劳动性质的改变，生活节奏的加快等因素，导致现代文明病多有发生。基于这种现状，为了防止体力衰退，提高生活质量，人们必须选择文明、和谐、健康、活泼的活动方式去善度余暇。人们在对各种活动方式进行认真比较之后，更寄希望于丰富多彩的体育运动，把它作为现代生活方式的一项重要内容和明智选择。体育锻炼具有动态性、趣味性、娱乐性、保健性与休闲性等特点，人们通过体育锻炼掌握知识技能，并以这种快速、敏捷的生活方式，提高人体对快节奏生产生活的应变与耐受能力，缓释精神紧张，调节身心平衡，丰富生活内容，拓宽生活领域，进而提高健康水平。

（七）体育锻炼有助于培养丰富的情感生活

现代人的情感表现为责任感、道德感、追求感等。体育运动以其群体约束力和积极主动性，激励参与者必须具有高度的责任感，才能和同伴密切合作；以其严格的规则，规范参与者的行为，促使参与者必须具有良好的道德规范；以其具有胜负要求的特性，促使参与者竭尽体力和智力去追求胜利的目标。同时，在大众体育里，参与者可以得到对集体的信赖感和依托感。在家庭体育里，成员们可以在和睦快乐的气氛中得到归属感和稳定感。在娱乐体育里，人们可以得到愉悦感。在探险活动中，人们可以得到自豪感和征服感。所以，经常参加体育运动和锻炼，使得人们在成功与失败、竞争与退让，乃至生与死之间不断拼搏，不断抉择，并充分享受各种复杂情感的陶冶和体验。

第二章　运动训练的原理与方法

第一节　运动训练的理念及发展创新

运动训练是竞技体育活动的重要组成部分，是为提高运动员的竞技能力和运动成绩、在教练员的指导下专门组织的有计划的体育活动。无论从活动的时间、活动的容量，还是从人们投入的力度来看，在竞技体育的多种构件中，运动训练都是最主要的。当然，只有遵循训练规律，科学地制订并认真地执行运动训练计划，才能取得运动训练活动的成功。本章就现代运动训练的相关基础知识进行阐述。

一、运动训练理念

（一）教育性训练理念

1. 教育性训练理念的内涵

在运动训练过程中，教练员要重视对运动员的文化教育和素质培养，并注意强调这一方面的重要性，从而使训练和教育紧密地融合在一起，达到训练与教育相结合、相协调、相促进的效果，这对于促进运动训练效果的提高具有积极作用。

2. 教育性训练理念的理论基础

教育性训练理念的理论基础是多方面的，为了对这一理念有一个更加深入、全面的了解，我们从以下两个方面来介绍其理论基础。

（1）运动员的健康成长与自身文化教育水平有密切的关系。运动训练是一种社会活动，这一社会活动能否顺利进行，主要取决于教练员、运动员、管理人员和科技人员等相关人员是否能够积极参与运动训练活动，并在活动过程中能否密切配合。由此可以看出，教练员与运动员这两个运动训练中的主体知识水平是影响竞技运动发展的重要因素。现阶段，在运动训练过程中，运动员主体性难以得到充分的发挥，而且运动员文化素质的培养也没有得到应有的重视，所以导致了以往运动训练中出现了一系列的不科学现象，具体表现为以下几个方面：训练方法与手段单一，过分强调身体素质、技战术修养、心理素质等的训练，轻视了对运动员文化和人文素质的培养，使得大部分运动员在激烈竞争的训练和比赛中显得力不从心。这就在很大程度上制约了运动的发展，并且导致运动出现滞缓现象。

（2）运动员运动水平的提高与其自身的文化素质水平相关联。现代运动的较量，主要表现在体能、技能、心智能力等几个方面的较量。在某些条件下，心智能力要比体能、技能更重要，尤其是随着运动员年龄的增长，心智因素的影响就显得更为明显了。一般情况下，具有较高运动智能的运动员，其之所以能够大幅度提高自身的竞技能力，除了能够较为深刻地把握运动的特点和规律，并且能够更准确地认识运动训练理论和方法外，还由于能够对教练员的训练意图有更正确的理解，在高质量地完成预订的训练计划中能够与教练员完美配合。与此同时，更准确地把握运动战术的精髓和实质，在比赛中灵活机动地运用战术，动员和控制自己的心理活动等也是高智能运动员竞技能力水平较高的重要因素。

（二）人文操作性训练理念

1.人文操作性理念的内涵

运动训练中，人文操作性理念的内涵主要从以下四个方面体现出来。

（1）强调对运动员的尊严与独立的重视。

（2）对运动员思想与道德的关注。

（3）对运动员权利的关注。

（4）对运动员生存状况与前途命运的关注等。

2.人文操作性理念的理论基础

人文操作性训练理念的理论基础同样是多方面的，下面主要从三个方面来介绍人文操作性训练理念的理论基础。

（1）人的行为实施在一定程度上受到其自身感知或信念体系的指导。人的行为受其自身感知或信念体系的影响。从人文主义、感知经验主义的角度上来说，人之所以能够有行为，主要是有人的感知或信念体系的指导。而从人本主义的角度上来说，所谓的人文操纵的方法，就是教练员或领导者必须按照他们的信念体系和他们要领导的运动员或人员的信念体系来认识领导工作。

（2）运动水平的提高，基础性的要求是与自然规律和价值规律相符合。运动是自然规律和价值规律的双重存在。现代运动训练要求讲求科学性，并且符合该项目运动的客观规律。因此，为了取得理想的训练效果，在进行运动训练时，不仅要符合科学规律，而且还要在追求目标与实现目标的过程中符合人类正常的价值规律。除此之外，不仅要体现人文特征，而且还要将科学性与人文特征相结合、相统一，从而达到真与善的统一。

（3）人的主体性是人文的重点，人与技术的关系因此而更加明确。人文不仅凸显了技术的灵动，而且也摆脱了"技术"对"人"的控制，这就明确了人的主体性以及人与技术的关系。运动训练的过程就是教育的过程，教育重视的是发展内在动力，行动力是由内在动力引导而来的。在运动训练中强调人文操作，不仅能够摆脱"技术"对"人"的控制，而且还能够摆脱金钱对运动的束缚，从而达到公平竞争，弘扬体育道德，培养人性，挖掘人的潜能的目的。除此之外，情感、责任感、态度、信念等，都在很大程度上决定着运动员的体能、技能、成绩等物化的成分，具有非常重要的现实意义。

（三）技术实践性训练理念

1. 技术实践性理念的内涵

在运动训练过程中，运动员的训练不仅要符合运动训练的一般规律，而且还要符合竞技项目的本质特征及规律。运动员本身具有双重性，他们不仅是技术的主体，同时也是技术的客体。技术的物质手段作为客体，与作为主体的主观精神因素是统一的。

2. 技术实践性理念的理论基础

下面主要从两个方面来介绍技术实践性理念的理论基础，同时这两个方面也是运动员在运动训练中要注意的两个要点。

（1）技术实践性理念要与事物的客观规律相符。技术实践性的基本要求就是求真。具体来说，就是运动的技术实践性的训练要符合事物的客观规律，也就是说运动要与运动项目的本质特征及规律相符。所谓的求真，就是在运动训练过程中，要以运动的本质特点和规律为主要依据，科学指导运动训练过程，力争做到结合实际，并且与事物的客观规律相符合。

（2）技术实践性理念要遵循从实际出发的原则。在现代运动训练中，一切都要以符合实战为主，从实际出发和结合实战是对技战术进行训练最有效的方法。运动员只有通过不断的练习，才能够在比赛中有轻松、熟练和优秀的表现。要想取得理想的比赛成绩，一定要做到积极训练，并且训练要与比赛的情况尽可能一致，最大限度地包括比赛过程中出现的所有因素，这样才能取得良好的训练效果。

二、运动训练理念的发展创新

（一）理念的融合和创新是竞技体育发展的重要推动力

从宏观上看，控制论、系统论和信息论被引入竞技运动训练，以及运动训练领域一些重大研究成果，例如，马特维耶夫的周期训练理论、雅克夫列夫的超量恢复学说等都引起了训练理念的重大变化。田麦久教授设计的"竞技能力结构特征模型"即"双子模型"是融合了木桶原理与积木模型；刘大庆教授提出竞技能力的"非衡结构与时空构架"是融合了时空观而产生的创新性成果。理念的融合与创新，需要思维的批判性、广阔性与合理性。这些理论或研究成果不仅本身成为训练理念的一个组成部分，而且促进了理念的发展，使人们在训练的计划性、系统性和控制等多方面形成了新的认识。澳大利亚游泳教练员卡来尔夫妇将德国中长跑教练员盖什勒和队医阿因德尔根据优秀运动员扎托贝克等训练实验创立的间歇训练法成功移植到游泳训练之中，使之大放异彩。之后间歇训练法又被善于联想的教练员们移植到速度滑冰、自行车、划船等耐力性项目训练之中同样取得了好成绩，举重与跳跃、投掷力量训练方法的互相借鉴，以及跳水与体操陆上训练方法的互相借鉴，均充分说明竞技能力本质相近的项目之间训练方法的移植与融合能显示出其突出的优越性。这些都很值得竞技体育界广大教练员仔细钻研并进行联想。美国学者 Levine 提出的"高住低训"高原训练理论，也是源于运动训练理念的融合与移植。这一训练理念被广泛地应用于耐力主导性项目中，模拟实验实际上就是融合与移植。据此，研究者常把自然界难以再生的现象或把需要创造的大型工程人为地模拟缩小到实验室内进行研究，把实验室的研究成果再移植到有待研究的事物环境之中。这些理念的融合与创新对训练实践的影响、运动成绩的提高、国际竞技运动的迅猛发展起到了巨大的推动作用。

（二）运动训练的理念需要创新思维

回顾运动训练理念的发展，人们不难发现，运动训练理念一直是在科学理论与实践经验的不断冲突和碰撞过程中得到丰富和发展的。科学理论与实践经验的不断冲突和碰撞激发了竞技体育活动过程中的创新思维。在竞技体育活动中，研究者通常把研究对象的顺序、原理、属性、结构、大小等因素通过改变常规思考和处理方向，从而引发创新的理念，例如，力量训练方法中"正金字塔"与"倒金字塔"训练方法的应用、速度与耐力训练过程中组数与次数的逆变性组合都会对运动训练产生一定的影响；田径径赛规则在竞赛比赛中运动员轮次的变化也深刻地体现了逆变的色彩与效用。徐福生改变足球传统技术训练的教材顺序，从相对较难的运球技术入手，以过人突破技术为核心的侧变思维使得足球技术的掌握明显加快；球类项目中诸多类似"扬长避短""攻其不备"和"黑马奇兵"的战术变化，都是通过部分改变对象的顺序、原理、属性、结构、大小等因素或者是融合了其他思想而引发的创新思维，对竞技体育发展起到了推动作用。

（三）运动训练理念的变化发展

运动训练活动是一种开放的物质活动，总是在不断地拓展和深化，并不是原有物质活动的简单重复，因而必然会产生新情况，涌现新问题。作为训练活动的指导思想也不是一成不变的，当原有的运动训练理念不能有效地阐释新情况和解决新问题时，就要求对运动训练理念进行创新，对运动训练的本质、规律和发展变化的趋势做出新的理论概括。在不同的时期和阶段，随着项目发展的形势和变化的需要，运动队和运动员的具体情况和特点各不相同，训练理念也在不断变化。这种变化反映了人们在使自己的思想符合客观实际，以形成正确的指导思想，促进训练的发展。不过，理念的主观形式与客观实际的统一也不是绝对的，而是相对的。因为人们的认识只能相对地逼近客观实际，而不可能穷尽客观实际。因为事物的发展变化是相对的，不以人的主观意志为转移。随着运动训练实践的进一步发展，原来与客观实际相统一的理念又变得不那么一致了，并且差距越来越大，于是又需要创新。在当代科学技术快速发展并向竞技运动训练大规模介入和渗透的背景下，运动训练发生了深刻和巨大的变化，教练员的训练理念也在不断进行着补充与更新。实践已经证明，一个运动员成绩的快速提高，乃至一个运动项目水平的快速发展，往往都与教练员训练理念的补充和更新密切相关。科技的进步、经济的发展、社会的繁荣，为运动训练理念的发展提供了必要的条件，同时也会催生出更新的运动训练理念，而原有的运动训练理念不会像人们所预言的那样进入衰退期甚至是衰亡期，而是经过一段时间的调整后，立足自身的优势，借鉴其他学科的长处，对自身进行有效的改造以获得新的发展。

第二节　运动训练的要素

一、运动训练的特点

运动训练目标专一，任务多样；内容复杂，方法多样；过程长期，安排系统；计划科学，有针对性；负荷极限，重视应激；效果具有表现性，表现方式有差异性。这些就是运动训练的特点。

（一）目标专一，任务多样

运动训练以创造优异运动成绩为目的，因此训练目标非常专一，安排的训练项目、内容都具有专门性。随着现代竞技运动的快速发展，比赛竞争也越来越激烈，要求运动员各种能力都要有所突破，不断刷新成绩。因此，不但要开展全面训练，并且要在此基础上依据运动专项的特殊要求，在不同训练阶段采用各种手段开展专项训练。运动训练强调专门性，但也不排斥有利于专项运动能力提高的其他项目的训练内容和手段。实际上，很多运动训练项目之间都相互借鉴、参考有利于自身的方法。因此，运动项目、内容的专门性不仅是指专项本身，也是从运动训练目的和可能性上来讲的。

虽然运动训练有明显的专项专一性，但具体训练任务方面却是多样性的。有的运动训练项目不仅要开展各种体能训练，还要开展技术训练；不仅要开展战术训练，还要开展心理素质训练。这些任务既有训练因素方面的训练任务，也有非训练因素的训练任务。

（二）内容复杂，方法多样

运动训练功能和任务是多样的，训练过程是复杂的，而运动训练内容也表现出复杂的特点，这也就要求不断探索更多的训练方法、手段，并在此过程中进行科学合理的优选。现代运动训练的基本手段是开展身体练习，而只有进行各种身体练习才有可能提高运动能力。在具体的训练实践中，既要根据不同任务选择运用最有效的手段和方法以提高训练的效果，又要采用多种手段、方法达到同一目的，从而提高运动员的兴趣，使运动员能够主动、自觉、积极地进行训练。

（三）过程长期，安排系统

运动员机体的生物节奏变化是周而复始、循环往复的，运动竞赛安排也具有周期性的特点，按一定的动态节奏循环往复、逐步提高地安排训练内容和负荷量度，因此运动训练的过程也是长期的。运动员有机体经过长期系统训练，才有可能产生良好的训练适应。运动实践证明，运动员要想在短暂的时间内达到世界水平的成绩几乎是不可能的、不现实的，必须要经过多年的系统训练。从本质上讲，运动能力提高过程是运动员有机体对训练刺激产生适应并由量变到质变的过程。在运动训练中，没有长时间量的积累，就不会有质的变化和提高。由于在长期训练过程中受多种因素的影响，需要以科学严密的训练计划做保证，把计划安排的长期性与阶段性紧密结合起来。

（四）计划科学，有针对性

现代训练的科学化水平越来越高，其科学性主要体现在运动训练的计划中。教练员、运动员实施训练以训练计划为依据，没有计划的训练，不过是一种盲目散漫的训练；但是有计划而安排不科学，也难以达到最高的训练成效。

运动训练在很大程度上是一个个人的训练过程，优异运动成绩的取得，与运动员的天赋才能、运动素质的发展、技术与战术的掌握、心理素质的优劣以及文化素养的高低有密切的关系。而这些基本能力又存在着很大的个体差异，并在一定程度上可以相互补偿。只有针对性强的训练刺激，才会最大限度地挖掘和发挥运动员的潜力，提高运动员训练水平。在一些集体对抗项目，如篮球、足球、排球的训练中，由于位置和分工的不同，也要实施一定程度的个别训练。但是要注意的是，针对性并不是否认群体训练中特定的训练过程和时间、而是要求练习形式、内容、方法安排上的一致性。

（五）负荷极限，重视应激

在运动训练过程中，只有对运动员有机体通过练习施加强烈的刺激，才能引起有机体深刻的反应，充分地挖掘出机体的最大机能潜力。运动员如果不能承担大负荷乃至极限负荷的训练，是难以适应现代训练和比赛要求的。现代运动训练负荷越来越大，为在竞技比赛中获胜，在日常训练当中的训练量或训练强度都大大超过了比赛所需，这是运动训练发展的趋势。如今，各个国家都选择这种"超量"的训练理念。这也就要求运动员进行非常人所能承受的艰苦训练。当然，极限负荷是相对的，是就运动员个体而言的，当某一训练阶段的负荷达到运动员个体的极限，并适应时就要进一步提高负荷水平。

运动训练要求最大限度发挥人体机能潜力，人体运动能力的提高是人体适应能力的提高。想要提高人体适应能力，那么就必须最大限度地通过各种运动应激刺激作用于运动员机体。只有运动员具有承受高水平负荷的能力，才能拥有高水平的运动成绩。专项运动成绩实际是运动员对专项负荷强度的承受能力，而承受负荷强度的能力越高，显然运动成绩就越好，反之就越差。因此，在运动训练中要根据机能适应规律科学地加大运动负荷直至最大负荷。

（六）效果有表现性，表现方式有差异性

运动训练的效果和最终目的主要是运动成绩的提升以及对身体健康的促进。训练的效果以及通过训练提高的运动技术水平和成绩都需要通过比赛来表现。在正式比赛中表现出来，才会得到社会的认可。在比赛中不能表现出训练中最高成绩水平的运动员，就不是一个真正优秀的运动员。因此，在日常训练中要加强对运动员比赛能力的培养，以力争将平日中的训练成果在重大比赛中以优异的运动成绩表现出来。在运动训练的过程中既要着眼于竞技能力的提高，又要根据长期、近期参加比赛的安排，进行科学的训练。

运动成绩要通过一定方式表现，但运动项目比赛方式不同，所以运动成绩的表现方式也各不相同，有的用功率指标表现，有的用比分表现，也有的用评分方式表现。这些表现形式都有十分严格的规则和制约条件，否则即便是正式比赛中表现出来也不一定能得到承认。

除上述六个特点外，运动训练中竞技能力结构还具有整体性，而各子能力之间又具有互补性。虽然不同项目运动员竞技能力的构成都有各自的特点与侧重，但不论是哪一个运动项目，运动员的竞技能力都是由体能、技能、战术能力、心理能力以及运动智能等方面构成。各项目运动员的主导竞技能力及次要的竞技能力，各以适当的发展水平、相应的结构协调地组合在一起，构成了运动员表现于专项竞技之中的综合竞技能力。同时，各子能力之间相互促进、相互制约，发展较好的优势子能力还可以在一定程度上对发展滞后的劣势子能力产生补偿作用。例如，发球变化多、攻球速度快的亚洲直拍乒乓球选手在与相持能力强的欧洲横拍选手比赛时，力求在前三板中得分。

二、运动训练的要素

运动训练具有丰富的内涵，它是一个教育过程，提高运动员的竞技能力和运动成绩是其目的所在，这需要教练员和运动员的积极参与和配合。运动训练的构成要素至少要包括训练时间、训练形式、训练强度、训练负荷。

（一）训练时间

要保证运动训练产生效果，通常情况下，一次运动训练应至少保证 20~30 分钟具有一定强度的练习。以肌肉耐力与力量训练为例，训练时间与训练中的重复次数成正比。对于一般训练者来说，在阻力充足的条件下，使肌肉全力以赴地练习 8~12 次的重复量，可以在发展肌肉耐力的同时，使力量也得到一定程度的训练。当训练者有了进步后，每种抗阻

力的训练应重复 2~3 组。人的身体不会因为一次的运动变得更健康，不管是肌肉、体脂肪、神经反应、心肺功能等，都需要至少 4~6 周以上的持续运动才有可能改善。一般而言，运动后的 24~48 小时生理状况会比运动前还要差，只有经过一段时间的休息与恢复后，身体才会开始适应运动后的生理变化，变得比运动前更好。因此在进行训练时，需要懂得掌握训练的强度及恢复的时间。

（二）训练量

训练量是训练的主要组成部分之一，因为它是实现高水平技术、战术和身体的先决条件。训练量有时被错误地认为仅仅是指训练的持续时间，但实际上它包含以下部分：

（1）训练时间或持续训练的时间。

（2）行进的总距离或抗阻训练的总重量（即：训练负荷 = 组数 × 重复次数 × 重量）。

（3）运动员在规定时间内完成一项练习或技术动作的重复次数。

训练量的定义可以简单理解为：训练中完成活动的总量。训练量也可以被看作是一次训练课或一个训练阶段完成训练的总量。训练总量必须是量化的指标，具有可监控性。

训练量的准确计算依运动项目或活动类型而异。在耐力运动项目中（如跑步、自行车、皮划艇、越野滑雪及赛艇运动）确定训练量的单位是训练经过的距离；在举重或抗阻训练中，采用公斤或吨位制（训练负荷 = 组数 × 重复次数 × 重量）作为衡量训练量，这是因为仅考虑重复次数不能合理地评价运动员完成的训练任务。重复次数也可以用来推算运动中的训练量，如快速伸缩复合式训练或棒球、田径等运动中的投掷动作。几乎所有的运动都会包含时间要素，但训练量的正确表达形式应该囊括时间和距离两个要素（如 60 分钟跑 12千米）。

训练量的计算方法按照时间要素可以划分为以下两种。第一种是相对训练量，指一次训练课或训练阶段中一组运动员或运动队训练时间的总数。相对训练量不适用于计算单个运动员的训练量，因为无法得知单位时间内某一位运动员的训练量。另一种更好的衡量单个运动员训练量的方式是绝对训练量，它是指运动员个体在单位时间内完成训练任务的总量。

在运动员的职业生涯中，要不断增加训练量。随着运动员训练时间的增多，训练量的增加是运动员产生生理适应并提高运动成绩的前提。将初学者与高水平运动员进行比较后明显发现，高水平运动员能承受更大的训练量。随着时间的推移，训练量的增加对从事有氧运动、力量与功率项目、团队项目的运动员发展具有重要的作用。同样，还需要增加技术和战术技能的训练，因为提高运动成绩需要进行大量的重复练习。

增加运动员训练量的方法有许多，以下是 3 种常见的有效方法：

（1）增加训练的密度（即训练的频率）。

（2）增加训练课中的负荷。

（3）同时增加训练的密度和负荷。

研究人员表明，只要不引起过度训练，在训练中尽可能多的增加训练次数非常重要。另一些研究人员明确表示，训练频率越高，越能产生更大的训练适应效果。增加每天训练课的次数同样有益于运动员的生理性适应。对于优秀运动员来说，每周进行6~12节训练课，每个训练日又包含多节训练小课是常见的。运动员的恢复能力是制定训练计划中运动量大小的主要决定因素。它决定了在训练计划中制定多少训练量。高水平运动员之所以能承受大的运动量，他们能够更快地从训练负荷中恢复过来。

（三）训练形式

运动训练的训练形式亦即练习形式。为提高运动员的有氧耐力，通常采用慢速跑步、越野跑、骑自行车、游泳、划船等周期性运动。要开展柔韧素质训练，可选择器械上练习（肋木、平衡木、跳马、把杆、吊环、单杠等），也可以利用外部阻力（同伴的助力、负重）进行练习，或者利用自身所给的助力或自身体重进行练习（如在吊环或单杠上做悬垂等）。在运动训练实践中，选择练习形式时，应遵循科学训练的专门性原则。例如，为了增强训练者的心肺功能，应让其做提高心肺功能的练习。在需要集中精力完成专门训练任务，对主要技术动作和战术配合环"的训练进行加强时，适合采用分解训练的形式进行训练，这样可使训练取得更高的效益。

（四）训练强度

训练强度是对运动员完成高质量训练的另一个重要训练因素。可以将训练强度定义为与功率输出（即能量消耗或单位时间做的功）、对抗力量或发展速度有关的训练要素。根据这个定义，运动员在单位时间内做功越多，训练强度则越大。强度是神经肌肉激活的函数，训练强度越大（如更大的功率输出，更大的外部负荷）需要更多的神经肌肉被激活。神经肌肉激活模式取决于以下四个要素：外部负荷、运动速度、疲劳程度及所从事的训练类型。另一个要考虑的因素是训练时的心理紧张程度，就训练的心理方面而言，哪怕是出现低水平的身体紧张，也会造成训练强度极大提高，从而导致注意力的分散和心理压力的产生。

训练强度的量化方式根据训练类型和运动项目而定。速度训练通常用米/秒、次/分或功率输出（瓦特）来进行量化评定。在抗阻训练中，训练强度一般以公斤为单位，克服重力每米举起的重量（千克/米）或功率输出（瓦特）来量化。在团队项目中，训练强度通常用平均心率、无氧阈心率或最大心率的百分比来进行量化评定。

在年度训练计划的各个不同阶段中应包括不同的训练强度，特别是在小周期阶段。可以采用多种方法来量化和确定训练强度。例如，抗阻练习或高速度练习的训练强度可用最佳运动成绩的百分比来量化。这种方法认为最佳成绩意味着最大运动强度。再比如，一名运动员在10秒内完成100米冲刺，其速度则是10米/秒。如果这名运动员能以更快的速度跑完更短的距离（如10.2米/秒），其训练强度则被认为是超最大强度，因为它已经超越了100%的最快速度。在耐力训练中（如5000米~10000米），运动员可以用更快的速度跑完稍短的距离，因此可以使训练强度达到实际比赛中平均速度的125%。

高强度训练虽然能取得很大的进步，但产生的适应较不稳定。稳定性越低，越容易产生过度训练和运动成绩的稳定平台现象。相反，低强度的训练负荷会使进步缓慢且生理适应的刺激较小，但整个过程却更稳定。训练计划应该系统地改变训练量及训练强度以达到最佳生理适应。

训练强度可划分为两种类型：绝对训练强度，是指完成训练所需的最大百分比；相对训练强度，是用来量化一节训练课或一个小周期的训练强度，即训练期完成的训练量总和及绝对训练强度。

合理安排训练强度是运动训练中需要重点考虑的问题。有很多方式可以用来衡量训练强度，如心跳、耗氧，也就是运动时身体使用或消耗多少能量。例如，力量素质的训练强度，通常以不造成训练后隔夜的疲劳以及不适感为主。通常情况下，训练强度会根据运动训练形式的变化而发生改变。例如，在以提高心肺功能为目的的训练中，训练者必须全力以赴，使训练心率提高到心率储备的60%~90%的水平。

运动训练的训练内容不同，其训练强度的具体指向也有所不同。例如，在肌肉力量与耐力训练中，强度指的是在某一特定练习中克服大量阻力的百分比。在确定力量训练的强度时，依据最大重复量（简称RM）是更为简便的方法，10RM就是能正确举起10次的最大重量。对于一般训练者而言，8~12RM是提高肌肉力量与耐力最适宜的训练强度。

在传统的训练中，通常采取高训练量、低训练强度的原则。近年来，实际的训练情况与比赛结果证明，长期进行高训练量、低强度训练，容易使运动员产生神经系统和肌肉疲劳，从而使训练的效果下降。运动员在大量的低强度训练时，极易导致神经系统疲劳，无法发挥运动员的个人潜能。因此，运动训练要想取得好成绩，就必须抛弃大训练量、低强度的训练方式，转而采用高强度负荷的训练方式。

（五）训练密度

训练密度是单位时间内运动员接受训练课的频率。训练密度可表现出单位时间内训练与恢复的关系。因此训练密度越大，训练阶段间的恢复时间就越少。随着训练密度的增加，运动员和教练员必须建立训练与休息的平衡，从而避免引起过度疲劳或力竭，因为这些都会导致过度训练。

量化多次训练课（例如，在一个训练日或小周期）所需的最佳时间量非常困难，因为许多因素会影响运动员的恢复速度。在下一次训练课开始之前，本次训练课的训练强度和训练量对确定所需的时间量起主要作用。训练课的负荷（即训练强度和训练量）越大，所需的恢复时间就越长。此外，运动员的训练状况、实际年龄、使用的营养干预及恢复干预都会影响到运动员的恢复能力。在下一次训练开始之前，不需要从上一次中完全恢复，一般通过增加训练密度，并在训练中或小周期中运用不同负荷的训练课来促进恢复。

在耐力训练或间隔训练中，通常有两种安排"训练—休息"间隔的适宜方法：①固定的训练—恢复比率；②恢复的持续时间，能使心率恢复到预设的最大心率百分比。

1. 固定的训练—恢复比率

部分研究人员在研究间隔训练时运用了这一方法，通过控制训练—休息的间隔，教练员和运动员能够制定出发展特定生物能量适应的训练计划。用 1：1 或 2：1 的训练—休息比率来发展耐力项目的特征，而把 1：12 或 1：20 的训练—休息比率来发展力量和功率性项目的特征。

2. 预设心率

决定恢复期时间长短的另一种方法是，在下一次训练开始前确定必须达到的心率。方法一，为下一次训练的开始设定心率范围（120~130 次 / 分）；方法二，设定恢复时间，即运动员的心率恢复到最大值的 65% 所需的时间。

（六）训练负荷

运动负荷以身体练习为基本手段对训练者有机体施加的训练刺激，是训练者在承受一定的外部刺激时在生理和心理方面所表现出来的应答反应程度。一般情况下，可以通过对训练负荷诸因素的控制，构建起不同特征的训练方法，进而利用不同特征的训练方法有针对性地提高训练者的体能素质水平。训练负荷是运动训练过程中最为活跃的因素。在运动训练全过程中，从每一次训练到全年训练、多年训练，都要安排适宜的训练负荷，科学地控制负荷的动态变化。评定训练负荷的大小指标有训练的次（组）数、距离、时间、重量、速度、难度、心率、血压、血乳酸、血红蛋白、尿蛋白等。

（七）复杂性

复杂性指一项技能的完善程度及生物力学难度。在训练时，技术越复杂就越会增加训练强度。与掌握基本技能相比。学习一项复杂的技能可能需要更多的训练，尤其当运动员神经肌肉协调性差或在学习技能的过程中精力不完全集中时。让之前没有复杂技术训练经历的一群人参加该项训练，可以迅速地分辨出哪些运动员表现好，哪些运动员表现差。因此，运动或技能越复杂，运动员的个体差异与力学效率差别就越大。

即使以前已经学会了的复杂技术，也会产生生理上的压力。例如，艾尼赛尔对足球运动员的研究表明，完成战术训练比完成技术训练的心率和乳酸堆积要高。在该项研究中，训练课的技术部分集中在没有对手的情况下进行技术练习。而在战术训练中，对手的存在显著地增加了训练的复杂性，因此心率和乳酸堆积也会增加。此外，在进行模拟比赛时，也会出现上述反应，但只有在实际的比赛中才会产生最大心率及达到最高乳酸水平。鉴于此，教练员在技术复杂性较高的训练或活动中应考虑到不同训练课的生理压力。

（八）总体需求指数

训练量、训练强度、训练密度及复杂性都会影响训练中运动员的总需求。虽然这些因素相辅相成，但加强其中任何一种因素而其他因素不进行相应的调整，都可能增加运动员的需求。比如，在发展高强度耐力时，如果教练员想保持同样的运动强度，则应增加训练量。在增加训练量时，教练员必须考虑怎样增加训练量才会影响训练强度及训练强度必须要减少多少。

训练的计划和指导主要依赖于训练量、训练强度和训练密度三者的合理安排。教练员必须着重分析这些要素的变化曲线，尤其是训练量和训练强度。还应考虑到运动员的适应反应、训练阶段以及比赛的时间安排（赛程表）。训练要素的科学搭配可以让运动员在预计的时间达到最佳的训练效果，并获得最佳竞技能力。

一项训练计划的总需求可以用训练的总需求指数（IOD）来计算，IOD 可以通过伊柳策和杜米特雷斯库提出的公式来计算：

$$总需求指数 = OI \times AD \times AV$$

OI 总强度 / 总强度，AD：绝对密度，AV：绝对训练量

训练量是实施训练计划成功与否的一个关键要素。身体、技术与战术训练的整合要进行大量的工作，这些工作是刺激生理性适应，提高运动能力所必需的。教练员必须针对运动员的特点设置个性化的训练负荷，因为每一位运动员对训练量、训练强度和训练密度的承受能力都不尽相同。

在过去的 50 年里，训练负荷不断增加。运动员在一天中要参加多次训练课，在一个小周期内训练的时间也逐渐增加。在运动员的运动生涯中，必须渐进地增加训练量、训练强度和训练密度。如果这些要素急剧增加将可能导致过度训练。因此，必须要遵循区别对待原则和循序渐进原则。

为了确定训练计划的有效性，教练员一定要监测训练负荷和运动成绩测试的结果。教练员还要计算出训练课的密度或战术和技术训练中要练习的技术复杂性在训练负荷中所占的比例。在许多运动项目中（如足球、英式橄榄球），监测心率是逐渐被普遍采用的有效方法，用监测到的心率来计算训练和比赛的强度。教练员要对增加训练量和训练强度的因素进行监测，并将它们与休息及恢复有机协调起来。教练员还应考虑促进身体恢复的方法和能量再生所需要的时间。

第三节　运动训练的基础

一、运动训练的范围

运动员通过系统、集中的训练以完成特定的目标。训练是为了提高运动员的竞技能力，从而提升运动成绩。训练是一项系统工程，会涉及到生理学、心理学及社会学的诸多变量。

在此期间，训练要遵循循序渐进、区别对待等基本原则。整个训练过程中，运动员的生理和心理素质得以塑造，从而满足一些严格的任务要求。

不管是初学者还是职业运动员，至关重要的一点是制定切实可行的训练目标。训练目标要根据个人能力、心理特征和社会环境来设计。有些运动员是为了赢得比赛或提高成绩，有些运动员则是追求获得运动技能或进一步提高生物动作能力。不论目标如何，都应尽可能的精确及可测量。不论是短期计划还是长期计划，在训练开始之前就应设定好，并且明确实现目标过程的具体细节。而完成这些目标的最终时刻，往往是一次重大的比赛。

二、运动训练的目标

训练是运动员为了达到最佳竞技状态的准备过程。通过制定系统的训练计划，可使教练员的训练工作更有效率。训练过程是以发展专项特征为目标，这些特征与完成不同的训练任务紧密相关，包括全面身体发展、专项身体发展、技术能力、战术能力、心理因素、健康管理、伤病预防以及相关理论知识。要想获得上述能力，需要根据运动员的年龄、经验和天赋，运用个性化、适宜的方法和手段。

（一）全面身体发展

也称为一般身体素质，是所有体育运动训练的基础。一般身体素质发展的目的是改善基本的身体能力，如耐力、力量、速度、柔韧和协调。运动员全面身体发展的基础越扎实，就越能经受住专项训练，最终可能发挥出更大的运动潜力。

（二）专项身体发展

也称为专项身体素质，是为了发展专项运动所需要的生理或身体素质特征。这种训练类型是为了实现运动的一些特定需要，如力量、技能、耐力、速度和柔韧性。不过，许多运动项目需要各种关键运动能力的组合，如速度—力量、力量—耐力或速度—耐力。

（三）技术能力

这种训练强调以发展技术能力为核心，技术能力是获得体育运动项目成功所必需的条件。提高技术能力是以全面和专项身体发展为基础的，例如，完成体操十字支撑动作的能力，要受到生物动作能力中力量因素的制约。针对发展技术能力训练的最终目的是在于完善技术动作，优化专项运动技能，专项运动技能是展现最佳竞技状态所必需的。发展技术能力应当在正常和特殊状况（如天气、噪音等）下进行，并且始终要围绕完善运动项目所必需的专项技能而进行。

（四）战术能力

发展战术能力对于训练过程也是极为重要的。战术能力训练是为了完善比赛策略，该项训练要以竞争对手的战术研究为基础。具体来讲，这种训练的目的是利用运动员的技术和身体能力来制定比赛战术，以增加比赛获胜的几率。

（五）心理素质

心理准备也是确保发挥最佳体能所必需的要素。有些专家也称之为个性发展训练。不管术语如何称谓，发展心理素质（例如自制力、勇气、毅力和自信）对于成功展现运动能力是必不可少的。

（六）健康保养

运动员的整个健康状况应当引起充分重视。健康保养可以通过定期健康检查和适当的训练安排来实现，其中适当的训练安排包括将大量艰苦训练和阶段性的休息恢复搭配进行。必须特别注意伤病和疾病，在训练过程中应给予重点考虑。

（七）伤病预防

预防损伤的最佳方式是确保运动员已经提高了身体能力，形成了参加严格训练和比赛所必需的生理特性，并确保进行适量的训练。安排不当的训练包括负荷过大，这将会增加受伤的风险。对于年轻运动员来说，以全面发展身体为目标是极为重要的，因为这样可以提高生物动作能力，从而有助于降低受伤的可能性。此外，疲劳控制也尤为重要，越是疲劳，发生受伤的几率就越大。因此，应当充分重视制定一个控制疲劳的训练计划。

（八）理论知识

应当在训练过程中充实运动员有关训练、计划、营养和能量再生等方面的生理学和心理学知识。运动员理解进行某种训练活动的原因非常重要，教练员可以针对各项训练计划的目标进行讨论或要求运动员参加关于训练的座谈会议来达到这一目的。让运动员具备关于训练过程和运动项目理论的知识可以提高运动员决策能力以及增加其对训练过程的关注，这样可以让教练员和运动员更好地制定出训练目标。

三、运动训练系统

系统是指将某些观点、理论或假说采用正确的方法和手段加以组合的组织方式。一个系统的发展应该基于科学成果及实践经验的积累。虽然一个系统在自身独立前会依附于其他的系统，但该系统不应被一成不变地移植。而且创造或完善一个更好的系统必须考虑到实际的社会和文化背景。

（一）揭示系统的构成要素

构成要素是训练系统发展的核心，这可以从训练理论和方法的有关基本知识、科学成果、本国优秀教练员的经验积累以及其他国家的前车之鉴中提炼和总结。

（二）明确系统的组织结构

确定了决定训练系统成功与否的核心要素后，就可以建立现实的训练系统，而短期的训练模式和长期的训练模式也应当随之建立。该系统应当能为所有教练员共享，但也应当保持足够的灵活性，以便教练员能够根据他们自身的经验进行下一步的丰富与完善。

体育科研工作者对于建立训练系统起着十分重要的作用。体育科学研究，尤其是应用领域的研究所提供的成果，不仅丰富了训练系统而且使知识基础不断发展和完善。此外，体育科研工作者的工作还能有益于完善运动员的监测计划和选材计划、建立训练理论以及完善疲劳和压力处理方法等。尽管体育科学对于训练系统的重要性是显而易见的，但这门分支科学并未在全世界受到足够的重视。例如，斯通（Stone）认为体育科学在美国呈现下降趋势，这在某种程度上解释了近些年奥林匹克运动会上美国运动员的运动成绩下降的原因。

（三）验证系统的效能或作用

一旦启动训练系统，就应当经常对其进行评估。训练系统的有效性评估可通过多种方式进行。验证训练系统效果的最简单的评估方法是给该系统带来了实际运动成绩的提高，也可使用更为复杂的评估方法，包括对生理适应的直接测量，例如荷尔蒙或细胞信号传导的适应。此外，力学评估方法可用于定量地测定训练系统的工作效率，例如，最大无氧功率、最大有氧功率、最大力量以及力量增长率峰值的评估。体育科研工作者在此领域中起着极为重要的作用，他们运用自己的专业知识来评价运动员，并对训练系统效率的提升提出了独到的见解。如果训练系统并非最佳，那么训练团队可以重新评价并进一步改进系统。

总体来说，训练系统的质量依赖于直接和支持因素。直接因素包括那些与训练和评价相关的因素，而支持因素与管理水平、经济条件、专业化能力和生活方式相关。每一个因素对于整个训练系统的成功都发挥着重要作用，但直接因素的作用更为重要。直接因素的重要性进一步强调了这一观点：体育科研工作者为高质量训练系统的发展和完善做出了重大贡献。

高质量训练系统对于达到最佳竞技状态是必不可少的。训练的质量不仅取决于教练员，而且还取决于许多因素的相互作用，这些因素会影响到运动员的训练成绩。因此，所有会影响训练质量的因素都需要进行有效地落实和不断地评估，必要时可以进行调整，以满足当代体育运动不断变化发展的需求。

四、运动训练的适应

训练是一个有组织的过程，它使身体和心理都在不断地接受各种负荷量和强度的刺激。运动员适应和调整训练与比赛负荷的能力，同生物物种适应其所生存的环境一样重要——

适者生存！对于运动员来说，如果无法适应不断变化的训练负荷与训练及比赛带来的刺激，将会导致疲劳、训练过量甚至过度训练。在这种情况下，运动员将无法完成既定的训练目标。

高水平竞技能力是经过多年精心筹划、系统而富于挑战性的训练结果。在此期间，运动员不断调整自身的生理机能以适应专项运动的特殊要求。运动员对训练过程的适应程度越高，就越能发挥出高水平的运动潜力。因此，组织任何严密的训练计划，其目标都是为了促进适应，从而提高运动成绩。只有运动员遵循以下顺序，才有可能提高运动成绩：

增加刺激（负荷）→适应→训练成绩提高。

如果负荷总是处于同一水平，那么适应在训练的早期就会出现，随之而来的是一个再没有任何进步的高原期（停滞期）。

A 增加刺激（负荷）→适应→训练成绩提高。

B 刺激不足→稳定平台→训练效果提高不明显。

C 过度刺激→适应不良→运动成绩降低。

刺激不足→稳定平台→训练效果提高不明显，如果刺激过度或刺激过于繁杂，运动员将无法适应，发生适应不良现象：过度刺激→不适应→运动成绩降低。

因此，训练的目标是逐步地、系统地增加训练刺激（训练强度、训练负荷量和训练频率）以得到较高的适应，从而提高运动成绩。这些训练刺激的变化是指训练要素的改变，以使运动员对训练计划的适应最大化。

第四节 运动训练的基本原理及原则

一、运动训练的基本原理

（一）运动训练的运动学基础

运动学基础主要指的是运动技能的基础。所谓的运动技能是指人体在运动中掌握和有效地完成专门动作的能力，也就是在准确的时间和空间里大脑可以精确支配肌肉收缩的能力。提高运动技能需要依靠人们对人体机能客观规律的深刻认识和自觉运用。

1. 人体运动系统的构成

（1）肌肉。肌肉组织主要由肌细胞组成，肌细胞为细长的细胞，故亦称肌纤维，是肌肉的基本结构和功能单位。每条肌纤维外面皆由一层薄的结缔组织膜包裹，称为肌内膜。数条肌纤维构成肌束，一个个的肌束表面也由肌束膜包裹。肌束再合成我们从外表看到的一块块肌肉，外面包以结缔组织膜，称为肌外膜。肌肉中，水分约占 3/4，另外 1/4 为固体物质（如能量物质、蛋白质、酶等）。

人在参加运动的过程中，其动力主要是由骨骼肌不断地运动来提供的，骨骼肌在神经系统支配下，收缩牵动骨骼，维持人体处于某种姿势，或人体产生局部运动，最终促进了机体完成运动所需的各种动作。而人体内脏器官的活动也离不开相应的平滑肌和心肌的作用。

骨骼肌是指附着于骨骼上的肌肉，是肌肉的一种。骨骼肌在人体内分布广、数量多，是运动系统的主体部分。人体内约有 400 块大小不一的骨骼肌，约占体重的 36%~40%。成年男性约占 40%，成年女性约占 35%。可分为中间庞大的肌腹和两端没有收缩功能的肌腱，肌腱直接附着在骨骼上。骨骼肌收缩时通过肌腱牵动骨骼而产生运动。肌腱由排列紧密的胶原纤维束构成，肌腱内胶原纤维互相交织成辫子状的腱纤维束。肌腱的一端与肌内膜、肌束膜和肌外膜相连接；另一端与骨膜紧密结合。肌腱本身虽无收缩能力，但能承受很大的拉伸载荷，而肌腹的抗张力强度远远不及肌腱。

（2）骨骼。骨骼是由骨膜、骨质、骨髓及血管、神经所构成的，它以骨质为基础，表面被骨膜包裹，内部充满骨髓。骨是人体运动系统的重要组成部分，对运动员的运动训练起着至关重要的作用。但是骨的功能不仅仅体现在它的运动功能上，它还有支撑身体的功能、保护脏器的功能、造血的功能、运动的杠杆功能、储备微量元素的功能。

（3）关节。关节是骨与骨之间借助于结缔组织、软骨或骨的一种连接。借助它连接起全身的骨骼，从而对整个人体起到支撑和保护作用，特别是人体的运动更加依赖关节的活动是否顺畅。

关节主要是由关节面、关节囊和关节腔所组成的，辅助韧带、关节内软骨和关节唇等结构。根据关节运动轴的多少和关节面的形状等因素，可以将关节分为单轴关节、双轴关节和多轴关节三种形式。也可以根据两骨间连接组织的不同，将关节分为纤维性关节、软骨关节和滑膜关节。

2. 运动过程中人体机能的变化

（1）比赛前后身体机能变化的基本过程。在运动训练的过程中，多重刺激源作用于运动员机体，会引起各器官系统的机能发生一系列变化。依据机能的表现形式，大致可分为赛前状态、进入工作状态、稳定状态、运动性疲劳和恢复过程五个阶段。

①赛前状态。运动员在训练前，某些器官、系统产生的一系列条件反射性变化称为赛前状态，赛前状态可出现在比赛前数天、数小时或数分钟。

②进入工作状态。在训练活动开始后，虽然经过了一定的准备活动适应，但是人体并不能立刻达到最高的水平，而是一个逐步提高和适应的过程，这一过程被称为进入工作状态，其实质就是人体机能的动员。

③稳定状态。当机体逐渐适应比赛时，则进入了稳定状态，这时，人体的机能活动在一段时间内保持在一个较高的变动范围。

④运动性疲劳。机体在运动过程中会产生一定的运动能力会出现暂时下降的现象，一般称之为运动性疲劳。该现象是由运动训练负荷引起的一种正常生理现象。适度的疲劳虽

然可以刺激机能水平不断提高，但发展到一定程度时就会出现过度疲劳，可能会造成机体损伤以致损害健康。

⑤恢复过程。恢复是指人体在运动之后，人体的各项生理功能恢复、能源物质补充、代谢物排出等一系列变化。运动时体内代谢过程加强，不间断地代谢以满足运动时能源的补充需要，在运动中及运动停止后能源物质都在不断进行补充和恢复，只不过运动中的能量消耗快而大于补充，运动后的体内能量消耗慢而小于补充。

（2）一次训练中身体机能变化的基本过程。人在运动的过程中，运动训练负荷作为一种刺激，必然会引起各器官系统机能发生一系列的应激性反应。在运动训练前后，这些反应可表现为耐受、疲劳、恢复和消退等不同阶段。

①耐受阶段。在运动训练开始阶段，人体的各项机能会在一定的水平上维持一段时间，并不会马上表现出衰减或降低的现象，这一阶段称为"耐受阶段"。在这段时间内，由于机体已经从上次训练课中得到了不同程度的恢复，会表现出比较稳定的工作能力，能高质量地完成各项训练任务。训练的主要任务正是在这个阶段完成的。

②疲劳阶段。在经过一定时间的运动训练负荷的刺激，人体会产生一定的疲劳状况，机能能力和效率都会逐渐下降。达到这种程度的疲劳深度，正是训练安排所要达到的目的。只有机体达到一定程度的疲劳，机体在恢复期才能发生结构与机能的重建，运动能力才能不断得到提高。

③恢复阶段。训练结束后，即进入了恢复阶段，机体开始补充所消耗的能源物质、修复和重建所受到的损伤并恢复紊乱的内环境。机体在恢复阶段恢复的速率，主要受两方面影响：一方面，身体的耐受阶段持续时间长，耐受阶段持续时间越长，则疲劳程度越深，恢复需要的时间就越短；另一方面，运动结束后能量的补充是否及时，能量补充越及时到位，则恢复的速度越快。

④消退阶段。超量恢复不会一直持续，它会随着时间的进行而逐渐消失，而如果不及时在超量恢复的基础上施加新的刺激，已经形成的训练效果则可能会逐渐消退。

运动效果保持的时间和消退速率主要是取决于超量恢复的程度，所出现的超量恢复现象越明显，保持的时间相对越长。因此，在安排运动训练的内容时，不仅应重视训练负荷安排的合理性，而且必须要重视运动训练后的恢复，并在出现超量恢复后及时安排下一次训练。

3. 运动训练对人体运动系统的影响

经常参加运动训练对人体运动系统有着重要的影响，其影响主要表现在以下几个方面。

（1）运动训练对肌肉的影响。参加运动训练能够充分地发展骨骼肌，使其肌纤维增粗，肌肉的体积增大，肌肉力量增加。该项运动能够使肌纤维中线粒体数目增多，肌肉中脂肪减少，从而减少肌肉收缩时的摩擦，即肌内膜、肌束膜、肌腱和韧带中的细胞增殖、增厚、坚实、粗壮；肌肉内化学成分发生变化，如肌糖原、肌球蛋白、肌动蛋白和水分等含量都有增加，从而使 ATP 加速分解，与氧的结合能力增强，有利于肌肉收缩，表现出更大的力量；

可使肌肉中毛细血管增多，改善骨骼肌的供血功能。因此，经常参加运动训练的人肌肉会显得发达、结实、健壮、匀称有力，收缩力强，运动持续时间更长。

（2）运动训练对骨骼的影响。青少年新陈代谢旺盛，在这一时期进行合理的运动训练，对骨的生长和发育有着良好的作用。经常参加运动训练，可使骨表面的隆起更为显著，骨密质增厚，管状骨增粗。这一系列骨形态结构的改变，使骨的抗压、抗弯、抗折断和抗扭转等机械性能得到了提高。

骨的这种良好变化，与肌肉的牵拉作用有密切关系。肌肉力量的增加与骨量的增加有着显著相关性，且骨量增加部位与肌肉训练部位有关。当肌肉力量增大，肌肉收缩对骨骼产生的应力刺激可有效提高成骨细胞的活性，在日后可有效延缓中老年骨量的流失。

（3）运动训练对关节的影响。定期适量的运动训练可以使骨关节面的密度增加，骨密质增厚，从而越发能够承受更大的运动训练负荷。由于运动训练项目不同，它对关节柔韧性所起到的作用也就不同。如乒乓球、羽毛球、篮球等项目，对于参与者的急转、急停能力的要求极高，这就需要参与者拥有良好的关节柔韧性。同时，关节的稳固性和灵活性又是一对矛盾，因为肌肉力量大，韧带、肌腱、关节囊就会增厚，这对关节稳固性和防止关节损伤有很大好处，但这样又势必会影响关节的灵活性。所以，在进行运动训练时，运动者要处理好关节的这对矛盾。

（二）运动训练的生理学基础

1. 物质代谢

食物中包含多种营养素，人体从食物中摄取各种营养物质，经血液循环输送到各人体器官，通过相应的代谢为人体提供能量。糖、脂肪和蛋白质等营养物质经被人体吸收后，人体的组织、细胞一方面通过合成、代谢构建和更新自身储存的能源物质；另一方面通过分解代谢（氧化分解）以产生能量。物质代谢又主要包括以下几种。

（1）脂肪代谢。脂肪分解代谢产生的能量是长时间中低强度运动的主要供能物质。人体的肌肉组织中储存着少量的脂肪，在运动时产生一定的能量。当脂肪的动用（氧化）增加时，血浆中的游离脂肪酸即透过肌细胞膜进入肌细胞被氧化，而脂肪组织则水解成甘油和脂肪酸进入血浆中，以补充被消耗的游离脂肪酸。因此，脂肪首先是在酶作用下水解成脂肪酸和甘油来释放能量的。

（2）糖类代谢。食物中的葡萄糖经消化吸收后，大都集于门静脉，经肝进入血液循环，其中大部分运到各组织合成为糖原和含糖化合物，其中最主要的是到肝中合成肝糖原储存，一部分转变为脂肪和氨基酸血液中保留的一部分糖称为"血糖"；另一部分直接供组织氧化利用放出能量，同时还会产生 CO_2 和 H_2O 并将其排出体外。糖的氧化分解是供应人体活动所需能量的主要来源，全身各组织都能进行这一反应。糖的氧化分解包括无氧分解和有氧氧化两种主要方式，从本质上来讲，这两种形式是同一过程在两种情况下（缺氧与氧供应充足）的不同反应方式，其反应过程在前一阶段是完全相同的，差别是在产生丙酮酸以后。糖的无氧氧化产生乳酸；当氧供应充足时，丙酮酸继续氧化生成 CO_2 和 H_2O，并释放出蕴藏在分子中的能量。

（3）蛋白质代谢。蛋白质是人体生命活动的重要组成部分，也是人体重要的能源物质之一，与机体运动之间存在非常紧密的联系。它在调节机体各种生理功能中起着不可替代的作用。一般来说，蛋白质不能直接为人体提供运动所需的能力，为人体提供能量只是蛋白质的次要功能，只有在某些特殊情况下，如长期饥饿、疾病或体力极度消耗时，人体才会依靠蛋白质氧化供能。但蛋白质分解代谢过程中能产生许多物质，对糖和脂肪的供能有着重要的作用，同时，蛋白质的分解代谢和合成代谢平衡是维持人体生命活动的基础。蛋白质主要参与实现人体的代谢更新，由于其主要由氨基酸组成。因此，其代谢过程是以氨基酸代谢为基础的。蛋白质的代谢需要很多激素参与调解，如肾上腺素和甲状腺素能促进蛋白质的分解，表现为甲亢时，甲状腺素分泌增加，人体蛋白质分解增加，人体逐渐消瘦；当生长激素分泌增加时，人体蛋白质合成增加，肌肉健壮。

2.能量代谢

（1）人体物质能量储备。人体主要是通过消化系统摄取必要的能量物质，这些物质在人体中通过生物氧化反应，分解成一些代谢物，同时释放出大量的能量，这些能量通常大部分是以热能的形式释放于体外，还有一部分则会转化为化学能，储存在一种称之为三磷酸腺甘（ATP）的高能磷酸键中，人体活动的直接能量就来源于三磷酸腺件的分解，肌肉收缩需要 ATP 供能，消化管道的消化和吸收都需要 ATP 供能。ATP 的重新合成需要糖、脂肪和蛋白质的氧化分解供能。ATP 的再合成有多种途径，就供能系统而言，主要有以下三种。

第一，磷酸原系统（三磷酸腺甘 - 磷酸肌酸，ATP-CP）。它是由细胞内的 ATP 和 CP 这两种高能磷化物构成，具有供能绝对值不大、持续时间很短的特点。但是，它供能快速，因为 ATP 是体内唯一的直接能源，所以其能量输出功率最高。

第二，有氧氧化系统。它是指在氧供应充分的条件下，糖和脂肪完全分解生成二氧化碳和水，同时生成大量的能量，使 ADP 再合成 ATP。有氧氧化系统能生成丰富的 ATP，不生成乳酸之类导致疲劳的副产品，它是人进行长时间耐力活动的主要供能系统。

第三，乳酸能系统。乳酸能系统又称为无氧糖酵解系统。它的能量产生是靠肌糖原的无氧酵解，最后产生乳酸，而放出的能量由 ADP（二磷酸腺甘）接收，再合成 ATP。它是在机体处于缺氧的情况下的主要能量来源。乳酸能系统对人体进行能量供应，它的作用与磷酸原系统一样，能在暂时缺氧的情况下迅速供能。

在进行不同项目的训练时，运动者应根据自身的年龄、身体条件以及个人需要来选择适合的能量系统作为主导作用的运动项目，同时还要注意所选择的运动手段和项目的科学化。运动者除了选择有氧氧化系统的项目外，还可以适当选择乳酸能系统供能的项目，发展身体的无氧耐力。

人体的脂肪储备的能量最多，据科学研究发现，脂肪储备的能量约为 4×1（/焦耳，蛋白质储备的能量次之，为 1×108 焦耳，糖类储备的能量最少，为（4~5）$\times 10$，焦耳。

由于人体蛋白质的主要作用于细胞结构和功能的代谢和更新，蛋白质的能量储备虽然丰富，但在人体运动时，并不能够被人体大量使用。而脂肪和糖类才是人体运动的基础供能物质。通过研究表明，1 分子的糖在体内酵解可以生成 2~3 分子的 ATP，彻底氧化成 CO_2 和 CH_2O 生成 37 分子 ATP，而脂肪分子彻底氧化后生成的 ATP 数量更多，可高达 450 分子 ATP。

需要注意的是，如果以单位时间内生成能量的数量，或者以单位重量肌肉在单位时间内生成 ATP 的数量计算，能源物质的各种分解代谢途径提供能量的速率则不同于以上情况。各供能代谢途径 ATP 最大合成速率的排列次序是：磷酸原、糖酵解、糖有氧氧化、脂肪酸氧化，其递减速率接近 50%。

当机体内部的各个供能代谢系统在运动中分别以其最大供能速率向机体提供能量时，维持相应强度运动的持续时间分别是：磷酸原系统 6~8 秒，糖酵解系统 30~90 秒，糖有氧氧化 90 分钟，而脂肪酸供能时间相对不限。蛋白质作为能源物质氧化供能在有氧代谢中所占的比例不大，最多不超过 18%，通常是在运动开始以后 30~60 分钟开始，一直持续到运动结束为止。

（2）运动中三大供能系统活动的关系。在人体运动过程中，人体运动形式的不同，则不同的能量代谢系统提供能量的能力和速率也会不同。磷酸原系统和乳酸能系统都供应能量，但 ATP 和磷酸肌酸的最终合成以及糖酵解产物乳酸的消除却要通过有氧氧化来实现。所以，肌肉活动所需能量的最终来源是糖和脂肪的有氧氧化。人体中磷酸原系统供能的绝对值不大，在运动中维持的时间也很短，但是能在短时间内快速作用。

总的来说，人体在运动过程中，各供能系统之间的关系与运动训练负荷的强度和持续时间密切相关。在 0~180 秒最大运动时，各供能代谢系统的基本活动主要表现为如下特点：在 1~3 秒的全力运动中，基本上是由 ATP 提供能量的；在完成 10 秒以内的全力运动时，磷酸原系统起主要供能作用；30~90 秒最大运动时以糖酵解供能为主；约为 2~3 分钟的运动，糖有氧氧化提供能量的比例增大；而超过 3 分钟以上的运动，则基本工是有氧氧化供能。

大量的运动实践表明，随着人体运动时间的延长，供能物质由以糖有氧氧化为主逐渐过渡到以脂肪氧化为主。总之，人体在运动中，并不是由一个供能系统完成供能的，在有一个主要的供能系统基础上，其他的供能系统也会参与其中，共同完成人体运动所需要的能量供应。每个供能系统都有其独特的特点和供能能力，供能系统不同，所需要的能源物质也不同，运动中的输出功率和供能时间也会有明显的差异。

3. 运动与呼吸

运动员在运动训练的过程中，机体与外界环境之间的气体交换称为呼吸。呼吸系统包括呼吸道和肺，而呼吸道是一系列呼吸器官的总称，这些器官包括鼻、咽喉、气管、支气管。人体的呼吸过程由外呼吸、内呼吸和气体运输三个环节构成。

呼吸系统是氧运输系统的重要组成部分，其主要机能是实现机体与外界环境的气体交换，以使血液中的氧分压、二氧化碳分压、酸碱度维持在正常生命活动允许的范围之内。人体通过肺实现与外界气体的交换，通过血液实现气体的输送和排出。人体在运动时，机体代谢旺盛，所需氧量及二氧化碳排出量明显增加，呼吸系统加强，所以运动训练（特别是耐力训练）必将使呼吸系统的形态、机能产生适应性变化。

呼吸肌主要是膈肌和肋间外肌。当膈肌收缩时腹部随之起伏，肋间外肌收缩时胸壁随之起伏。因此，以膈肌运动为主的呼吸形式称腹式呼吸，以肋间外肌运动为主的呼吸运动称胸式呼吸。成人的呼吸一般都是混合式的。呼吸形式与年龄、生理状态、运动专项等因素有关。在进行运动训练时，要根据动作的特点灵活转变呼吸方式。

4.运动与心率

心率是运动生理学中最常用而又简单易测的一项生理指标。在运动实践中常用心率来反映运动强度和运动训练对人体的影响，并用于运动员的自我监督或医务监督中。成年人静息时心率在60~100次/分，平均为75次/分，但随着年龄、性别、体能水平、训练水平和生理状况的不同而有所变化。

一般来说，人的心率会随着年龄的增长而有所减慢，至青春期时接近成年人的频率。在成年人中，女性心率比男性快3~5次/分。有良好训练经历或体能较好者心率较慢，尤其是优秀耐力的运动员静息时心率常在50次/分以下。在运动的过程中，人的心率会逐渐加快，随着运动强度的增加，心率也会相应地增快，因此，心率也是判断运动训练负荷的一项简易的指标，能够在一定的程度上反映出运动员的体能水平以及运动训练的水平。

二、运动训练的原则

运动训练的原则是运动员参加运动训练需要遵循的基本准则。这些原则是在长期的运动训练实践中积累起来的具有普遍意义的概念总结和有关科学研究的成果，反映了运动训练的客观规律。运动训练中运动员如不遵循这些基本原则，盲目地进行训练，不仅不能促进身心全面发展，获得良好的训练效果，反而还会易引起运动损伤或者运动性疾病，损害健康。下面对运动训练的基本原则进行具体介绍。

（一）竞技需要原则

竞技需要原则即指根据提高运动员竞技能力及运动成绩的需要，从实战出发，科学安排训练的阶段划分及训练的内容、方法、手段和负荷等因素的训练原则。贯彻这一原则可使训练更好地结合专项的特点和专项竞技比赛的需要，以提高运动训练的专项针对性、实战性和实效性，争取获得满意的竞技比赛成绩。

贯彻竞技需要原则，需要注意以下几个方面。

（1）要围绕运动训练的基本目标，全面安排好训练和比赛。

（2）正确分析专项竞技能力的结构特点。每个运动项目由于其专项的特异性，因而决定了其竞技能力构成因素的差异性。对不同专项竞技特点和运动员竞技能力结构特点的分析，正是我们确定不同项目训练负荷内容的重要基础。

（3）依据竞技需要原则的要求，负荷内容和手段的选择是由不同专项竞技能力的主要因素与运动员自身的具体情况决定的。

（4）注意负荷内容的合理结构。因此，在训练过程中，在熟练掌握合理动作的基础上，应将主要精力放在如何更有效地提高体能水平上，以获得更大的力量、更快的速度和更强的耐力来实现竞技水平的不断提高。同时，对同一项目的不同运动员，还要求根据运动员自身竞技能力的特点和对手的特点，安排好符合运动员的心理训练的内容和手段。

（二）动机激励原则

所谓动机激励原则，指的是促使在运动员以个体为主的运动训练过程中，更好地激励培养具备良好的运动训练动机和行为，在完成训练任务的过程中能够更加积极主动的训练原则。在运动训练中，要通过各种合理的途径和方法激励运动员主动从事训练。

遵循动机激励原则就是要不断激励运动员的运动训练积极性和主动性，培养其自我调控能力、独立的思考能力以及创造能力。其有如下几个方面的具体要求。

（1）要满足运动员的基本生活需求。通过实践证明，人们只有在基本的物质得到一定保障之后，才会进行更好层面的追求。所以，在运动训练中，运动员的物质生活需求要得到一定的保障，同时还要注意其人身安全等。只有这样，才能更好地引导其形成实现自我价值的更高层次目标和追求，从而才能产生良好的运动训练动机。

（2）要对运动训练的目的性和运动员正确的价值观进行培养，使其逐步形成自觉从事运动训练的态度和动机，引导其从不同的角度和层次认识参与运动训练的意义和价值，培养其正确的价值观。

（3）在运动训练中，要以运动员为主体。这就要求教练员在对运动员进行运动训练时，必须注意以下几个方面：一是明确运动员的主体地位；二是要注意有意识地培养运动员独立思考的能力；三是要引导运动员提高和加强自我反馈的能力，培养运动员进行自我分析和评价的能力。

（4）在运动训练中，要选择科学的训练方式。对于过去那种简单、粗暴的"从严"训练方式，教练员要在正确认识和理解"从严"含义的同时，还要结合现代科学合理的方式对其进行调整和改变。

（三）适宜负荷原则

在训练过程中，要根据训练任务、对象水平与要求，科学合理地在各个训练环节中提高运动训练负荷量，直至达到最大负荷要求，这就是所谓的适宜负荷原则。因此，首先要以训练任务和对象水平及每个练习的目的、要求、负荷为主要依据来对运动训练负荷进行科学合理的安排。在训练过程中，运动训练负荷要经过加大、适应、再加大、再适应这样一个逐步提高的过程。

在球类运动的训练中，加大运动训练负荷，直至最大限度，首先要从训练任务和运动员身体状况、机能能力和训练水平出发，考虑运动训练负荷安排的合理性。训练过程的不同时期、周期、阶段及每一节训练课的任务都有所不同，运动员承受运动训练负荷的能力也不同，这主要反映在运动员承受负荷能力的大小和恢复的快慢上，以及对负荷强度和负荷量的承受能力上。因此，只有根据训练的不同任务和运动员的训练水平安排运动训练负荷才是合理的。同时，在运动训练过程中，运动训练负荷的加大必须循序渐进。在加大运动训练负荷过程中要处理好负荷量和负荷强度的关系，掌握好负荷与恢复的关系。除此之外，需要注意的是，运动训练负荷的增加必须达到极限。因为只有极限负荷的刺激，才能将运动员机体的机能潜力充分挖掘出来，并且要经过不断地训练形成超量恢复，才能够提高运动员的身体素质和运动水平，才能够达到参加激烈比赛、创造优异运动成绩的要求。

（四）周期安排原则

周期安排原则是指周期性地组织运动训练过程的训练原则。依运动员机体的生物节奏变化规律，竞技状态形成与发展的周期性规律，以及运动竞赛安排的周期性特点，按一定的动态节奏，循环往复、逐步提高安排训练内容和负荷量度。

贯彻周期安排原则要掌握以下几点。

（1）掌握各种周期的序列结构。了解各种周期的时间构成及其应用范畴，对于教练员在训练实践中贯彻周期安排训练原则是一个必不可少的重要条件。

（2）选择适宜的周期类型。贯彻周期安排时，要考虑到选择适宜的周期类型。例如，确定年度训练的安排时是采用单周期、双周期还是多周期；第一周期的训练应该是加量周期、加强度周期还是赛前训练周期。

（3）处理好决定训练周期时间的固定因素与变异因素的关系。周期安排原则的依据是人体竞技能力变化和适宜比赛条件出现的周期性特征。其中，后者是决定训练周期时间的固定因素，而前者则是变异因素。因为重要比赛日程的安排通常与某个项目最适宜的比赛条件的出现是一致的，而且通常在上一年度即已确定。尽管人体本身受着生物节律的影响，但它并非绝对不变，人们完全可以通过训练安排使其在特定的时间里表现出最佳的竞技状态。竞技状态的发展过程是可以由人来控制的，教练员应努力做到有把握地调节这一变异因素，使之与特定的比赛日程安排相吻合。

（4）注意周期之间的衔接。把一个完整的训练过程划分成若干个较小的周期之后，人们往往会忽视各周期之间的衔接，主要表现在注重训练过程的阶段性而忽略了连续性。整个训练过程中不同时间跨度的周期组成了一个连续发展的过程，因此在具体的训练过程中应特别注意周期之间的衔接。

（五）区别对待原则

区别对待原则是指在运动训练中要根据运动员各方面条件及不同训练条件和不同训练任务等，有区别地确定训练任务，对训练方法、内容、手段和负荷有相应的安排。

运动员在身体条件、心理品质和个性特征等方面都表现出明显的差异，因此在训练中要始终遵循和贯彻区别对待的原则。贯彻区别对待原则，有利于发掘运动员的潜力，防止训练中个别人脱离整体的现象，只有进行正确的区别对待，有的放矢地进行训练，才能取得良好的训练效果。

遵循和贯彻区别对待原则，需要注意以下几个方面。

（1）要根据运动员的不同特点，合理安排训练。

（2）在整个运动训练中，要针对个人和全队的要求，对项目分工不同的运动员，应制订专门的训练计划，以满足实际需要。

（3）区别对待原则要贯彻始终，包括每次训练课和每次早操，除有共同要求外，都要针对运动员自身的不同情况提出不同要求，并采取相应的措施，处理好每个环节。

（六）直观训练原则

直观训练原则是一种非常重要的运动训练原则，它是依据直观性与动作技能形成的教学论原理所确立的大学生运动员必须要遵循的准则。其主要目的是为了使这些大学生运动员能更有效地完成技术、战术和智力训练的任务。在教学过程中，直观性教学有很多种手段和方法，而且现代运动训练更加强调直观性原则的运用。

在运动训练中，尤其是训练初期，遵循和突出教学训练的直观性十分重要，具体来说，应注意以下几点。

（1）合理地选用直观手段：选用各种直观手段时要注意选择那些目的性最强、最有成效的手段，并必须明确所选的各直观训练手段所能解决的主要功能，并根据不同对象、不同运动项目和训练内容的特点，选择和应用针对性的直观手段。

（2）根据运动员的个体特征选择直观手段：选择和运用符合运动员个体的特点及训练水平的直观手段，且对不同训练水平运动员在训练时，应采用不同的直观方法和手段，同时，还要注意采用不同的训练强度。

（3）运动训练中，应先进行示范直接，使运动员掌握到一定的水平后，再通过录像、图解、直接观摩优秀运动员的表演和比赛等手段，同时结合清晰、准确、形象的讲解，以及教练员对运动员技术动作的观察分析，经过研究讨论，来启发训练者进行积极思维活动，并逐步找出体育运动的规律性。

（4）注意掌握运用直观手段的时机和方法：要根据不同年龄阶段运动员的感觉器官发育的敏感发展期不同，合理地选择和运用直观手段。教师可用语言信号、固定的身体姿势或慢速动作，来加深运动员对空中的方位、肌肉用力情况进行体会等。

（七）系统训练原则

在现代运动训练中，只有坚持进行多年不间断地系统训练，才能对所要掌握的运动技能进行不断重复和巩固，才能完成运动技能的系统化积累。另外，这种多年的系统性训练也是在现代竞技运动中获得优异运动成绩所不可或缺的一环。多年的系统训练和周期性训练是贯彻系统性原则的重要手段。

在现代运动训练中，贯彻系统训练原则要做到以下几点。

（1）要做好训练的周期性安排，要使身体训练与技能训练相互结合。

（2）在比赛期，要制订良好的调整运动量措施，以使其在比赛前进入最佳竞技状态。

（3）制订训练计划时要重视训练的持续性和连贯性，并应考虑大学生多年的、系统的训练计划，同时，还应完善训练大纲。

（4）教练员必须做好各训练阶段之间的连续性工作，及相互间的有机联系和交叉衔接。

（5）安排运动训练时，教练员要按"易难、简繁、浅深"的原则安排训练工作，同时，还要合理地安排和选择训练内容、方法与手段。

（八）适时恢复原则

适时恢复原则是指及时消除运动员在训练中所产生的疲劳，并通过生物适应过程产生超量恢复，以提高机体能力的训练原则。在运动员疲劳达到一定程度时，应依照训练的统一计划，适时安排必要的恢复性训练，采取有效的恢复措施，使运动员的机体迅速得到充分恢复和提高。贯彻适时恢复原则要注意以下两点。

（1）准确判别疲劳程度。准确判别疲劳程度，是适时恢复的重要前提。运动员疲劳程度的判别，通常是根据自我感觉和外部观察来进行的，也常常采用一些比较客观的生理和心理测试方法。

（2）积极采取加速机体恢复的适宜措施，例如，训练学恢复手段，医学、生物学恢复手段，营养学恢复手段，心理学恢复手段。

第五节 运动训练的方法及创新性探索

一、运动训练的方法

运动训练采用的方法有很多，具体是要根据实际情况和需要进行有针对性的选用，以达到最佳的训练效果，下面介绍几种常见的训练方法。

（一）分解训练法

分解训练法指的是将完整的技术动作或战术配合过程合理地分成若干个环节或部分，然后按环节或部分分别进行训练的方法。在需要集中精力完成专门的训练任务，对主要技术动作和战术配合环节的训练进行加强时，适合采用分解训练法进行训练，这样可使训练取得更高的效益。分解训练法有着自己的适用范围，主要的适用情况包括技术动作或战术配合过程较为复杂、可予分解，且运用完整训练法又不易使运动员直接掌握的情况下，或者技术动作、战术配合的某些环节需要较为细致的专门训练。

单纯分解训练法、递进分解训练法、顺进分解训练法、逆进分解训练方法是较为常见的四种分解训练法类型。

（二）完整训练法

完整训练法指的是从技术动作或战术配合的开始到结束，不分部分和环节，完整地进行练习的训练方法。完整训练法的运用可以帮助运动员对技术动作或战术配合进行完整的掌握；良好地保持技术动作或战术配合的完整结构和各个部分之间的内在联系。

完整训练法具有广泛的适用范围，既包括单一动作的训练，又包括多元动作的训练；既有个人成套动作的训练，也有集体配合动作的训练。但是在不同的范围内运用时，还要注意有所侧重。

（三）持续训练法

持续训练法是指负荷强度较低、负荷时间较长、无间断地连续进行练习的训练方法。在练习时，平均心率应在每分钟130~170次。持续训练主要是用于发展一般耐力素质，并有助于完善负荷强度不高但过程细腻的技术动作，可使机体运动机能在较长时间的负荷刺激下产生稳定的适应，内脏器官产生适应性的变化；可提高有氧代谢系统供能能力以及该供能状态下有氧运动的强度；可为进一步提高无氧代谢能力及无氧工作强度奠定坚实的基础。

根据训练时持续时间的长短，可以将持续训练法分为短时间持续训练方法、中时间持续训练方法、长时间持续训练方法三种类型。

（四）间歇训练法

间歇训练法是指对多次练习时的间歇时间做出严格规定，使机体处于不完全恢复状态下，反复进行练习的训练方法。运动员在严格的间歇训练过程中，心脏功能能够得到明显的增强；通过运动训练负荷强度的调节，机体各机能与有关运动项目相匹配的适应性变化也会产生；通过不同类型的间歇训练，可以有效地发展和提高糖酵解代谢供能能力（或磷酸盐与糖酵解混合代谢的供能能力、糖酵解与有氧代谢混合供能能力、有氧代谢供能能力）；通过对间歇时间的严格控制，可以使运动员在激烈对抗和复杂困难的比赛环境中发挥出更加稳定的技术动作；在较高负荷心率的刺激下，有利于促进机体抗乳酸能力的提高，从而能够保证运动员在较高强度的情况下仍具有持续运动的能力。

高强性间歇训练方法、强化性间歇训练方法以及发展性间歇训练方法是间歇训练法的三种基本类型。

（五）变换训练法

变换训练法是在综合考虑实际比赛过程的复杂性、对抗程度的激烈性、运动技术的变异性、运动战术的变化性、运动能力的多样性以及中枢神经系统的灵活性等因素的情况下提出的。所谓的变换训练法就是指对运动训练负荷、练习内容、练习形式以及条件进行变换，以使运动员的积极性、趣味性、适应性及应变能力得到提高的训练方法。通过运动训练负荷的变换，能够产生机体与有关运动项目相匹配的适应性变化，从而使承受专项比赛时承受不同运动训练负荷的能力得到提高。通过变换练习内容，能够使运动员的训练更加系统，并使运动员的不同运动素质、运动技术和运动战术得到协调发展，从而使之具有更接近实际比赛需要的多种运动能力和实际应用的应变能力。

依据变换内容的不同，可以将变换训练法分为形式变换训练方法、内容变换训练方法和负荷变换训练方法三种类型。

（六）重复训练法

重复训练法指的是多次重复同一练习，并在两次（组）练习之间安排相对充分的休息时间的训练方法。采用重复训练法，多次重复同一动作或同组动作，再经过不断强化运动条件反射的过程，有利于运动员对技术动作的掌握和巩固。通过相对稳定的负荷强度的多次刺激，可使机体较高的适应性机制尽快产生，有利于运动员身体素质的发展和提高。单次（组）练习的负荷量、负荷强度及每两次（组）练习之间的休息时间是构成重复训练法的主要因素。静止、肌肉按摩或散步通常采用的休息方式。

依据单次练习时间的长短，可以将重复训练法分为短时间重复训练方法、中时间重复训练方法和长时间重复训练方法三种类型。

（七）循环训练法

循环训练法指的是根据训练的具体任务，将练习手段设置为若干个练习站，运动员按照既定顺序和路线，依次完成每站练习任务的训练方法。运用循环训练法可使运动员的训练情绪得到有效的激发，并且使负荷"痕迹"得以累积、不同体位得到交替刺激。每站的练习内容、每站的运动训练负荷、练习站的安排顺序、练习站之间的间歇、每遍循环之间的间歇、练习的站数与循环练习的组数是循环训练法的结构因素。运用循环训练法，可以使不同层次和水平的运动员的训练情绪和积极性得到有效的提高；可以使运动训练过程的练习密度得到增加；可以随时根据具体情况因人制宜地加以调整，做到区别对待；可以防止局部负担过重，延缓疲劳的产生，对全面身体训练非常有利。在实践中，循环训练法中有"站"和"段"的说法，其中的"站"指的是练习点，如果一个循环内的站数中，有若干个练习点是以一种无间歇的方式衔接，那么这几个练习点的集合可称之为练习"段"。"站"和"段"是安排循环练习的顺序时应该考虑的。

以各组练习之间间歇的负荷特征为依据，可以将循环训练法分为循环重复训练方法、循环间歇训练方法和循环持续训练方法三种基本类型。

（八）比赛训练法

比赛训练法指的是在近似、模拟或真实、严格的比赛条件下，按比赛的规则和方式进行训练的方法。比赛训练法的提出有着一定的依据，包括人类先天的竞争和表现意识、竞技能力形成过程的基本规律和适应原理、现代竞技运动的比赛规则等因素。运动员全面并综合地提高专项比赛所需要的体、技、战、心、智各种竞技能力，可以通过比赛训练法的运用而实现。

教学性比赛方法、模拟性比赛方法、检查性比赛方法和适应性比赛方法是较为常见的四种比赛训练法的类型。

（九）综合训练法

综合训练法是指把重复训练、循环训练、变换训练等各种训练法结合起来运用，或者在一组训练中安排各种技术训练、灵敏训练、力量训练等多种内容的训练方法。

在训练实践中，以上各种训练方法并不是单一的存在和使用的，因此，需要通过综合训练来灵活地调行运动员的训练负荷与休息，使其更圆满地达到训练要求，从而促进运动员运动素质和运动水平的全面提高。

综合训练法变化很多，组合多样，具体可以根据不同性别、年龄、身体状况、锻炼水平的运动员需求进行适当地变化、调整，以取得理想的训练效果。

随着现代科学技术的进步，运动训练方法从理论到实践不断推陈出新、日新月异。目前，社会各界有识之士非常重视改变传统经验的训练法，借助新的科学理论（如系统论、控制论、信息论等），不断尝试、创新和运用新模式的训练方法。

当前，随着竞技体育运动的发展、科学技术的进步以及人们认知的不断提升，运动训练的方法正在向多样化的方向发展，训练方法日益多样化主要得益于运动员和教练员在运动训练方面积累了丰富的经验，因此，他们总结了多种多样的训练方法来指导训练实践。现代运动训练更加注重实效性和技术完善。传统训练方法在运动训练中得到了保存，同时由于高科技手段的引进，新的训练方法在运动训练中不断得到应用，新的训练方法与传统的训练方法相结合，使得运动训练更加科学、有效，正因如此，才促使了运动员不断突破极限，在比赛中不断刷新纪录。

二、运动训练方法的创新性探索

时代在发展，科技水平在不断提升，运动员的竞技水平、训练的层次和维度也在相应地提高，这就对训练方法提出了新的要求。

（一）破旧立新

所谓破旧立新，就是要打破原来固定的训练方法，从训练手段、训练思路等方面入手，树立新的训练方法。例如，教练员平时要经常对自己的训练方法加以审视，看看自己的训练方法是否已经成为一种思维定式，是否已经过时，是否对运动员训练到一定程度就难以再有提高了，是否训练水平落后于形势的发展等。许多陈旧的方面必须通过创新来改变其面貌、改变其效益，从而提高训练效果。立新要以创造性思维去思考、解决各种问题，去寻找新的突破口，开辟新途径，去发现新的思路、观点、方法、手段等，从而才能获取新的成效。

（二）逆向思维

训练目标、训练计划、训练方法等内容往往容易习惯依据传统观念、经验和权威人上的意见来思考，容易将自己框定在一定的模式中去思考、解决问题，逐步形成了思维定式，慢慢抹杀了创新思维及创新方法的思路。我们要充分认识到，要适应现代形势发展，就要善于转换思维方式方法，善于用逆向思维法去突破传统的观念、经验或权威人士的束缚，突破陈旧的思维定式，去开创、形成新的思维定式，激励自己树立新思想、新观念，总结新经验，开创新的训练思路，进行新的训练决策等。

（三）克弱转强

运动员在训练过程中，要善于主动地挑剔自己的弱点、缺点或不足，并对其作为探索研究的基准点，努力攻克它，使弱转化为强，从中获得创新的成功。假如在训练中，采用某一训练方法而得不到预期的效果，这并非教练员训练方法的问题，而是在于自己的训练方式，这时应该对训练方法加以深入剖析，找出其不足或落后的方面，并加以弥补、修正，或创造出新的训练方法。通过克弱转强法，从中不断经过创造过程，使训练得出成效。

（四）移花接木

现代知识的综合运用程度越来越高，新成果大量地涌现，知识的渗透力越来越强，综合聚变效应也越来越强。我们要：善于将其他学科中的原理、规律、方法等移接到本领域的运动训练理论体系中去，进行巧妙地衔接，创造出新的高效的训练原理、规律、方法等，从而有效地促进自身学科的不断发展与壮大，提高训练效果。如"系统论、信息论、控制论"移接到体育各个领域中发挥出巨大的效果，有力地促进了体育科学的发展。

第六节　运动训练负荷的科学安排

一、运动训练负荷的基本知识

（一）运动训练负荷原理

运动训练中最终训练的目的是促进运动员身体素质水平、运动水平的提高，要想实现这一最终目的，就要在运动训练过程中使运动员不断承受和适应训练负荷，促进其机体的运动能力和对外界（运动训练负荷）的适应能力的不断提高，这就是运动训练负荷的原理。

在运动训练过程中，运动员会承受一定的外部刺激，运动员机体在生理与心理方面承受的总刺激便是运动训练负荷，机体承受刺激时表现出来的内部应答反应程度可以反映出运动训练负荷。

运动训练负荷有着自身的特点，它具有目的性和选择性，即一定的功能特点；运动训练负荷还具有渐进性、极限性和应激性，随着运动训练负荷水平的提高，训练适应水平也会相应地得到提高。运动训练负荷与运动成绩之间密切相关，这主要从对应性和延缓传导性上体现出来。

运动训练负荷种类繁多，每种负荷都有自己独特的含义，因此必须准确掌握各种运动训练负荷的概念和特性，对运动训练负荷进行科学调控，调控时需注意运动训练负荷的综合性、实战性和动态性，并需结合具体个体进行，注重运动训练负荷的定量与等级。

（二）运动训练负荷的系统构成

运动训练负荷具有系统性，它由众多局部结构构成。按性质可将运动训练负荷分为训练负荷、比赛负荷、教学负荷与健身负荷；按产生机制可将运动训练负荷分为内部负荷、外部负荷和百分负荷；按负荷刺激机体的特征可将运动训练负荷分为负荷强度、负荷量和总负荷。

（三）运动训练负荷刺激及机体机能的变化

运动训练负荷刺激主要是指运动训练负荷对机体的刺激，人体活动时所表现出来的力量、耐力、速度、柔韧和灵敏素质等不是根本原因（本质），而是运动的结果（表象）。在运动训练中，机体对训练负荷刺激所做出的反应表现在两个方面，即生理反应和心理反应。通常所说的运动训练负荷指的是生理负荷，就是指机体在生理方面所承受的运动训练刺激。

运动训练的过程也可以看作是一个不断对人体施加运动训练负荷刺激的过程，在这一过程中，人体各器官系统将发生一系列的反应。这些反应特征主要表现为耐受、疲劳、恢复、超量恢复和消退等机能变化。

在运动训练过程中，机体的负荷刺激变化主要会经历以下几个阶段。

1. 耐受阶段

耐受是运动训练初级阶段机体对运动训练负荷的刺激反应，是机体接受运动训练负荷刺激后身体机能变化和反应的第一个阶段。运动训练负荷强度和运动员训练水平会影响这种耐受能力的强弱和保持时间的长短。这一阶段，应以体能训练为主。

2. 疲劳阶段

在承受一定时间的运动训练负荷刺激之后，机体机能和工作效率会逐渐降低，即出现疲劳现象。具体来说，运动员训练到何种疲劳程度以及耐受多长时间以后出现疲劳取决于训练课的目的。实践表明，在训练过程中，运动员只有达到一定程度的疲劳后，才能提高运动能力，才能在恢复期获得预期的超量恢复效果，从而促进机体机能的增强。

3. 恢复阶段

训练结束后，在补充和恢复阶段，机体主要是补充在训练过程中所消耗的能源物质，修复所受到的损伤并恢复紊乱的内环境，使机体各器官系统的机能恢复到运动前水平，以完成机体结构与机能的重建。机体疲劳的程度决定了恢复所需时间的长短。

4. 超量恢复阶段

超量恢复，又称"超量代偿"，是关于运动时和运动后休息期间能量物质消耗和恢复过程的超量恢复学说，是由苏联学者雅姆波斯卡娅提出。超量恢复指的是在运动结束后，运动过程中所消耗的能源物质以及降低的身体机能不仅可以得以恢复，而且还会超过原有水平。通常来说，运动训练负荷量越大，强度越大，疲劳程度越深，超量恢复越明显，但切忌过度训练。

5. 消退阶段

一次训练结束后，如果不及时在已获得的超量恢复基础上继续施加新的刺激，那么已经产生的训练效果在保持一段时间后就会逐渐消退，机体机能又下降到了原有水平。因此，要想保持长久的运动训练效果，就要求运动员必须在上一次训练出现超量恢复的基础上对下次运动训练做出及时的安排。

二、运动训练负荷的科学安排与调控

（一）运动训练负荷的定性与定量

1. 运动训练负荷的定性

（1）训练负荷的专项性。训练负荷的专项性指训练负荷要与运动员的训练水平和比赛要求相符。在运动训练过程中，训练负荷的练习分为运动专项练习与运动非专项练习。

其中，运动专项练习是提高运动员专项运动技战术水平的直接因素，只有加强运动专项训练，才能为运动员运动实战水平的提高奠定良好的基础。

（2）训练动作的复杂程度。训练动作的复杂程度是专项运动训练中客观存在的内容，是运动训练中运动训练负荷定性的一个重要方面。在运动训练实践中，动作的复杂程度决定着训练负荷的大小。区分训练动作的复杂程度是控制运动训练负荷的依据和需要。

需要提出的是，由于运动训练中，运动员的许多技能动作并不能预定，必须根据场上对手的表现临时做出选择性反应，因此，目前对此要做出量化评定具有较大的难度。

（3）训练负荷的生理改善。确定运动员运动训练时机体工作的供能系统是为训练负荷定性的内容之一。通过研究表明，系统的运动训练中，ATP-CP 和糖降解供能约占 80%，糖酵解和有氧代谢约占 20%。因此，运动员应结合运动专项的训练要求和特点，选择采用无氧代谢，或是有氧代谢，或二者的协调配合来进行训练，也就是以实际情况为依据合理安排训练。

2. 运动训练负荷的定量

（1）内部负荷指标。内部负荷指标指由于运动员在训练过程中进行各种身体、技战术训练，训练的负荷使运动员有机体内发生了一系列生理和生化变化，内部负荷的指标能比较科学、准确地反映有机体在负荷时产生的各种变化，有利于教练员根据这种变化去掌握和控制训练过程，安排训练负荷。

运动训练中，·使用内部负荷的指标来测量负荷的方法比较广泛。血压、心率、血乳酸、尿蛋白、氧债、血红蛋白、最大吸氧量等是常用的指标。

（2）外部负荷指标。外部负荷指标又称"负荷的外部指标"或"外部负荷"，包括负荷量和负荷强度两个指标。在运动训练中，负荷量的各个指标测定的方法比较简单。例如，统计一次训练课、一个小周期、一个阶段或一年的训练负荷量，只要记录每次训练的时间、次（组）数、移动的总距离和总重量，而后通过累计计算运动员单位时间内负荷量的大小即可。机体对负荷强度刺激所引起的反应比较强烈，能较快地提高机体各器官系统的机能水平，所产生的适应性影响较深刻，消退较快。在运动训练中，测量负荷强度的各个指标比较复杂，所以难度也比较大。

目前，对运动员外部负荷指标进行测量，一般通过记录技战术训练的时间、训练次数、训练难度、训练的激烈对抗程度等方法。

（二）不同负荷的判别

在运动训练期间，当运动员的运动训练内容、训练手段的特点相当稳定时，有机体机能能力表现出来的动态变化就能够被明显地观察到。因此，可根据训练实践中运动员有机体机能活动性的动态变化来对训练负荷的大小进行判别。

一般地，运动训练负荷的大、中、小可以客观地按照机体恢复的时间进行判别。研究表明，训练负荷的大、中、小与有机体内环境的稳定性变化紧密相关，并且能具体反映到恢复过程的时间上。通常，小负荷与中等负荷后，机体恢复过程的时间通常是几十分钟或几个小时；大负荷后，一般需要较长的时间才能实现机体的恢复（可长达数天）。

在运动训练中，应结合实际情况来对运动员的训练负荷大小进行判定，具体可以根据生理学和生物学的指标来判别，也可以采用其他相对间接且客观的指标进行判别，不管使用哪种方法，都要保证准确地判定训练负荷。

（三）运动训练负荷的特点与注意事项

1. 科学安排运动训练负荷的特点

科学安排与调控运动训练负荷就是以更科学、更合理的方法是安排运动训练负荷，从而实现运动训练水平和运动成绩不断提高的目的。对训练负荷的科学安排需要遵循负荷、应激与恢复原理，竞技状态的形成与科学调控原理，周期性与节奏性原理，以及竞技能力的训练适应原理等。简单来说，科学调控运动训练负荷就是在训练过程中，教练员要根据训练的任务及运动员的个体情况，按照人体机能的训练适应规律，以大负荷为核心，坚持长期、系统和有节奏地安排运动训练负荷。

从概念内容来看，科学安排与调控运动训练负荷具有以下特点。

（1）持续增加运动训练负荷，即在运动员的运动寿命范围内，运动训练负荷应该不断地增加。

（2）运动训练负荷应该力求在运动员机体可接受的范围内达到最大的负荷水平。

（3）全年负荷，即要求运动员常年不断地进行训练，系统连贯地承受负荷，以不断提高训练水平。

（4）负荷的周期性和节奏性，也就是说负荷的安排要有一定的大、中、小节奏，并在全年训练中具有一定的周期性安排的特点，也就是按照加大适应—再加大—再适应的节奏进行安排。

（5）负荷的渐进性和跳跃性，它是指在运动员长期训练中，负荷应按照逐渐提高与跳跃式发展相结合的方式来进行安排。

2. 科学安排与调控负荷的注意事项

（1）不同训练阶段要采取不同的调控方法。根据负荷因素的基本特征，在训练初期，为了使运动员尽快进入运动状态，通常是以增加负荷量的方法来尽快实现运动员机体的适应。在专项训练阶段，以提高负荷强度刺激的方法来加强运动员的机体适应过程。

（2）选择合理的负荷的内容和手段。教练员应按照不同运动项目、训练内容、训练手段的负荷特征和不同训练任务选择好相对应的训练内容、手段和方法。对运动员而言，其参与的具体竞技运动项目不同、训练目的不同，所安排的训练负荷应有所区别。

（3）对负荷方案进行最佳综合设计。在运动训练过程中，教练员要根据各对应性负荷结构的特征及相互间的关系，进行负荷方案的最佳综合设计。特别是要注意负荷量、负荷强度与总负荷，内部负荷与外部负荷，生理、心理与智力性负荷，以及训练负荷与比赛负荷的综合设计。

（4）按照运动员个体特点，确定运动训练负荷。教练员要通过科学地训练诊断，对运动员的个体特点加以了解，科学的确定符合每个个体特点的个体负荷模型。

（5）注意负荷安排的长期性、系统性。在进行运动训练时，要根据连续负荷中，疲劳的正常积累与过度疲劳之间的关系，对多年、年度、周及每一次课的训练过程负荷进行对应的安排，使不同阶段的运动训练负荷能够连贯起来，促进运动员运动水平的逐步提高。

（6）重视运动训练负荷的节奏性。教练员应把大负荷训练与减量训练结合起来，使之形成最佳的负荷节奏，进而促使运动员取得最佳的运动成绩。

（7）合理增加运动训练负荷。根据训练任务和训练对象，逐步、有节奏地加大运动训练负荷，直至最大限度，但在竞走运动训练过程中，运动训练负荷的安排不宜过大，应以提高单位训练时间里最大的效益为准则。运动训练负荷的增加应当在运动员适应了原有负荷的基础上进行，只有这样才能取得较好的训练效果。

（8）注意处理好负荷量、负荷强度与总负荷的关系。教练员要按照运动项目特点、训练和比赛任务、个体特点等因素，以总负荷的要求为基础，确定好负荷量和负荷强度的最佳组合。突出强度是高水平竞走运动员负荷安排的重要特征。但注意应从实际情况出发，负荷强度和负荷量应合理搭配。

（9）重视恢复。训练水平的提高离不开对训练负荷的合理安排，没有恢复，也就没有新的负荷安排。在运动疲劳之后，人体的恢复时间有所不同，恢复时间过长或过短都不利于提高身体素质和技战术水平。注意掌握运动员训练后不同恢复阶段的时间个体负荷的极限能力、承受极限负荷后的恢复时间，及各训练过程的负荷性质及适宜的间隙时间和恢复方式，并根据这些要点来对大负荷训练进行安排。另外，还应注重采用多种手段来帮助运动员消除疲劳。

（10）做好运动训练负荷监测和诊断工作。教练员应在运动训练过程中，根据运动训练负荷的构成因素及运动训练负荷的可监控性特点，正确地确定各运动项目的各训练内容、手段和训练方法，及不同运动员个体的运动训练负荷监控指标体系，对科学的运动训练负荷监控、诊断系统和诊断模型进行建立。

第三章　运动技能的基本知识概述

本章主要从"运动技能概述"运动技能的"金字塔结构""运动技能的属性""运动技能的口的"四个方面进行论述，目的是从理论入手来阐述运动技能的相关知识，进而为高效体育课堂的实现打好基础。

第一节　运动技能概述

一、运动技能概述和分类

运动技能是指有特定操作目标，涉及自主身体或肢体运动的技能。运动技能是人类生活中不可或缺的重要组成部分，涉及人们日常生活、学习活动、生产劳动和体育活动中的各种行为操作。例如，日常生活中吃饭时筷子和勺子的使用，学习活动中的写字和打字，生产劳动中对生产工具的操作，体育活动中的游泳、打球等运动技能，主要是借助于骨骼肌的运动和与之相应的神经系统的活动而实现的对器械的操作或外显的肌肉反应。打高尔夫球和跳远这两种运动技能，前者主要体现为对球和杆的操作，后者主要体现为外显的肌肉反应。无论使用还是不使用器械，运动技能总是包含神经系统对有关肌肉的控制。

运动技能纷繁复杂，对其进行科学分类是进行该领域研究的前提。目前被广为接受且应用较多的运动技能分类方法有以下四种：

（一）封闭性与开放性运动技能

根据技能操作中环境背景的稳定性特征，可以将运动技能分为封闭性和开放性运动技能。操作中的环境背景包括个体操作技能的支撑平台、操作目标以及操作过程中涉及的其他个体。

封闭性运动技能的环境背景特征是稳定的，环境背景特征在技能操作过程中，不会发生位置上的变化。例如，固定靶射击、跳水、体操、游泳、跳远、标枪、高尔夫球、篮球的罚球等均为封闭性运动技能在完成封闭性运动技能的过程中，环境特征和技能的操作程序基本是固定的，个体很少需要根据环境和对手的情况来进行直接、迅速和反复的动作调节，可以较多采用本体感受器所介入的反馈来调节动作。学习这种运动技能关键在于反复练习，直到达到标准的模式和自动化程度。开放性运动技能的环境背景特征是不稳定的，即技能的操作目标、支撑平台和其他人始终处于运动状态。在完成开放性运动技能的过程中，个体必须根据环境的变化实时地对动作进行相应的调整，个体完成动作的时机和采取的动作主要由相关的环境线索决定。例如，拳击、击剑、足球的防守等都是开放性运动技能。学习开放性运动技能减少开放性，或者说减少不可预测性，使个体确切把握环境的变化。

（二）非连续性和连续性运动技能

根据技能操作过程中动作的连贯程度，可以将运动技能分为非连续性和连续性运动技能。

非连续性运动技能的主要特征是运动技能的开始和结束非常明显，并且持续时间相对短暂，动作的完成带有一定的爆发性。例如，铁饼、标枪、举重、篮球的投篮等都是非连续性运动技能。连续性运动技能的主要特征是，运动技能由一个接一个的动作组成，没有明确的开始与结束。例如，游泳、滑冰、跑步等都是连续性运动技能，这些技能可以任意确定开始点和结束点。在非连续性和连续性运动技能之间，存在着大量系列技能，系列技能的运动操作是由一组非连续性运动技能联结在一起，组成的一个新的、更加复杂的技能动作。例如，三级跳远、跨栏、跳高等都属于系列技能。完成系列技能的关键是系列动作之间的节奏。

（三）低策略性和高策略性运动技能

根据技能执行时所需要的认知策略多少，可以将运动技能分为低策略性和高策略性运动技能。

低策略性运动技能是指技能操作成功的决定因素是动作本身的质量，主要要求操作者怎么做，对该做什么动作的实施和决策要求比较小，如举重、游泳、体操等。高策略性运动技能是指技能操作成功的重要因素是决策在什么情况下做什么动作。例如，在羽毛球比赛中，杀球、勾球、放网等基本动作每个运动员都会，重要的是要知道在什么情况下用什么动作，才是比赛取胜的关键。现实中多数的运动技能都包含了决策制订和动作实施的复杂组合。

（四）小肌肉群和大肌肉群运动技能

根据完成动作时肌肉参与的不同，可以把运动技能分为小肌肉群和大肌肉群运动技能。

小肌肉群运动技能是指以小肌肉群活动为主的运动技能，具有细微、精巧的特点。例如，绣花、织毛衣、写字、打字等都是小肌肉群运动技能，大肌肉群运动技能是指以大肌肉群活动为主的运动技能，如举重、摔跤、跑步等都是典型的大肌肉群运动技能。这两类运动技能由于肌肉参与的差别极大，因此彼此之间的相关性很低。

二、运动技能学习的理论

运动技能学习是指通过练习或经验，引起动作行为持久性改变的历程。对于运动技能学习的机制，研究者先后从不同的角度提出了多种理论解释，并且这些解释也随着人类对自身认识的深入而不断完善。

（一）连锁反应理论

连锁反应理论认为，可以用"刺激—反应—公式"的连锁反应系列来解释运动技能的形成。运动技能被理解为动作的连锁反应，刺激引起反应，第一个动作的反馈调节着第二个动作，第二个动作的反馈又调节着第三个动作……于是，就产生了运动技能的连续性操作。但是，连锁反应理论难以解释以下问题：人能在100毫秒之内开始、进行和停止一个动作，而利用感觉反馈所需的时间要比100毫秒长得多，因此，快速运动技能的学习是无法用感觉反馈来解释的。连锁反应理论认为习得的运动技能是定型化的，这无法解释大多数运动技能，具有新颖性的特点。

（二）信息加工理论

运动技能学习的信息加工理论主要是对运动技能学习信息加工过程中，所涉及的加工装置、加工流程及各加工阶段的特点进行描述，揭示影响运动技能操作的内部组织性变量。Adams 的闭环理论模型强调个体的自我调整，认为刺激的本体感受能控制习得性反应，技能是通过反馈与过去习得的参照标准进行比较而实现的。该模型认为，运动技能学习存在两种痕迹，即记忆痕迹和知觉痕迹。记忆痕迹是反应的选择和动装置，知觉痕迹是技能操作留下的痕迹或表象，它以反应生成性反馈刺激为基础，对技能操作有控制作用。闭环理论模型主张从信息的一般加工过程探讨运动技能操作的差异性，认为选择性注意、唤醒和决策是影响技能操作的重要因素。

闭环理论模型认为，信息的加工过程由感觉输入、知觉过滤、短时储存、有限注意通道、运动控制、运动输出和信息反馈组成，每一个阶段都有其自身的特点。模型将技能操作的信息加工过程分为三个阶段，即刺激辨别阶段、反应选择阶段和反应编程阶段。刺激辨别阶段要确定刺激是否存在，如果存在，它是什么，这一阶段的作用是获得刺激的一些表征。反应选择阶段的任务是根据现有的环境特点，决定做什么动作。反应编程阶段的任务是对运动系统进行组织以完成所希望的动作，这个阶段的作用是组织好一个最终控制动作输出的运动程序，以产生有效的动作。

（三）控制理论

运动技能学习的控制理论是从控制论的角度对运动行为的变通性和适应性即运动控制进行解释的理论，较有代表性的有康德的图式理论、Anderson 的产生式系统理论和动力系统理论。

康德提出的图式理论认为，练习者在反复练习同一类别动作的过程中，每一次动作反应的结果与组成运动程序的参数均能形成一组相关数据而储存在记忆中。随着练习的进行，这种参数与动作结果间的对应关系也逐步稳定，形成运动图式。运动图式是"将一定数量的同类动作的可变结果与运动参数相联系的一套规则"，运动图式指导或控制运动技能的操作。该理论揭示了运动图式发展的四种信息来源：一是初始条件的知识机体、环境状态，它用于技能操作的准备；二是反应规格的知识、动作要求，它在执行动作前使用；三是感觉结果；四是反应结果，即内在和外在的反馈信息。

Anderson 提出的产生式系统理论（ACT 模型）认为，个体运动技能的认知表征是由条件行为对构成的产生式的集合，它们负责在特定条件下产生适当的行为。ACT 模型把人类的知识分成陈述性知识和程序性知识两类。所谓陈述性知识，是指动作的术语、要领、原理、规则等，它是用命题或心理表象的形式进行表征的，可以用言语来表达和用谈话法或书面的方式来测定。所谓程序性知识，是指如何去完成某种动作技能的知识，即有关什么时候运用或怎样选择适当的动作技能的知识，它是用条件行为进行表征的，除了可以用谈话或书面的方法来测定外，还可以用实际操作的方式来测定。从认知心理学的角度来说，学习一种新的运动技能最初表征为陈述性知识，而后才能使陈述性知识转化为程序性知识。

动力系统理论是一种以数学的动力系统理论为基础，探讨随着时间的变化而发生的人类行为状态的改变，即用数学中的状态空间、吸引子、轨迹、确定性混沌等概念来解释与环境下相互作用的主体的内在认知过程系统中的变量是不断变化的、系统是复杂的，并服从于非线性微分方程。

三、运动技能学习的阶段模型

学习运动技能的一个重要特征，是获得技能时每个练习者都会经历截然不同的几个阶段。较有影响力的两种模型是 Fiats 和 Poisoner 的三阶段模型以及 Gentile 的两阶段模型。

（一）Fiats和Poisoner的三阶段模型

Fiats 和 Poisoner 提出的经典学习阶段模型将运动技能学习划分为三个阶段，即认知阶段、联结阶段和自动化阶段。

1. 动作的认知阶段

在运动技能学习的开始阶段，练习者的注意力主要集中在认知问题上，应重视对任务的认知，即知觉和理解动作的术语、要领、原理或规则，以及做动作时知觉的线索，包括来自身体内部或外部的线索；学习与技能有关的知识，在头脑中形成关于技能的最一般、最粗略的表象。

2. 动作的联结阶段

在这一阶段，认知阶段的知识得到了应用，练习者已经学会把某些环境线索与完成技能所需的活动联系起来，个体可以将注意力集中于如何能成功地完成技能，从认知转向运动，并且使它从一次练习到下一次练习更具一致性。这一阶段要强调在正确的知觉和积极思维的基础上，进行反复练习，以找到改进动作的方法，合理地使用力量、速度，建立起准确的空间方位，最后把动作各个组成部分联合成一个整体，即建立起动作连锁。

3. 动作的自动化阶段

在这一阶段，技能几乎变成自动而习惯化，个体不再有意识地去思考自己正在做什么，意识对动作的控制作用减少到最低限度。动作的执行完全由运动程序来控制，受本体感受器调节，无需特殊的注意和纠正，心理与机体的能量消耗出现节省化。许多运动技能需要经过大量的练习才能达到和保持自动化的水平。

（二）Genile的两阶段模型

Cenile 的两阶段模型，不仅强调了操作环境特征对练习者获得信息过程的影响，而且还提出了多种可以直接运用到实践的教学指导策略。

第一阶段称为最初阶段。在最初阶段，练习者需要完成两个目标：一是获得运动协调模式；二是学会区分所处周围环境中的调整和非调整的条件状况。

第二阶段称为后期阶段。在后期阶段，练习者需要完成三个目标：一是发展运动模式以适应不同的操作情境；二是提高完成技能目标的一致性；三是学会经济而且有效地操作技能的方法。

四、运动技能学习的特点

（一）运动技能是后天习得的

一些简单的或不随意的外显肌肉反应，如人的眨眼反射或摇头动作不属于运动技能，只有那些后天学得的并能相当持久地保持下来的动作活动方式才属于运动技能，它是以感知系统与运动系统间的密切协调为必要条件，所以，人们常常又把它称为知觉运动技能。

（二）运动程序的作用

运动技能是由若干动作按一定顺序组织起来的动作体系，任何一种运动技能都具有时间上的先后动作顺序和一定的空间结构。例如，原地推铅球这一运动技能，从持球蹬腿、转体到最后出手用力的动作顺序是不变的，动作的空间结构也具有稳定性，在经过充分练习的情况下，即运动技能达到熟练程度时，局部动作已综合成大的动作连锁并在神经系统中发展了一个内部运动程序，使完整的技能操作畅通无阻地进行；并且，优秀运动员熟练的运动技能都是由运动程序来控制执行的，很少需要视觉系统的监控。当然，技能的形成过程就是运动程序的获得过程。

（三）运动技能的自动化

运动技能是通过练习从低层次的感知系统与运动系统的协调关系向高层次的协调关系发展，最终达到高度完善和自动化的程度。运动技能的熟练程度越高，自动化程度就越高。例如，单手肩上投篮，随着熟练程度的提高，技能就越完善，而且意识参与控制的程度就越少。当然，自动化并非没有意识的参与，只是意识参与的程度较低。

（四）能量消耗的节省化

运动技能的自动化成分越大，或者说运动技能越完善，技能操作过程中耗费的能量越少。完成同样的运动技能，初学者往往要消耗很多能量，而熟练者则能减少能量的消耗。与运动过程有关的能量消耗有三种：一是生理能量消耗，可以通过测量练习者在技能练习过程中的热量消耗来确定生理能量的消耗；二是机械能量消耗，可以通过计算练习者的新陈代谢来测定机械能量的消耗；三是知觉能量消耗，即练习者对能量消耗的主观感觉。

第二节　运动技能的"金字塔结构"

一、运动技能"金字塔结构"的建构

运动技能学习的过程依据它的外在表现形式，从运动生理学角度，一般可以划分为相互联系的三个阶段：泛化阶段、分化阶段、巩固提高与自动化阶段。从心理学角度，一般划分为认知阶段、联结阶段、改进精炼阶段和自动化阶段。这是根据人体在表现技术时是否准确、流畅，是否出现冗余的动作，以及在技术表现上是否经济、实效来确定的。随着练习者的认知水平和能力的提高，逐步从运动技能的认知阶段（泛化阶段）上升到自动化阶段。

而且，一般我们对运动技能分为三个层面，即基础类运动技能、专门类运动技能与专项类运动技能，各自有不同的学习要求，对学习者而言，习得能力也存在差异。例如，基础类运动技能的技术难度较低，要求不高，易于开展，绝大多数人能够习得，而到专项类运动技能阶段，强调动作的系统性和完整性，难度不断提高，能够掌握的人数越来越少。根据运动技能学习的迁移理论，学习者在学习那些较为复杂的技能之前应先学习最基础的基本技能，随着自身能力的提高，再学习技能要求高、难度复杂的专项技能，这样才是一个合乎逻辑顺序的技能学习过程。从基础类技能—专门类技能—专项类技能的发展趋势分析，呈现出逐步上升发展态势，越接近专项类技能，动作掌握程度越趋于熟练，动作表现就越有效、合理、经济，表现出一种个性化的特征。所以，依据运动技能学习的基础理论，针对学校运动技能教学情况，本文提出"金字塔结构"。所谓金字塔结构，是由运动技能三个层次组成的：基础类运动技能处于金字塔的底端，是技能学习的初级阶段；专门类运动技能处于金字塔的中间部分，是基础与专项类技能的过渡阶段；专项类运动技能位于金字塔结构的顶端，是技能学习的高级阶段。在不同学段，发展不同的运动技能。金字塔结构右侧箭头表明的是随着学生的不断学习，技能水平不断提高，从金字塔的底部到达顶端的过程中，对技能动作的有效性、合理性、经济性即"三性"的表现效果越来越明显。

二、三类运动技能的概念、内容、特征及教育价值

（一）基础类运动技能

1.基础类运动技能的概念

基础类运动技能是指在人遗传获得的运动基因的基础上，经过后天的教育，建立的时空、时序等方面协同发展的一系列条件反射所形成的人们赖以生存、生活、工作、学习和体育专门、专项运动技能发展的一种基础性运动能力。

2.基础类运动技能的内容

基础类运动技能主要包括四个方面的内容：第一，基本身体素质，如灵敏、柔韧、协调、力量素质等。第二，基本运动方式，如走、跑、跳、投、攀爬、悬垂、支撑、搬运、负重、平衡、对抗、角力、滚翻等。第三，感知觉运动能力，是指对外环境中的刺激所做的观察和理解，并做出相应调节动作的能力，如视觉、听觉、触觉以及协调能力等。包括控制准确性、速度控制、多肢体协调、身体灵活性等。第四，认知——运动能力，是指在以肌肉收缩为特征的运动活动中人的认识活动的表现水平，包括运动知觉、运动表象、运动记忆、运动思维等能力。

3.基础类运动技能的特征

基础类运动技能是在遗传的基础上，通过不同类型的训练方法与手段，随着时间的积累，在潜移默化中形成的。基础类运动技能还具有一些特性，如迁移性、适应性、概括性和工具性等。这里的"迁移性"实际上是指基础技能与其他技能的最大相关性或相似性。相关性或相似性大，其迁移转化性就强。总之，共同因素越多，越容易产生迁移，基础技能动作越相同，迁移也越大，面也较宽。比如，基础类运动技能是由基本的走、跑、跳、投等基础动作构成，这些基本的技能有利于其他各运动项目的迁移。因此，基础技能的掌握，对其他项目的学习迁移具有促进作用。"适应性"是指基础技能的最大适用可能性。适用可能性大，对下一阶段的学习和工作来说，实用性就强。"概括性"是指基础类运动技能的代表性。代表性强，就可以举一反三、触类旁通。"工具性"则是实践工作、学习、生活的服务性和有效性。这两性强，实用性就更强。

4.基础类运动技能的教育价值

（1）基础类运动技能为身体全面发展打好基础。学校的体育教学本质是通过运动的方式促进人的身心全面发展。走、跑、跳、投、翻滚等运动形式，首先考虑的是发展学生全面的基础运动能力，发展这些基础性的运动能力，对中小学生在生长发育阶段打好体能和素质的基础具有重要的意义和作用。

（2）基础类运动技能是培养学生终身体育行为的基础。通过体育教学向学生传授体育基础类运动技能是培养学生终身体育关键，这就要求在体育教学中要注意打好基础类运动技能的基础。如果说通过体育教学，学生连最基本的走、跑、跳、投等各项能力基础都未具备，连参与体育活动应达到的最基本运动技能都尚未掌握，那么他们就不可能在走出校门后的体育锻炼中挑战新的运动项目，更不可能在未来的生活中运用体育运动去锻炼身体和愉悦身心。所以说，我们应从社会、学校对体育学科的要求上来注重基础性的运动技能教学。

（3）基础类运动技能是智能构建的重要环节。随着人们的认识不断发展，很多研究已经证实基础类运动技能在智能构建中能发挥重要作用。在意大利著名女医生蒙台梭利的教育方法中，儿童不是被教会怎样写作的。蒙台梭利使儿童达到流畅写作的步骤，几乎都是与写作无关的基础类运动技能培养，如爬行阶段玩大皮球、一个月堆积木、一个月做小钉板游戏、玩水等，说明教会儿童写作是通过发展儿童的动作能力及其他技能进行的。

（二）专门类运动技能

1.专门类运动技能的概念

专门类运动技能是人类在走、跑、跳、投、支撑、翻滚等基本技能的基础上，经过对各种基本动作的组合、叠加、变换等形成的特殊方式身体活动能力，是以休闲、健身、娱乐等为主的身体活动方式，并且具有与人们的日常生活、学习、工作密切相关的运动能力。

2.专门类运动技能的内容

专门类运动技能主要包括八个方面的内容：第一，各种形式的走，如正步走、快步疾走、携带物体快步走、绕过各种障碍物的走等；第二，各种形式的跑，如绕过各种障碍物的跑、集体协作跑等；第三，各种形式的跳的组合，如左右脚互换跳跃、单脚接双脚跳借助物体的跳跃等；第四，各种形式的投掷，如投手榴弹、沙袋、实心球、抛长碟、打水漂以及多种形式的投远、投准组合练习等；第五，多种形式的滚翻组合，如鱼跃前滚翻、屈体后滚翻等；第六，专门化感知觉能力，如球类运动的"球感"、水上运动的"水感"、田径等项目运动员的"时间感""速度感"等；第七，时尚休闲类运动，如街舞、轮滑、放风筝、垂钓、呼啦圈等；第八，民间传统项目，如踢毽子、跳长绳等。

3.专门类运动技能的特征

首先，专门类运动技能内容极为丰富，广义地说，凡是人以自身能力进行的走、跑、跳跃等自然动作的各种练习，都可以成为专门类运动技能的练习内容。其次，专门类运动技能规则简单，有些练习本身就是人类的基本运动方式，不受规则的限制，因此能够为大多数人所接受，使人们在少约束或无所约束的条件下进行锻炼。练习负荷可以随练习者的年龄、性别和身体状况进行自我调控和调节，以最适宜的健身锻炼负荷进行练习，常年坚持，老少皆宜。再次，专门类运动技能可全面发展人体的力量、速度、耐力、灵敏等素质，也可提高机体对外界环境变化的适应能力，对促进青少年的生长发育、维持和提高成年人旺盛的生命活力以及延缓老年人的衰老过程，都有积极的作用。最后，专门类运动技能对运动场地、器材的要求不高，走、跑可以在平坦的各种道路上进行；跳跃运动可以在沙坑或松软的土地上进行；投掷运动则可以利用各种投掷物在空旷的场地做投远或投准练习等。总之，专门类运动技能可以因地制宜地在多种环境和条件下进行。

在技能学习的过程中，随着正确动作概念的建立和本体感觉的不断精确，大脑皮质兴奋与抑制的不断完善，表现出动作更加协调、准确，在完成动作过程中更加经济、有效、合理。

4. 专门类运动技能的教育价值

（1）为培养体育意识与良好心理素质打好基础。专门类运动技能练习的运动负荷相对较小，而练习的内容与方式丰富多样。专门类运动技能与日常生活中的动作方式比较接近，所以练习者进行练习的兴趣较高，练习的效果好。与竞技体育项目技术的学习相比，专门类运动技能的练习难度较小，练习者不易产生更厌倦、排斥和畏惧心理，可以积极主动地参加学习和锻炼，可以在发展身体运动能力的同时，养成锻炼身体的习惯和培养体育健身意识，并对健康的心理素质的培养有积极的促进作用。

（2）丰富教学内容，活跃教学气氛，提高教学质量和效果。专门类运动技能的健身、娱乐等特点体现出教学手段的多样化，可以丰富教学内容，活跃教学气氛，提高教学效果。转变以竞技技术学习为目标的教学思想，克服以传统的技术"专门练习"作为教学主要手段的倾向，在健身、娱乐的层面上去思考，设计教学手段，使学生在练习中处于新鲜有趣、跃跃欲试的学习状态，对提高教学质量和效果有积极作用。

（3）为学习其他竞技体育项目打好基础。专门类运动技能的价值还在于提高身体素质的全面性和动作方式的基础性。通过多种形式的练习，发展学生的基础运动能力和动作技巧，为他们学习竞技体育项目打好坚实的基础。

（三）专项类运动技能

1. 专项类运动技能的概念

专项类运动技能是个体或群体通过反复练习，最大限度地、最有效地发挥人的潜能的一种个性化运动能力，即在基础类技能与专门类技能的基础上形成的高级阶段。

2. 专项类运动技能的内容

专项类运动技能位于金字塔结构的顶端，是基础类运动技能发展的最高表现形式，即高级阶段。在此所指的专项类运动技能就是竞技体育项目，如田径类的田赛、径赛项目等，体操类的健美操、徒手体操、器械体操等，球类的篮球、排球、足球、乒乓球等，武术与技击类的武术、跆拳道、散打等，水上运动的游泳、跳水、帆船等。

3. 专项类运动技能的特征

（1）达成目标的最大确定性。专项类运动技能有效的一个重要标志是准确无误地达到动作目的，也是它本身的意义所在。例如，很多学生喜欢打篮球，但这并不意味着他们都是优秀的篮球投手。对他们来说，偶尔投进球的结果也许只是许多失败的投篮之试中"走运"的一次。只有那些能够在复杂情况下，连续多次成功地投篮的人，我们才能说他不是靠"撞大运"，而是具有娴熟的投篮技能，即具有很大程度的达成目标的确定性。这也是为什么我们在欣赏体育明星的高超动作技能时总是能够得到力与美的享受的一个原因，他们在运动场中经常能够凭借自己出色的专项技能在关键时刻协助队友力挽狂澜、赢得胜利，但毕竟不是每个人都能够成为乔丹、姚明。

（2）最小的能量和精力消耗。专项类运动技能有效的另一个标志是执行动作过程中做到能量和精力消耗的最小化，在有些特殊情况下是为了保持体力。当然，这不是所有专项技能的目的，如推铅球，运动员唯一的目标是把铅球推到最远的距离，以达到能量和精力消耗的最大化但对许多其他的专项技能来说，能量消耗的最小化就意味着对于不必要的多余动作的减少。这个特征对于那些必须经济地使用能量、保持体力项目的运动员取得比赛最后的成功是极其关键的。例如，高水平的马拉松运动员知道如何保持最经济和最有效的动作方法，优秀的柔道运动员懂得如何保持体力在比赛关键时刻出奇制胜。最小的精力消耗还意味着有些运动项目的高水平运动员能够在减少心理负荷的情况下完成动作任务。运动员通过提高他们动作的自动化水平，可以把一些多的精力用于动作任务的其他要求，如中长跑运动员使用的战术和艺术体操运动员个人动作的创造性表现力。

（3）最短的动作时间。专项类运动技能有效的第三个标志是达到动作目的所需时间的减少，或者说是提高达到动作目标的速度。许多项目的运动员，如赛跑和跨栏、游泳和皮划艇等的运动员，都是把使用最短的时间作为比赛的主要目的。其他的运动项目也有很多情况是把尽量快地完成动作作为动作质量高低的标志。例如，拳击运动员出拳的速度、投掷运动员最后用力出手动作的"爆发力"、篮球比赛中的快攻、排球比赛中的"短、平、快"打法等。当然，也有一组专项技能不是靠"快"来评价的，如太极拳运动、棋类和瑜伽。因此，在考察动作的有效性时，必须依据动作目的在多项要求中取得平衡，追求最佳化的整体效果。

4. 专项类运动技能的教育价值

（1）有助于培养人的竞争、进取、拼搏精神和意识。竞技竞争追求卓越、崇拜优胜，人人以实力进行展示，人们只要投身到竞技体育，就能受到这种机制的激励作用，并潜移默化地受到其影响，在竞技体育中，每个人都不是常胜将军，可能胜利也可能失败，因此人们必须学会接受、适应激烈的竞争，而且学会正确面对竞争中的成败，进而培养人的竞争、进取、拼搏精神和意识。

（2）有助于培养人的审美情趣和体验乐趣。竞技运动是一种审美文化。在近代体育中，人们能够看到体育美的本质特征，如形象性、愉悦性和创造性。现代竞技体育借助运动员身体悠然自得的飘逸、造型完美的组合、集体智慧的和谐、拼搏奋进的精神，使人们领悟美的超脱意境，通过欣赏竞技体育的美，进而可以转化为人们体验竞技体育的乐趣，竞技体育为参与者带来了体验的快乐。在参与者掌握运动技术之后，身体进入无障碍、自由的运动状态，在流畅的动作中感受本质的自我，快乐会将劳累、痛苦、紧张取而代之。由于人类对更快、更高、更强的追求是永无止境的，竞技体育带给参与者最大的快乐，莫过于在竞技中发现自我、超越自我的畅快。

（四）三类运动技能的共性与个性

分层次的关键在于把握对象的本质属性，抓住对象的显著特征。万物虽众，有共有别，推而共之，可以类上归类，推而别之，可以类下分类。共性是整合事物的根据，个性是区分事物的依据，分类是通过共性和个性的对立对比而进行的。任何分类都有一个层次问题，层次划分是通过共性与个性的对立统一而实现的，运动技能分层次应反映出不同属级运动技能的共性与个性。那么，运动技能分层的个性与共性是如何体现的？在运动技能的分类中，运动技能是技能中的一类，对技能而言，它具有特殊性，其特殊性就在于它是以健身娱乐和比赛两种体育运动形态为共同标志的技能活动方式。

1. 共性

在运动技能的"金字塔结构"中，运动技能对其属下的基础类运动技能、专门类运动技能和专项类运动技能来讲具有共性，其共性表现在基础类运动技能、专门类运动技能和专项类运动技能是隶属于运动技能之下的技能活动方式。同样，专项类运动技能是运动技能中的一类，对运动技能而言具有特性，其特性在于它能够最大限度、最有效地发挥人的潜能，在比赛中的表现是以取得竞赛优异成绩、名次或奖牌为共同目标的专业化技能活动方式。在运动技能学习过程中，基础类运动技能、专门类运动技能与专项类运动技能也同样表现出共性与个性化的关系。运动技能价值的意义在于发展学生的体能和运动技能，体育与健康课程强调以身体实践活动为主，通过教学，可以使学生掌握基本的运动技能，不断增强体能，为未来的生活、工作奠定运动能力的基础。基础类运动技能是人的遗传赋予人本身的生物性特征，但由于各人之间的差异很大，它是人存在于社会生活中学习、工作、休闲、生活的运动基础，通过身体练习和科学的锻炼，可以改善和加强人的基础性运动能力。专项类运动技能是指个性化的运动能力，是个体在运动技能方面的差异，如有人擅长投掷、有人擅长跳跃，这是进一步进行体育技术技能学习与发展的基础。竞技体育项目的学习，是以个性化的运动能力为基础的。

2.区别与个性

（1）目的指向不同。专项类运动技能的目的指向是为追求竞技运动所追求的"更快、更高、更强"所不可缺少的个人运动技术能力，在于学生掌握某项运动技术的程度，并能在一定的场合让其表现出较高的水平。基础类、专门类运动技能的目的指向是追求健康、娱乐及人的体质基础而需具备的个人运动能力，包括身体机能、身体形态、身体素质、感知觉能力等。

（2）运动技能难度水平的不同。基础类、专门类与专项类运动技能是个人掌握运动技术水平的不同阶段，其难度水平不同。专项类运动技能是运动技能的最高形式，随着运动技术水平的由低到高，能够掌握运动技能的人也就逐渐减少了。专项类运动技能的教学十分强调系统性和完整性，随着运动技术难度的不断提高，参加的人就愈来愈少。在一定的竞争前提下，运动参与者还需经过科学的选材以及适当的练习达到自动化程度，最终才能获得专项运动技能。基础类、专门类运动技能作为个人掌握运动技术的较低能力阶段，其技术难度相对较低，适合学生群体参加。

（3）学习中对学生的心理影响不同。由于专项类运动技能在目的指向、难度等方面的原因，学校运动队才是学生学习该技能的最佳场所。专项类运动技能的学习，很有可能使大多数学生丧失自信心，从而失去从小对体育学习的兴趣，对于基础类、专门类运动技能，因其实用性和趣味性较强，深受广大学生的喜爱和欢迎。通过基础类、专门类运动技能的学习，绝大多数学生将学会多种形式的运动技能，继而会在此基础上，形成自己的兴趣爱好，享受到成功的乐趣，并有所专长，提高终身体育锻炼的意识和能力，有利于每个学生在自用、自信中快乐地学习体育课程。

（4）在竞争性条件下的表现不同。一般情况下，在竞争性或不利条件下，专项类运动技能掌握者能维持正常水平，熟练完成动作，而基础类、专门类运动技能掌握者往往不能表现出正常的运动技术水平。例如，在教学实践中笔者发现，学生学会了篮球的原地交叉步持球突破技术，在练习中绝大部分学生能够顺利完成这一技术，但在比赛中却少有学生能顺利完成这项技术。我们不难发现，对绝大部分学生而言，他们所掌握的技能还没有达到专项类运动技能的水平，这就属于基础类、专门类运动技能的范畴。

（5）教学原则、要求及方法的不同。在竞技性运动技能的教学中，教师要讲解运动技术的结构、动作要领、完成的方法，学生在教师的指导下，通过模仿、练习不断强化，尽快掌握运动技术。在整个教学活动中，教师是知识的传授者，学生是跟教师学，教师力求讲解清楚，学生努力做到动作到位，遵循的教学原则主要有系统性原则、连贯性原则、巩固性原则、出观性原则、自觉性原则、积极性原则等。常用的方法有讲解与示范、重复练习法、间隙练习法、完整教学法、分解教学法、比赛法等，以便让学生尽快掌握运动技能，提高竞技运动水平。在基础类、专门类运动技能的教学中，学生的主体性将得到充分的体现，教学中依据有利于学生身心健康的原则，不过分强调运动技能传授的系统与完整，以及对运动场地与器材没有严格的规定，实现学习方式的多元化，给学生自主、合作、探究学习的时间和空间，从而提高学生学会学习的能力，促进学生的全面发展。

第三节　运动技能的属性

一、运动技能的文化属性分析

19世纪以来，学术界和生活中频繁地使用"文化"一词，但对于文化的定义却众说纷纭。据统计，关于文化的定义有成千上万种之多。体育界也相对应地频繁使用"体育文化"一词，体育文化的研究曾一度出现热潮。那么，什么是文化？什么是体育文化？体育课程技能又具有什么样的文化属性呢？

（一）文化的定义

有学者认为，"文化"一词源于拉丁文"Cultural"，本意为土地耕耘和作物培育，指的是农耕和园艺类的物质生产活动，也具有教育、发展、尊重等含义。英国文化人类学家爱德华·伯内特·泰勒于1871年在他的名著《原始文化》一书中把文化定义为："社会成员所获得的能力与习惯的复杂体，并包括知识、信仰、艺术、法律、道德、风俗等多个方面。"而在当代中国文化学中，"文化"的概念是日本学者在19世纪翻译西方著作时，采用古汉语"文治教化"之意译作"文化"，后经中国留日学生引入中国，"文化"对应英文中的"Culture"一词。

马克思虽然对文化的概念没有专门的论述，但是根据他对"文化"一词的使用，有学者归纳认为："马克思所说的文化是人改造自然的劳动对象化中产生的，是以人化为基础，以人的本质或本质力量的对象化为实质，它包括物质文化、精神文化、制度文化等因素，是一个广义的文化概念。"这一界定对我国文化学界关于"文化"的概念产生了重要影响。

我国有学者对文化的各种定义进行了归纳和总结，这为后来研究者面对各种林立的文化定义开辟了一条捷径。例如，周德海教授在《对文化概念的几点思考》一文中，对文化概念的理解归纳为三类：第一类是分类型的定义，如物质文化、精神文化、制度文化和行为文化，以及硬文化和软文化等文化定义。第二类是广义文化产品总和式的定义，如"文化即人化"。马克思在《1844年经济学哲学手稿》中认为，"人化"就是指人类通过劳动，或者说人类自由自觉地活动，使自然被烙上人类意志的烙印，变成人的作品，成为人自由的表现。即"自然的人化"就是文化，"人化的自然"就是文化的成果。第三类是从某一角度对文化概念所下的定义。例如，把文化定义为"一种构架""一种成套的行为系统"等。周德海教授认为：文化的本质是社会群体精神，它不是社会个体精神的机械总和，而是超越该社会群体中的所有个体精神之上而存在的作为有机整体的"群体精神"。王国炎教授对文化的研究也颇具概括性和指导性，并且紧扣时代的脉搏。他通过梳理前人的研究成果，将文化的定义分为五种类型：第一类是描述性定义；第二类是社会性定义；第三类是主体性定义；第四类是功能性定义；第五类是历史性定义。王国炎教授基于凸显文化的主体性、社会性、历史性、功能性、外化和内化的统一性，对文化下的定义是："所谓文化，就是人类主体在存在的历史上和社会实践的活动中，持续外化、对象化自我的本质力量，去适应、利用、改造客体，即自然、社会及人自身，同时又确证丰富、发展自我本质的过程和成果。它是人与物、主体与客体、内化与外化的辩证统一。"

上述两位学者基于对多种文化定义的综合，提出了自己的观点和文化定义。笔者认为，不同文化的定义虽有自己独特的视角和线索，但仍然具有相通性，那就是文化与人的关系，没有文化就没有人，没有人也就没有文化，在这一点上是文化学界共同认可的。

（二）体育文化的定义

20世纪80年代，学术界兴起了一股文化研究热，体育文化的研究也在文化研究热中产生。1986年12月，"全国首届体育与文化研讨会"在成都体育学院举行，从那时开始，体育被当作独特的社会文化系统，置于广泛的社会文化背景下，并引入文化学、历史学、社会学的研究方法和理论来研究体育。什么是体育文化？学术界早期把"体育文化"作为"文化视角的体育"这样一个概念而使用。例如，郝勤教授认为："广义的体育文化是指由思想和行为构成的，以身体活动为基本特征，以健康和娱乐为目的的社会现象与文化样式。"在国内还有很多种体育文化的定义，有学者从物质和精神的二元关系来定义体育文化，认为体育文化是有关体育运动的物质文明和精神文明的总和。有学者从文化的结构来界定体育文化，将体育文化分为体育物质文化、体育精神文化、体育制度文化。诸如此类的体育文化定义还有很多种，体育文化作为文化的子系统，在定义上基本沿用了文化定义的方法和视角。

（三）运动技能的文化属性

不管体育文化如何定义，体育文化、体育以及文化之间都是紧密联系的，体育与文化之间似乎难以区分，正如马卫平教授所言："体育与文化之间一直处于一种相互缠绕、难分难解、有时候干脆合二为一的状态。"体育与体育文化之间的界限也是模糊的，从某种意义上来说，当代体育是体育与体育文化共同构成的社会现象和实践活动，由此看来，体育和体育文化似乎是平行的关系。但是，从体育的本义来看，体育的基础是体育运动，是人直接参与的、有目的的身体活动，而体育文化是体育在其他文化形态与样式中的延伸。由此可见，把体育置于整个文化中来考察，体育是人类文化历史积淀的产物，所以体育也是一种文化，而体育文化是体育这个文化的文化，因此，对体育与体育文化而言，体育是核心文化，体育文化是体育的衍生文化。

就整体的文化而言，体育是文化的子系统，这一点学术界也是普遍认可的。而体育课程是以身体练习和运动技术传授为主要手段的课程，其基本形式是体育运动，而体育运动的外在表现就是运动技能，所以说运动技能是体育这个文化子系统的核心。因此，从文化的角度讲，运动技能的传承是体育课程文化传承的根本任务和具体形式，也是体育文化传承的根本途径。

二、运动技能的知识属性分析

正如文化定义充满复杂性和多样性一样，知识的概念也是具有多面性和不确切性的，是人类复杂性和不可预知性的一部分。但是，现有的研究仍然对知识有了深刻的认识，为从知识的角度研究体育课程提供了丰富的理论依据。

（一）知识的定义

对于知识的定义，不同的学者从不同的境域和层面，从哲学、社会学、经济学、管理学、心理学等不同学科的角度和不同的应用目的出发来研究和看待知识，提出了不同的知识定义。从古至今，知识的定义便层出不穷。例如，柏拉图认为，知识被证明是真实的信念；亚里士多德认为，知识是经验的结果；海德格尔认为，知识是对实践行为有益的理论认知；笛卡尔认为，知识是思维本身的产物；康德认为，知识是理性主义的逻辑思维和经验主义的感官经验共同作用的结果；黑格尔认为，知识是通过辩证提炼变得更个人化、更理性化的感官感知的结果。

在《韦伯斯特词典》中，知识被认为是人类获得真理和原理的认识总和。美国社会学家贝尔在《知识的规范》一书中将知识定义为："一组对事实或概念的条理化阐述，并可以传播给其他人。"近代知识论研究的鼻祖英国哲学家洛克给知识的定义是："所谓知识，就是人心对任何观念之间的矛盾、排斥和联系、契合的知觉。"在《辞海》中，知识是指人们在实践中积累起来的经验，从本质上说属于认识范畴。在《教育大辞典》中，对知识的定义是："对事物属性与联系的认识，表现为对事物的知觉、表象、概念、法则等心理形式。"诸如此类的知识定义不胜枚举，在此不一一列举。

在众多的知识定义中，大致可以分为两类：即人本主义知识定义和外在主义知识定义。前者主要是从形而上的角度对知识现象的哲学研究；后者是从形而下的角度对知识创造和应用的理论、机制与实践的操作研究。从主观和客观的角度讲，人本主义知识定义是从人本角度将知识和知识过程看作围绕着人展开的，是一种附着在人身上的现象，知识被看成主观的，甚至是抽象的存在；外在主义知识定义把知识看成客观的、自主的、独立于人的存在。不同的方向和立足点，虽然导致不同的知识定义，实则紧密联系，前者是后者的逻辑和依据，后者是前者的派生表现。

知识的定义是多样的，知识的本身更是浩瀚的，集中体现了人类的灿烂文明，因此对知识进行有效的分类是必须的。一般认为，按知识获得的方式可将其分为直接知识和间接知识。按其内容分可分为自然科学知识、社会科学知识和思维科学知识。现代认知心理学将知识分为陈述性知识和操作性知识。陈述性知识是描述客观事物的特点及关系的知识；操作性知识用来解决"做什么"和"如何做"的问题。知识的分类有助于更清楚地认识知识的复杂性，但分类是相对的，在课程的实践中，在一个个具体而活泼的学习者的真实生存体验和意义感受中，又有谁能具体地说出知识是什么样的形态呢？显然，知识往往是以一个复合体的形态存在于课程的实践中。

（二）运动技能的知出属性

从课程的角度讲，一般认为课程是知识的载体，也有学者认为课程即知识，但是课程与知识之间显然是有差别的。为此，有必要理清在课程研究领域新兴的一个概念，即"课程知识"。"课程知识"不只具有单一的含义，通常作为"课程内容知识"和"课程理论知识"被不同的研究者使用。近年来，在我国教育研究领域中，"课程知识"通常是指课程内容知识，如"课程知识不是关于如何进行教育的知识，而是在教育中被选择、组织、分配和传递的供学习者学习的知识"，它包括"以文本的方式体现在课程计划、课程标准和教材中的知识，也包括教师在教学设计时引入的知识"。而在西方，则有许多学者将"课程知识"这一概念作为课程理论知识或课程编制知识使用，如加拿大学者艾尔贝兹在分析教师的实践性知识时，认为课程知识是教师的实践性知识之一，它包括明确问题、确定学生需要、组织开发课程内容、评价等一系列关于课程开发的知识。美国学者舒尔曼和格罗斯曼等人在分析教师的知识结构时也提到了课程知识，主要包括课程哲学、课程理论、课程评价、课程设计、课程开发等各个方面的知识。

体育课程知识内容的主体是体育运动，如果按照有关知识的分类方法，体育运动从表象上看属于程序性知识，即操作性知识，把体育运动归属于操作性知识也更能体现体育课程的本质属性。

三、运动技能的教育属性分析

广义上的体育显然超出了教育的范畴，但是作为一种特殊的教育方式，体育却属于教育的范畴，因此要说清体育课程技能的教育属性，还需要从教育的含义谈起。

（一）教育的定义

对于"教育"的讨论，人们经常会问"教育是什么"和"什么是教育"的问题，正如文化、知识的概念，准确界定教育的概念也是复杂的。"教育是什么"是对教育的内涵、本质的追问，力求全面深刻地认识教育，而"什么是教育"则是探讨教育概念的外延。古今中外，不少思想家、教育家对教育都有自己的认识和定义。我国古代思想家孔子的语录里"大学之道，在明明德，在亲民，在止于至善"，就是对教育的阐述。我国教育家蔡元培认为，教育是帮助被教育的人给他能发展自己的能力，完成他的人格；陶行知认为，教育是培养有行动能力、思考能力和创造力的人；马克思、恩格斯认为，教育是促进个人的独创的自由发展；哈沃德·加德纳认为，教育是让孩子体验发现世界是怎样一回事；雅斯贝尔斯认为，教育是人的灵魂教育，而非理性知识的堆积。

上述中外学者从不同的角度讨论了"教育"，有回答"教育是什么"的问题，也有回答"什么是教育"的问题；有从教育的目的、方法阐述教育的，也有从教育的功能阐述教育的，但是，有一点认识是统一的，那就是教育是培养人的活动。那么，教育通过什么培养人呢？人类通过主体客体化、客体主体化的方式把客体和外界事物的形态、属性、规律内化为人的知识经验，从而发展人的智慧。人类再通过一系列的符号，将这种经验不断地进行传承，从而有了教育。而动物之间的经验传递是基于动物的本能，不能称为教育。德国思想家卡西尔指出："符号，人的本性之提示。"也就是说，人是符号动物，人能运用各种符号主动地改造世界，而动物只能对符号做出被动的条件反射，所以教育是人类所特有的。在人类众多活动中，教育是有意识传递经验的活动，因此，教育活动同人类其他活动相区分的地方正在于此，即教育是人类所特有的有意识地传递经验而培养人的活动。

（二）运动技能的教育属性

教育是培养人的活动，美国教育家麦克唐纳认为，这一培养人的活动是由教育目标系统、课程系统、教学系统、管理与评价系统构成的。如何确定可行的教育目标、选择教育内容、安排教育途径、设计教育活动、评价教育活动效果"等，都是与课程有关的问题，而课程论就是围绕着这样一系列的课程问题进行研究的专门学问。进一步说，课程是教育的核心载体，因为教育的目标、价值都要通过课程来实现。教育为什么能培养人呢？就像地里有了种子可以去浇灌、施肥和栽培一样，那是因为人身上已有种子，已存在胚芽。夸美纽斯指出："学问、德行与虔信，这三者的种子自然存在于我们身上。"夸美纽斯还引用辛尼加的话说："一切艺术的种子都已种在我们身上。"张楚廷教授提出了教育存在公理，即"人身上存在着天赋的未发展的自然力，或种子，或胚芽"。这就是对教育何以培养人、教育何以存在、教育何以发生等问题的回答。笔者认为，根据教育和课程的关系，同样也可以回答课程何以存在、何以发生等问题。康德说："人生来具有许多未发展的胚芽，人不只具有使肌肉发达、骨骼粗壮起来的胚芽，人也有'善'的胚芽。"其言外之意是在人的身上使肌肉发达、骨骼粗壮起来的胚芽，即有关身体的胚芽存在是显而易见的。也就是说，人生下来身体是不完善的，包括"直立行走"这样的人主要标志都是后天习得的，而体育运动正是这个"胚芽"最好的肥料。英国哲学家洛克认为，"跳舞使儿童在思想上和姿态上具有丈夫气概的作用比什么都强""击剑与骑马既然被认为是一个绅士的教养所必备的，要使任何绅士完全不具备这种特色当然是很困难的"。洛克的话揭示了体育运动本身具有教育功能，其具体体现就是运动技能的获得，优秀的舞者、骑士或剑客的优雅和教养正是通过其学习获得的运动技能而体现出来的。运动技能的获得也是一种教育。

四、运动技能的特殊属性分析

一般认为，教育内容具有教育性、科学性和系统性，体育课程内容除了上述特性之外，健身性是其特质，从认知的角度讲，主要是培养学生的身体认知。此外，运动技能的形成有着特殊的规律，运动技能还特别体现了美学特性。

（一）运动技能的健身性

体育课程是一门具有健身性的课程，其目的性非常明显也非常直接，艺术类的舞蹈课程当然也具有健身作用，但其直接目的不是健身，而是艺术素养的提高。当然，如果舞蹈成为一种健身手段，那就变成了体育锻炼。因此，健身性是体育课程相对于其他课程所独有的特征。健身当然是促进身体健康，由于健康的内涵逐步扩大，由一维到三维再到四维，身体健康似乎就很少单独提及了，甚至一谈"身体健康"就色变，因此对于体育课程持有"身体健康"的观点遭到了不少的批判。强调体育课程要突出健身性，但并不是只要健身性。体育课程作为教育的一个方面，必然具备教育性。就体育课程而言，时至今日，笔者认为要更加突出健身性，只要体育课程存在，健身性便是其首要特性。系统论为我们认识事物提供了一个整体的视角，认为整体不是部分的简单累加。然而正是因为"部分"的各司其职，才会有完美的"整体"。体育课程作为教育的一部分，必然要突出其特殊的职责，即促进身体健康。同时，身体健康也是多维健康的基础。英国哲学家洛克认为："健全的精神寓于健康的身体，这是对于幸福人生的一个简短而充分的描述。"在他看来，教育的目的是让学生学习有用的、能拥有个人幸福的知识，通过体育获得健康的身体被认为是非常重要的。夸美纽斯也认为："身体不独是推理的灵魂的住所，而且也是灵魂的工具"，"假如身体不健康，任何部分受了损害，它的客人 - 灵魂，便住在了一个薄待客人的住所"。在夸美纽斯看来，要做一个健全的人，除了具备了学问、德行、虔诚外，必须拥有健康的身体，以保证人的机能和智力正常发展，从而达到身心两方面的一种和谐。

我国历来高度重视青少年学生的身体健康，毛泽东同志早在新中国成立初期就提出了"健康第一，学习第二"的口号，这个口号正是基于当时青少年的身体健康问题提出来的。周济同志在第七届全国大学生运动会开幕式上向全国广大青少年提出了"每天锻炼一小时，健康工作五十年，幸福生活一辈子"的口号。不管周济部长这里的"健康"是几维的，其前提是每天锻炼一小时，也正是强调了体育锻炼对于健康，特别是身体健康的重要作用。健康体魄是健康工作的物质保障，是人生最宝贵的财富，也是幸福生活的保障。在现代的流行语"健康是1，其他都是0"中，"健康"二字显然也是主要指身体健康。

体育课程就是要通过体育锻炼增强学生的体质，促进学生的健康发展。进行任何体育锻炼都需要基本的运动技能，体育教学就是要让学生知道和掌握一些进行自我锻炼的运动技能。体育课必须有运动技术的学、练，当前体育教学原则之一就是"促进运动技能不断提高原则"，运动技术是科学锻炼方法形成的前提，运动技能并非空中楼阁，它是以运动技术的储蓄为基础的。如果没有运动技能，青少年学生如何有效地进行体育锻炼呢？也只有学生掌握了运动技能，在以后的学习工作中进行体育锻炼才能成为可能，有调查发现，喜欢锻炼的学生基本都是使用掌握的某项运动技能而进行体育锻炼，其实在实践中稍微观察一下，也是如此。

另外，体育课程要突出健身性，还需要一定运动强度和运动频度，即运动负荷。生理学研究表明，只有适度的运动负荷才能提高学生的体能、增强学生的体质。在过去的体育教学中，运动负荷是教学评价的一个重要指标，通过学生在体育课中的脉搏曲线来测定，但是随着体育课程改革的逐步推进，在学术界和体育教学实践中，运动负荷逐步销声匿迹了，运动负荷被视为传统体育教学的产物被遗弃了，殊不知没有运动负荷的体育课就演变成了休闲课、娱乐课。毛振明教授也认为，教师在教学的过程中，要用技术教学贯穿始终，没有技术的教学与提高，体育课就只能是肤浅的游戏堆砌，只能是幼儿型的体育活动延伸，因此，健身性是体育课程独有的特性，运动技能是健身性的集中体现。

（二）运动技能形成规律的特性

运动技能是通过对运动技术的学习和练习而获得的运动能力或者运动方式，其主要体现是人体在运动过程中掌握和有效地完成专门动作的能力。从认知和学科分类的角度讲，人类的认知分为三类：一是概念认知，主要担负概念认知的学科有语文、化学、物理等；二是感觉认知，如对音乐、绘画的认知，盲人无法从概念上理解颜色就是这个道理，主要担负感官认知的学科有音乐、美术等；三是身体运动认知，这类认知是人对运动的感觉和在这种感觉的基础上形成的对运动规律的认识，这种认识只有在体育运动和技能习得中才能获得。一般而言，系统地学习过运动技术的人相比没有系统地学习过运动技术的人，在身体反应、神经传递方面表现出更高的能力，在新的运动技术学习时也学得快、学得好，这实际上就是运动认知水平的表现。

根据巴甫洛夫的高级神经学说，运动技能的形成一般要经过泛化、分化、巩固提高三个阶段，最终达到动作自动化。在运动技术学习的泛化阶段，学习者往往出现注意范围较狭窄、不协调，肌肉工作配合不好，动作僵硬、迟缓、不稳定等现象，通过学习者的不断反复练习，开始对运动技术有了初步的理解，学习者能较顺利地完成动作技术，初步建立动作定型，但是定型不巩固，再通过反复练习，运动条件反射系统才能巩固，动力定型巩固才能建立，动作才能比较准确和优美。如果进一步反复练习，便可以达到自动化水平。当然，运动技能形成的各个阶段是紧密联系的，没有明显和绝对界限，不同的学习者在不同的阶段表现也是不同的。因此，运动技能的形成不同于一般技能的形成，有其特殊的形成规律，主要是需要通过身体的反复练习而获得的，这也是体育课程性质的体现。

（三）运动技能的美学特性

美学作为一门独立的学科可以追溯至 18 世纪初，意大利历史哲学学派美学家维柯提出要建立一门不同于哲学和历史学的新科学；1750 年，哲学家鲍姆嘉通出版了一部研究感性认识的学术专著《美学》，第一次使用"美学"术语，标志着美学作为一门独立学科正式诞生。对于美学的研究对象，广大学者较多认同的说法是，美学是研究人对现实的审美关系的一门学科。在美学中，人的身体一直都是备受关注的。美国学者舒斯特曼强调身体因素在美学和美好生活中的重要地位，他通过整合身体与精神的训练，提出一个实用主义的统一身体与精神的美学学科，并将这个学科称为身体美学。因此，美学与体育之间有着天然的亲近的联系。

人是按照美的规律来构造自己的。古希腊限定用无刻度的尺规做出了一种分割，后来被达·芬奇称为"黄金分割"，其近似值是 0.618。"黄金分割"被广泛用于建筑和绘网中，被人视为黄金般的美学成果，人们还发现，通常人的躯体主干部分的宽和长之比正好是 0.618，这个美学数字竟如此惊奇地存在于人的身体上。马克思指出："全部人类历史的第一个前提无疑是有生命的个人的存在，因此第一个需要确认的事实就是这些个人的肉体组织以及由此产生的个人对其他自然的关系""自然事物中发展到最高阶段的美是人类身体美，人为万物之灵，完整性最强，个体性最显著，因此身体美是大自然中最高级的美。"高超的运动技能本身就是一种美，吸引着无数眼球，令人如痴如醉。

在体育课程的实践中，通过体育运动增强体质、提高运动技术水平、丰富文化生活，服务于人的体力与智力的和谐发展、志趣和审美能力的充分发展，从形态和机能上完善人的身体，包括体型、骨骼、肌肉、形体等，使其日益健美。运动不仅能产生机体的舒适感，带来活泼欢畅的良好情绪，而且能给人以美感。因此，体育课程通过运动技能来促进和完善人的身体美、精神美，运动技能具有独特的美学属性，运动技能本身也是一种美。

第四节　运动技能的目的

有学者说，体育最大的特点是所创造的乃是身体运动的本身的内在价值，即主体与客体的同一性和目的与手段的同一性，可以说运动本身即是目的。在前文中，笔者论述了体育课程运动技能的文化属性、教育属性与健康属性，从"目的"的角度而言，其本身就是一种知识目的、教育目的和健康目的。《体育与健康课程标准（2011 年版）》将体育课程总目标分为五个方面，对五个不同方面的目标都进行了诠释，但同时强调了"运动参与、运动技能、身体健康、心理健康与社会适应五个方面是一个相互联系的整体，各个学习方面的目标主要通过身体练习实现，不能割裂开来进行教学"。既然"各个学习方面的目标主要通过身体练习实现"，那么"身体练习"又回归到了运动技术和运动技能上。

一、运动技能的知识目的

"知识"是一个具有丰富内涵和不同类型的复合体，从课程的角度而言，一般认为课程是知识的载体，从"课程知识"的定义来看，体育课程知识是指体育课程内容知识，它是体育知识经过筛选、加工、编排后呈现给体育教师和学生的。就整体课程而言，课程内容是由直接经验和间接经验两种性质的知识要素构成的，不论是直接经验的知识还是间接经验的知识，都包含一定的内在要素。一般来说，任何形态的课程内容都应包含五种基本的知识或经验要素，即认知性知识或经验要素、道德性知识或经验要素、审美性知识或经验要素、健身性知识或经验要素、劳动技术性知识或经验要素。五种基本的知识或经验要素分别直接指向认知领域素质发展、品德领域素质发展、审美素质发展、身体素质发展、劳动技能素质发展的不同内容。由于不同的内在要素在不同的课程中所占的比例不同，便构成了不同性质、不同类型的课程，如德育课程、智育课程、体育课程、劳动技术课程等，反映了不同类型的课程在内容和结构上一定程度的差异。这种差异的存在是客观的，不是主观地将整体的课程分裂开来。从这个意义上说，体育课程的内在要素主要是健身性知识或经验，直接指向学生的身体素质发育。

体育课程这种健身性的要素，最直接的形态便是运动技术，因此运动技术本身就是一种知识，具有知识的属性。运动技术是人在从事以运动项目为中心的身体练习过程中，在自身内部之间和身体与客体之间的相互关系中通过综合体验所获得的身体认知。认为运动之外的体育理论才是体育知识，这种理解是狭隘的。体育运动是一种躯体文化符号，文化符号记录了人类的文化成果，也是文化交流与传播的基本形态。在现代社会文明中，体育这种躯体的文化符号，把人类的生存本能、生命意志淋漓尽致地呈现出来，得以独具魅力，成为一种没有语种的语言。因此，体育课程中运动技能的获得也就是一种知识的获得。在普通高中体育新课程标准的体育课程目标部分，运动技能方面的目标包括三个部分，即学习体育运动知识、掌握运动技能和方法、增强安全意识和防范能力，这实际上表明了运动技能包括体育运动知识、运动技能本身和方法、安全意识和防范能力。掌握了某项运动技能，也就相当于掌握了相应的运动知识、技能和方法以及安全意识和防范能力。运动技能三个部分的目标是有机统一的，因此体育课程运动技能本身就是知识，运动技能目标也就是一种体育课程知识目标。

二、运动技能的教育目的

课程作为学校的基本要素、教育内容、教育过程，具有教育功能，是教育实施的重要载体，课程体现了培养目标、教育目标。体育课程也是如此，体育课程的教育功能首要或核心是育体，但作为教育的一种载体，体育课程同时具有育德、育智、育心、育美的功能。

体育课程的"育体"功能对青少年学生而言是通过体育运动促进其身体发育，科学合理的运动，对于人体循环系统的影响主要是改善大脑的供血状况，消除大脑疲劳，使人思维敏捷，提高心脏功能，使心肌搏动有力；对于呼吸系统主要是增大肺活量，加深呼吸深度；对于运动系统主要是坚韧骨骼，增厚骨密质，增强骨骼的抗弯和抗折能力，提高关节的灵活性，增强韧带的韧性，并能提高人体的适应能力和抵抗能力等。

体育课程的"育智"功能不同于其他课程的"育智"功能。首先，良好的身体素质是促进智力开发的必要条件，体质的强弱与大脑的发育密切相关。其次，经常参加体育运动可以促进大脑的开发，因为体育锻炼在神经系统的调节和控制下，相应的肌肉有规律而协调地收缩，进而促进神经系统功能的增强。有研究表明，作为人体"最高指挥部"的大脑，负责人体一切活动的指令，大脑只占人体的 2%，但是大脑需要的氧气却要由心脏总血流量的 20% 来供应，比肌肉工作时所需要的血液流量多 5%~20%。体育运动可以改善大脑供血、供氧状况，促使大脑皮层兴奋性增加。现代医学研究还表明，体育锻炼是训练、开发右脑的最好手段。体育运动还能训练人的注意力、观察力和判断力，运动竞赛不仅是体力还是智力的较量。另外，体育运动可以恢复思维强度，学生通过长时间的学习产生疲劳，导致学习效率下降，体育运动可以使学生的脑力活动和体力活动相互交替，造成神经中枢兴奋，使得文化学习有关区域的脑细胞得到休息，有利于消除脑力疲劳。经常参加体育锻炼的人，脑垂体会产生一种叫做内啡肽的物质，这种物质能增加对疼痛的耐受性，同时还能对抗紧张，降低血压，抑制食欲，恢复思维强度，提高学习效率。

体育课程的"育德"功能也是通过体育运动本身来实现的，体育锻炼有助于培养学生勇敢顽强、奋发进取、吃苦耐劳等品质。再者，通过比赛能够培养学生遵守规则、团结协作、相互尊重、公平公正等思想意识。比如说，在比赛中，面对对方犯规，是一笑了之还是以牙还牙；面对裁判员的误判，是宽容大度还是斤斤计较；集体配合不够默契而导致比赛失利时，是相互鼓励还是相互抱怨；当以班集体为单位参加学校运动会、广播操、拔河等比赛时，集体荣誉感和归属感将大大提升，诸如此类的问题，都是进行自我道德教育和接受道德教育的良好契机。

体育课程的"育心"功能体现在提高心理素质、培养健康心理、帮助消除心理障碍等方面。在体育运动中，特别是运动竞赛具有艰苦、疲劳、竞争、激烈、紧张对抗等特点，可以培养人克服困难、战胜挫折的勇气和能力。学生在参加体育运动时，往往面临身体和心理的双重考验，如游泳要克服对水的惧怕，长跑要忍受身体的疲劳，高低杠要克服对危险的恐惧，球类要对抗勇于承受竞争和失败带来的压力，这些过程伴随着强烈的情绪体验和明显的意志努力，从而提高心理素质。在培养健康心理方面，学生通过参加体育运动，特别是在喜爱和擅长的运动项目中，通过完成各种复杂的动作，能体验到一种美妙的感受，可以激发人的自信心、自豪感和自尊心。在国外，体育运动已经被公认为是一种心理疗法。有研究表明，每次活动 20~60 分钟，有利于情绪的改善；通过体育活动和比赛，可以宣泄不良情绪，消除心理紧张，放松身心，调节心理状态，维持心理平衡。在消除心理障碍方面，体育运动可以缓解人的心理压力、转移人的注意力，在对待个体与集体、成功与失败、困难与挫折时，如何控制自己的情绪、调整自己的心态等方面，表现得极其生动、具体和真实，具有直接应答的效应。在紧张的学习和各类考试中，学生可能产生悲观失望的情绪，导致心理障碍，体育运动可以转移大脑皮层的兴奋中心，进而转移学生不愉快的情绪和行为，能够使学生摆脱烦恼和痛苦。

体育课程的"育美"功能体现在体育与美育的密切联系。在古希腊，最早的体育运动就是对人体进行健美的塑造，古希腊的体育运动会是展览和炫耀裸体的场合，竭力以美丽的人体为模范，产生了大量的健美人体雕塑的杰出作品。这种健与美、肉体与精神浑然一体且完美统一的文化传统，是后来体育和美育发展相得益彰的重要源泉，也是现代体育发挥美育功能的文化资源。在现代社会，体育不仅是强身养生的手段，而且是个性情感的表现途径，正是在对有节奏的自由运动形式的感受中，个性情感以文明的方式得到表现和升华，这一点上，体育正蕴涵着美育的功能，人类一种共同的特性和需要之一就是对美的追求，体育运动的美，在于形体美、速度美、力量美和韵律美，因为人的身体运动是体育存在方式的基础，是体育的具体表现手段，体育中的审美对象主要是运动着的人的身体，人被视为万物之灵，人体乃造化之巅，集自然界中美之大成，体育运动的美育功能首先体现在运动培育的人体美，人的身体姿态通过坐、立、走、跑以及脊柱的弯曲程度等体态来展现。从生理学的角度讲，人体通过体育运动，特别是从事各种协调性、柔性较强的运动，由于承受了一定的运动负荷，使新陈代谢和血液循环得到加强，肌肉的弹性和收缩能力、韧带的柔韧性增加，消除体内多余的脂肪，使人的形体和姿态显得挺拔、轻灵和矫健，进而产生一种积极的健康美。体育运动的速度美、力量美和韵律美是现代体育的基本特征和重要内容，深受广大青少年学生的青睐。一方面，青少年学生作为观众，在观赏体育运动时，特别是观赏那些体育精英们英雄式的表演时，能够强烈地感受到美，即使是面对小孩子无拘无束的奔跑，也能感受到生命的朝气之美，这种审美经历是一种快乐享受，也是促使学生投身体育运动的精神激素；另一方面，青少年学生作为体育运动的参与者获得审美体验，从心理学上讲，是获得一种"高峰体验"，马斯洛在对运动中的"高峰体验"是这样描述的："他们沉浸在一片纯净而完美的幸福之中，他们觉得自己与世界紧紧融为一体，"在运动的过程中，青少年学生能够发现自己生命的力量和潜在的价值，摆脱学习、生活的压力，可能将自己融入自然，感受自由的快乐。并且，作为运动的参与者，越是了解和掌握所进行运动项目的特点和技能，这种完美的体验就越容易获得。

综上所述，体育课程的教育功能首先是育体，同时兼有育智、育德、育心、育美的功能，但是体育课程的教育功能主要是通过运动技能的获得来实现的。如果脱离了运动技能谈教育、谈改革，体育课程就是空洞的，与此同时，也失去了体育课程存在的依据。

三、运动技能的健康目的

健康不仅仅是没有疾病或不虚弱，而是生理的、心理的健康和社会适应的良好状态。

教育的目的是培养人和塑造人，培养和塑造健康的人既是人自身内在的需求，又是教育目的的终极体现。因此，健康的目的也是教育的目的之一，教育的目的包含健康的目的。在1999年6月颁布的《中共中央国务院关于深化教育改革全面推进素质教育的决定》中，明确指出"健康体魄是青少年为祖国和人民服务的基本前提，是中华民族旺盛生命力的体现。学校教育要树立'健康第一'的指导思想，切实加强体育工作，使学生掌握基本的运动技能，养成坚持锻炼身体的良好习惯"。在《国务院关于基础教育改革与发展的决定》（以下简称《决定》）中，也明确提出基础教育要贯彻"健康第一"的思想，突出了教育的健康目的。需要强调的是，《决定》中指出，"健康第一"是整个基础教育的指导思想，是针对我国因应试教育、学生学习任务繁重导致学生的身心健康问题提出来的，也是在由应试教育向素质教育转变这一背景下提出来的，并作为专门指导体育课程的指导思想，在《决定》中，"切实加强体育工作，使学生掌握基本的运动技能，养成坚持锻炼身体的良好习惯"，这才是针对体育课程或学校体育工作提出的要求，这个要求非常明确，那就是通过运动技能的获得，培养学生健康的体魄，进而养成坚持锻炼身体的习惯。显然，在实践中，我们对《决定》的理解是有偏差的，把"健康第一"作为体育课程的指导思想，不能说不对，但这个"帽子"过大，因为"帽子"过大，掩盖了体育课程的特殊属性，也使得体育课程不堪"健康"的重负，因为健康的多维含义和受众多的因素的影响，体育课程不可能完全实现学生健康的目的。

因为片面地把"健康第一"的指导思想当作体育课程的指导思想，"体育课程"自2001年开始改称"体育与健康课程"，一些高等院校的体育院系也改称"体育与健康学院"。在强调素质教育的时代，在我国青少年体质一直下降的这一现实情况下，体育课程突出"健康"的重要性，是理所当然和无可厚非的，但是，在实践中和学术界对此也有了众多不同的理解，淡化运动技术的学习似乎成了一种趋势，有代表性的观点如"贯彻'健康第一'的指导思想，使学校体育淡化运动教学和竞技运动思想，从过去单纯地追求身体的发展和技术的学习，改变为以新的健康观指导下的体育教学，真正使中小学生在身体、心理和社会适应能力方面健康地发展"，这种类型的观点显示了淡化运动技术教学和竞技运动思想，也表明了体育课程要使学生在身体、心理和社会适应能力等方面健康地发展。而且，"淡化运动技术教学"将动摇体育课程的根本属性和学科地位，而"使中小学生在身体、心理和社会适应能力方面健康地发展"更是夸大了体育课程的功能。

也是因为片面地把"健康第一"的指导思想当作体育课程的指导思想，从20世纪末开始，体育课程出现健康教育化倾向。比如，"健康教育——学生体育教育的起点和归宿""树立健康教育为主导的学校体育教育思想"之类的观点非常流行。这类观点认为过去的体育教学忽视了健康教育，因此，持这种倾向的人主张将体育课程进行健康教育改造，主要有三种表现：一是将体育课程融合更多的健康教育；二是将两者合并成新的综合课程；三是主张体育课程归属于健康教育。上述三种主张，其健康教育倾向化依次加强，特别是第三种，是从根本上改变体育课程，正如有学者指出"力图将体育课改造成新的健康教育课，彻底改变体育课程的性质，这是一种激进的做法。"并且有学者指出："本次体育课程改革中提出'健康第一'的指导思想，既偏离了体育课程的本质属性，也偏离了体育课程教育的实质意义，显得牵强附会。"体育课程更多地关注人的健康，是社会对于体育课程寄予的期望，也符合世界体育课程发展的趋势，因此对于上述健康教育化倾向的第一、二种主张，是可以接受的，也是有必要的，但是对于第三种试图改变体育课程性质的主张，笔者也不敢苟同。同时，我们必须明确，体育课程关注健康，融入一定的健康知识，但体育课程不是健康教育课程。在2008年颁布的《中小学健康教育指导纲要》（以下简称《纲要》）中指出："学校要通过学科教学和班会、团会、专题讲库、墙报等多种宣传教育形式开展健康教育，学科教学每学期应安排6~7课时，主要载体为体育与健康课程。"可见，《纲要》指出健康教育是需要多种渠道进行的，以体育课程为主要载体是《纲要》对体育课程的期望。但是，沈建华教授在上海市教委委托课题的研究中，通过调查研究发现"把体育课作为健康教育的主要载体可行性不强"。可见，体育课程不能完全承担健康教育的任务。

体育运动具有多种功能，功能是固有的属性，当人们在一定的条件下按照一定的价值取向选择部分功能时，就有了相应的目标。在《体育与健康课程标准（2011年版）》中，构成体育课程目标的两条主线是运动主线和健康主线，因为健康的多维含义，自然在健康目标方面包含了身体健康、心理健康与社会适应。身体健康目标包括掌握基本保健知识和方法、塑造良好体形和身体姿态、全面发展体能与健身能力、提高适应自然环境的能力；心理健康与社会适应方面的目标包括培养坚强的意志品质、学会调控情绪的方法、形成合作意识与能力；具有良好的体育道德。

身体健康受多种因素的影响，然而对体育课程而言，主要是通过运动技能促进学生的身体健康，心理健康与社会适应。从体育课程的教育功能来看，其中"育体""育心"分别对应身体健康、心理健康与社会适应。也正如上文论述的那样，"育体""育心"其实都是通过运动技能来体现的。因此，从教育的角度讲，体育课程的首要任务是"育体"；从健康的角度讲，体育课程的基础任务是促进身体健康。所以说，把"健康第一"作为体育课程的指导思想，还不如说把"身体健康第一"作为体育课程的指导思想，因为身体健康是健康的基础，这样既符合学校教育"健康第一"总的指导思想，又能体现体育课程的根本属性、任务，也便于实践的操作和评价。比如说，通过体育课程的学习，学生的身体素质是否提高和体质是否增强了，是可以比较客观地进行评价的。当然，不管是"育体"还是"身体健康"，都应通过运动技能来实现。

第四章　体育运动训练方法实践

第一节　跑步运动

跑是一种通过自身动作使身体迅速移动的技能。虽然不同的赛跑技术都有各自的细节要求，但从基本技术动作结构和技术原理来看却是相同的，从动作技术上分析都是属于一种两脚轮流支撑与腾空交替的周期性运动。

无论是长跑还是短跑，无论是在运动场上跑还是在公路上、田野里跑，都要跑得省力，跑得自然、放松，只有这样才能跑得快，跑得持久。

跑步时脚着地一定要富有弹性，通常都采用前脚掌着地，并且两脚尽量落在直线上。当然，长距离或超长距离跑时，可采用全脚掌着地的技术。任何距离的跑步都应避免用足跟先着地。两腿轮流支撑用力应力求均衡，发挥踝关节的力量。

跑的速度是由步长大小和两腿交替的快慢决定的。跑步步长大小取决于腿的尺度、璇关节灵活性和两腿的柔韧性，以及两腿交换蹬伸地面的力量和两腿交换的快慢（跑步的"频率"）。因此，要想跑得快，必须提高步长和步频。锻炼中应该经常进行柔韧性、力量性练习和关节灵活性练习。当然，跑步动作技术不仅是两条腿的动作，两臂的协调摆动和躯干的姿势都会影响整个跑步动作。

一、短跑

短跑属于极限强度工作。生理学、生物化学的理论认为，极限强度工作属于无氧代谢方式供给能量，因此，练习短跑的人会经常缺氧，但短跑可以提高人体抗缺氧的能力。

（一）短跑的技术分析

短跑技术要求人的躯干稍前倾，但不能低头弯腰，两臂弯曲在体侧做前后摆动，直臂摆或两臂交叉摆都会影响跑的速度。由此可见，短跑技术是一项要求全身协调配合、反应快、灵活性高、强度大的剧烈运动项目，比较适合青少年参加。

无论是什么距离的赛跑，都要经历起跑、加速跑、途中跑和终点跑四个阶段。

1.起跑

起跑，实际上就是赛跑的起动阶段，或者说是发动阶段。距离愈短、速度愈快的赛跑项目，起跑愈显得重要。由此形成了不同的起跑方式和相应的动作技术要求，蹲踞式起跑就是其中的一种。

（1）蹲踞式起跑，顾名思义，是指在起跑时身体呈蹲踞姿势，这种姿势来源于人类对自然界的观察。自然界中，有些动物在捕食或迅速奔跑前，首先把身体蜷缩起来，然后突然伸展身体，猛扑猎物。动物的这些本能动作对人类有所启发，后来创造了蹲踞式起跑的姿势。

最早的蹲踞式起跑非常原始，两手撑地，躯干弯曲，两腿弯曲在起跑线后，两脚蹬在巨石上。后来，两脚蹬在穴壁上进行起跑。有史料记载，直到1927年人类发明了起跑器，自此，第二次世界大战以后的各届奥运会，起跑器才被普遍采用。现代规范的蹲踞式起跑，也是采用起跑器来进行的。

（2）起跑器的安装种类。安装起跑器通常有三种方式，即普通式、接近式与拉长式。归纳起来这三种方式的区别就在于前起跑器抵趾板与起跑线的距离，以及前后起跑器之间距离的不同。普通式安装方法，就是前面抵趾板与起跑线距离约为一个半脚长，前后抵趾板距离也为一个半脚长。接近式安装方法，就是前抵趾板接近起跑线约一个脚长，前后起跑器之间也是一个脚长。拉长式安装方法则是前面起跑器距起跑线两个脚长，前后之间起跑器的距离为一个脚长。关于两个抵趾板角度，一般前抵趾板的角度约45度左右，后抵趾板角度大些，一般为60~80度。两个起跑器左右的间隔大约15厘米。

采用哪种类型的安装方式，以及起跑器的角度如何调整，应根据每一个人的身高、脚长、力量及习惯而定。总的原则是便于用力，使运动员起跑预备姿势时的身体不过分拘束、紧张。

（3）蹲踞式起跑口令及相应动作。蹲踞式起跑是由"各就位""预备""起动"这三个连贯的动作过程完成的。根据规则要求，短距离赛跑比赛（包括跨栏跑）的蹲踞式起跑，都采用这三个起跑口令。

当运动员听到"各就位"的口令时，首先应调整一下情绪，做几次深呼吸，走到起跑器前，俯身，两手撑地，两脚依次蹬在起跑器的前后抵趾板上（通常要把较有力的腿放置在前面），后腿膝盖跪在地面；两手呈"人"字形撑在起跑线后沿，两臂伸直与肩同宽或稍宽于肩；身体重心处在两手和两脚支撑点中央，整个躯干微微弯曲，但不能蜷缩。此时运动员应集中注意力等待发令员的下一个口令。

听到"预备"口令后，首先要吸一口气，然后从容不迫地抬起臀部，高度稍高于肩。此时重心适当前移（注意不要使两臂支撑的负担太重），身体重量主要落在支撑的两臂与前腿上，以便于支撑腿的起动用力。此时前腿的膝关节角度约90度，后腿的膝关节角度约120度，两只脚都要压紧抵趾板。这种姿势、角度和全身状态，便于起动时蹬摆配合，有利于迅速起动和发挥速度。身体各部位的姿势摆好后，专心听枪声。

2.加速跑

（1）技术要求。由于短跑的起跑是从蹲踞的姿势开始起动的，身体处于较低的位置，并且躯干前倾程度较大，起跑后的跑姿与途中跑的姿势有很大的差别。因此，短跑起跑后加速跑的技术就有其特点。

短跑起跑后加速跑，应是从起跑第一步着地时开始到步长增加基本稳定、躯干基本过渡到自然伸直、步频基本发挥到最大值时，就完成了起跑后加速跑的任务过渡到途中跑了。一般这个距离大约为 30 米左右，通常用 11~13 步跑完。身材矮、力量小的运动员，起跑后加速跑的步数可能多一些。

（2）技术动作要领。两腿积极着地、蹬伸和前摆。用前脚掌着地，两臂在体侧屈肘进行快速、有力、大幅度的摆动，通过积极地增大步幅、提高步频获得速度。随着跑速的提高，躯干逐渐伸直。在加速跑阶段应尽量避免故意压低躯干，或故意用倒小步的方式寻求提高步频。步长、步频及躯干姿势的变化，都是顺势完成的。

3.途中跑

（1）发展历程。短跑的途中跑技术经历了一段较长的发展和演变过程。早在古代奥运会上就有短跑比赛，短跑选手赤裸着健壮的身体参加比赛，多是采用身体前倾很大、高抬大腿并且小腿向前伸出、两臂用力上下摆动的途中跑姿势。

随着科学技术的进步，到 19 世纪出现了"踏步式"跑法。这种"踏步式"途中跑技术，步幅小、频率快、重心高，要求运动员高抬大腿，躯干前倾较大，着地点距离身体重心投影点比较近，因此这种技术比较费力，动作也比较紧张。

20 世纪 60 年代，许多人采用"摆动式"技术，主张大步幅的摆动，特别是塑胶跑道被普遍使用以后，这种大幅度的"摆动式"途中跑技术被广为采用。第 26 届奥运会 100 米冠军、新的世界纪录创造者加拿大选手贝利，就是采用这种姿势，以 9 秒 84 的优异成绩打破了 100 米世界纪录。

（2）摆动式途中跑动作要领。躯干稍前倾，保持身体自然直立姿势。颈部、肩部放松，不可耸肩低头。整个躯干要为两腿的蹬、摆及两臂的有力摆动提供良好的支撑。因此，在途中跑整个过程中，要避免前仰后合、左右摇晃。

两臂的摆动以肩为轴，大小臂弯曲，沿着横轴进行大幅度、快频率的前后摆动。两腿轮流进行蹬伸与摆动，专业术语称之为两腿的蹬摆配合。一条腿由摆动到脚着地进入支撑状后，另一条腿再折叠前摆。如此往复交替，形成了跑步的支撑、腾空、再支撑的周期性运动。两腿按顺序依次蹬伸和摆动要明显地表现出步幅开阔、摆臂有力、蹬摆协调的特点。

在两腿的蹬摆配合技术中，有两个细节应引起重视：一是当脚着地后，身体重心继续前移至垂直部位时，膝关节仍需有一个缓冲动作，使身体重心超过支撑点，然后再进行支撑腿的蹬伸动作。这样便于获得较小的蹬地角度和较大的向前推进力。二是摆动腿应以膝领先，大腿带动小腿随惯性向前摆动，摆至身体垂直部位时，大腿与小腿形成较紧的折叠状态，这样有利于缩小腿的摆动半径，提高摆动速度和幅度。

当摆动腿向前摆到最高部位（或称为摆到最前方时），小腿不能主动向前甩出，应以大腿积极下压的方式完成着地动作。

短跑比赛项目中的 200 米和 400 米跑，全程中有一半是在弯道进行的。熟练地掌握正确的弯道跑技术也是至关重要的。根据运动力学的原理，运动的物体只有受到向心力的作用，才能使其做圆周运动。人在弯道上快跑，就需要产生一定的向心力使身体沿着弯道跑进。为了克服向前快跑时直线运动的惯性，运动员的整个身体应向圆心方向（向左）倾斜。脚的着地也发生一些变化，左脚以脚外侧着地，而右脚则以脚内侧着地。两臂的摆动也略有区别，左臂摆动较小，右臂摆动较大，并且做出交叉的动作。另外，右腿向前摆动时，膝关节应稍内扣（旋内），使右脚内侧着地更方便。当运动员由弯道跑进直道时，整个身体姿势、两腿动作及着地部位，恢复到直道跑时的技术动作。

4. 终点跑

各种距离的赛跑都有一段跑程向终点跑去，这段努力冲向终点的跑程被称为终点跑。终点跑的任务就是尽量保持途中跑的速度并进行冲刺，在高速度到达终点的瞬间用躯干的前倾动作，争取身体躯干的任何一个部位尽早地通过终点线的垂直面，以此争得较好的名次。冲刺动作是当运动员距离终点 1~2 步时，加大躯干前倾幅度，到终点线的垂直面时，躯干前倾达到最大的程度，同时两臂后伸，摆动腿高抬以维持身体平衡。

（二）短跑的练习方法

短跑应以途中跑作为重点，因为途中跑是运动员取得良好成绩和锻炼者取得良好锻炼效果的主要阶段。在直道途中跑技术掌握到一定程度之后，再进行起跑、加速跑、终点跑和弯道跑的练习。

1. 直道途中跑

（1）中速跑 60~80 米。利用中等速度的匀速跑反复练习，体会和初步掌握途中跑技术。练习时，要求跑得轻松、自然，步幅开阔，富有弹性，腿部动作、躯干姿势和摆臂动作基本正确。

（2）加速跑 50~80 米。加速跑是在学习中速跑的基础上进行的。练习时，要求逐渐或均匀加速（在 40 米处达到较高速度），并把在中速跑练习中掌握的技术贯彻到逐渐加速的快跑中去。

（3）行进间跑 30~50 米。行进间跑是通过较短距离（25 米左右）的加速跑后，使跑速迅速达到个人的最高速度，然后保持高速度跑完规定距离的跑法。它是巩固技术、发展和检测速度的手段，通常使用秒表计时。

2. **蹲踞式起跑和起跑后加速跑**

（1）学习安装起跑器或挖起跑穴的方法（以普通式为主）。

（2）学习"各就位"、"预备"动作。

（3）蹲踞式起跑10米、20米、30米。在口令下成组进行练习。要养成不抢跑的习惯。

（4）蹲踞式起跑30~50米。改进和完善起跑和起跑后加速跑技术，体会和掌握起跑后加速跑与途中跑相衔接的技术。

3. **终点跑**

（1）在走和慢跑中，当离终点线一步时，做双臂后摆、上体前倾撞线动作。分成小组，每组一根终点带，按顺序逐个练习。

（2）中速跑和快速跑30~40米，在终点线前一步，双臂后摆，上体急速前倾做撞线动作。做这个练习时，开始先个别练习，然后再成组进行撞线练习。

4. **弯道跑**

（1）在一个半径10-15米的圆圈上，用慢速、中速、快速等不同速度的跑，来体会和学习弯道跑技术。

（2）弯道上用中速、加速、快速跑60~80米，体会和掌握弯道跑技术。

（3）直道进入弯道跑。先在直道上跑20~30米，进入弯道后再跑20~30米。

（4）从弯道转入直道跑。先在弯道上跑20~30米，转入直道后再跑20~30米。体会和掌握弯道转入直道的衔接技术。

（5）弯道起跑20~30米。按起跑器安装方法安装起跑器，然后听口令做弯道起跑练习。

二、中长跑

（一）中长跑的技术分析

中长跑的技术动作和短跑技术动作很相似。主要区别在于跑步的频率、步幅、用力程度、紧张程度以及两臂的摆动幅度和摆动速度都要比短跑低一些，躯干姿势更接近于身体自然直立姿势。总的原则是自然、省力，重在持久。

1. **起跑**

（1）技术要求。参加中长跑锻炼时，在技术上有一个特别要求，就是要掌握好跑步时的呼吸节奏，运用好正确的呼吸方法。正确的呼吸方法应该是口鼻共同进行的，通常是采用微张口与鼻同时吸气，用口来呼气。在寒冷的季节里，为了避免冷空气直接从口腔进入体内，可采用卷起舌尖抵住上腭的口腔吸气方法。

呼吸的节奏应和跑步的节奏相配合。通常在慢速跑时，可采用三步一呼、三步一吸的方式；跑速加快时，可采用两步一呼、两步一吸的方式；跑速比较快，或感到有些疲劳时，可用一步一呼吸的方式。跑步中的呼吸应特别注意吸气的深度，呼气时应用力，尽量把气呼净，这样便于更好地吸入空气，供给跑步时必要的氧气，使参加者能坚持更长的时间。

（2）站立式起跑。800米和800米以上距离的赛跑项目，起跑时发令员是按"各就位""鸣枪"两个口令进行的。因此，中长跑运动员采用站立式起跑方式。

由于中长跑的起跑技术要求有自己的特点，这就要求运动员在起跑和起跑后加速跑阶段，应根据自身和对手的情况，占据一个适合自己的位置。由此看来，虽然中长跑的起跑技术与短跑蹲踞式起跑技术各有不同，但同样对取得优良成绩有重要作用。

当发令员发出"各就位"口令后，运动员先做一两次深呼吸，走到起跑线后，有力的脚在前，站在起跑线后沿，另一脚向后站立，两脚前后距离约一个脚掌。两腿弯曲，重心前移，上体（躯干）顺势前倾，此时体重大部分落在前腿上。但要特别注意，一定要保持重心稳定。两臂的动作有两种姿势：一种是两臂在体侧自然下垂；另一种是前脚的异侧臂放在体前，另一臂自然后伸。大多数选手都采用第二种姿势。此时的注意力应集中在听枪声或"跑"的口令上。

听到发令员枪响后，两腿迅速并行蹬伸，后面的腿积极屈膝前摆，两臂则配合两腿的蹬摆动作进行屈臂前后撺动，整个身体向前俯冲，完成起动动作，为起跑后加速跑获得预先初速。

2. 起跑后加速跑

中长跑不能像短跑那样从起动开始就要发挥最高跑速。因此，中长跑起跑后加速的技术动作与短跑有很大区别，具体表现在躯干前倾程度不应太大，步频不必太快，速度不应过猛。

由于中长跑比赛项目大多不分跑道，人数较多，而且大多数项目是从弯道出发，运动员起跑以后必须迅速占据有利位置，使自己能沿着第一道并靠近跑道内侧跑，这对比赛结果有重要影响。因此，中长跑起跑后加速跑的技术应紧紧围绕这一任务来提高技术要求。为此，起跑后加速跑的特点之一就是要使自己迅速过渡到途中跑。起跑后加速跑的距离以及对跑速的要求应根据每个人的体力、对手情况、临场的变化情况和自己的战术方案进行自我调整。

3. 途中跑

各项中长跑比赛，由于距离不同，在某些技术要求上也各具特色。但总体上要求中长跑的途中跑技术应本着轻快、省力、高效、耐久的原则不断完善其动作结构。

由于中长跑的全过程身体会出现缺氧现象，因此在中长跑比赛途中，特别要学会有节奏的呼吸，努力加深呼吸的深度，保证身体对氧的需求。通常中长跑的途中跑采用三步一呼、三步一吸的节奏，速度加快时也可采用两步一呼吸的节奏。

中长跑比赛运动员的能量消耗较大，因此保持途中跑的技术不变形、不出现多余动作非常重要，并且要学会利用跑步动作周期中的腾空阶段，进行短暂的肌肉休息，这对增进运动员的速度耐力也非常重要。途中跑时要保持躯干的自然伸直，不必过分前倾，躯干的过度前倾也会使肌肉紧张，增加能量消耗。摆臂动作也应力求经济省力。

总的来说，中长跑途中跑技术介于短跑与长跑之间，它既不能像短跑那样激烈、紧张，又不能像长跑那样在用力程度、动作速度和幅度方面过于放松和节省。

中长跑途中跑多采用步长相对比较小、步频比较高的跑法。第 26 届亚特兰大奥运会女子 5000 米冠军王军霞采用的就是这种高频率、小步幅的途中跑技术。具体表现为步频较高，每秒 3.7 步，腾空时间比较短，大腿不是抬得很高，身体起伏很小等。

4. 终点跑

因为小长跑的终点跑技术与短跑终点跑技术基本相同，所以此部分不再赘述。

（二）中长跑的练习方法

在中长跑中，必须把掌握技术和提高心肺功能与发展耐力素质结合起来，要在一系列跑的练习中掌握中长跑技术和提高耐久跑的能力。因此，中长跑要以途中跑为主。

1. 途中跑

（1）中等以下速度匀速跑 80~100 米，中等以下速度到中等以上速度加速跑 80~100 米。

（2）通过反复做上述练习，体会和初步掌握中长跑途中跑的腿部动作、躯干姿势和摆臂动作。

（3）定时（或定距）跑。男生跑 6~8 分钟（1000~1500 米），女生跑 3~5 分钟（500~1000 米）。可用中等或中等以下速度在田径场或公路上跑。跑时除了继续注意掌握正确的腿部动作、躯干姿势和摆臂动作外，还应注意呼吸和步伐的配合，掌握中长跑的呼吸方法。

（4）变速跑（或走跑交替），100 米中速跑 +100 米慢跑（或走），200 米中速跑 +100~200 米慢跑（或走），300 米中速跑 +100~200 米慢跑（或走）。变速跑的总距离：男生 1500~2000 米，女生 800~1000 米。跑时要控制好跑速，注意跑的动作和呼吸方法的正确性。

2. 站立式起跑、起跑后的加速跑

（1）以组为单位，在起跑线后的集合线站好，然后在"各就位"和"跑"的口令下，按站立式起跑和起跑后加速跑的方法和要领做站立式起跑 30~80 米。

（2）中等速度重复跑 200 米、300 米或 400 米

由站立式起跑出发进行中等速度的重复跑，要求起跑动作正确，跑时动作轻松、自然，跑速均匀，呼吸和步伐配合协调，并注意培养把控速度感觉。跑的总距离：男生 1200~1500 米，女生 600~800 米。

3. 终点跑和全程跑

（1）按水平分组，由站立式起跑出发，进行 200 米、400 米或 600 米的中等速度重复跑，在最后 50~150 米处开始适当加速，终点跑跑过终点。跑的总距离：男生 1200~1500 米，女生 600~800 米。

（2）按水平分组，由站立式起跑出发，进行男生 1200 米或女生 600 米的中等速度匀速跑，在最后 100~200 米处开始适当加速，终点跑跑过终点。

（3）按个人体力分配方案跑。男生 1200~1500 米，女生 600~800 米。

三、接力跑

（一）接力跑技术分析

接力跑成绩的好与坏，不仅取决于每个队员跑的成绩，而且在很大程度上取决于队员之间的密切配合和传接棒技术的好坏。接力跑时，跑的技术与途中跑技术基本相同，此处不再重复阐述。现将田径场进行的接力跑项目的有关技术与方法和接力跑典型项目叙述如下：

1. 起跑

（1）持棒起跑。第 1 棒运动员采用蹲踞式起跑，通常用右手持棒，以中指、无名指和小指握住棒的末端，用大拇指和食指分开撑地，但接力棒不得触及起跑线或起跑线前面地面。其起跑技术与短跑的起跑技术基本相同。

（2）接棒人起跑。第 2、3、4 棒运动员在预跑线以内自己确定的起跑位置上，用站立式或一手撑地的半蹲踞式起跑。第 2、4 棒运动员应站在各自分道中线外侧用左手准备接棒，第 3 棒运动员站在自己分道中线内侧用右手准备接棒。采用半蹲踞式起跑时，第 2、4 棒运动员左腿在前（也可右腿在前），右手撑地，身体重心稍偏右边，头向左转，目视跑来的本队传棒队员和自己的起动标志。当传棒人跑到起动标志时，接棒人便迅速起跑。第 3 棒运动员的身体姿势与第 2、4 棒运动员相反。

2. 传棒方法

传接棒的方法有上挑式和下压式两种：

（1）上挑式。接棒人的手臂自然向后伸出，掌心向后，虎口张开朝下，传棒人将棒由下向上传入接棒人的手中。

这种传棒方法的优点是传棒运动员的手臂动作比较自然，因而传接棒速度快，并容易掌握。缺点是接棒运动员接棒后，手已握在接力棒的中段或前段，不利于下一棒的传接并容易造成掉棒的情况。

（2）下压式。接棒人的手臂后伸，掌心向上，虎口张开朝后，拇指向内，其余四指并拢向外，传棒人将棒的前端由上向前下方传入接棒人手中。

这种传接棒方法的优点是接棒人接棒时握住棒的一端，在下一次传棒时就把棒的另端送到接棒人手中，能够充分利用接力棒的长度和接棒运动员手臂的长度。缺点是传棒与接棒运动员的手臂动作都比较紧张、不自然，因而会影响传接棒的速度。

3. 4×400 米接力跑的技术

在 4×400 米接力跑中，运动员跑速相对较慢，而且每名运动员跑到最后时速度还会下降。因此，对传接棒技术的要求相对降低。

第 1 棒运动员用蹲踞式起跑，第 2、3、4 棒运动员用站立式起跑。传棒方法可采用上挑式，也可以采用下压式，但都是右手传棒，左手接棒。因此，第 2、3 棒运动员在途中跑时，应将接力棒由左手换到右手。

接棒运动员接棒前，头转向后方，密切注意本队运动员的跑步情况。如果传棒运动员最后仍保持一定的跑速，则起动应该早些；如果传棒运动员跑速较慢，则起动应该晚些，甚至等待接棒。传棒运动员将棒传出后，应在不影响其他运动员跑进的情况下退出跑道。

（二）接力跑的练习方法

1."上挑式"或"下压式"传棒技术

（1）原地做"上挑式"或"下压式"传接棒练习。

（2）走动中和慢跑中听传棒人信号做"上挑式"或"下压式"传接棒练习。

（3）快跑中听信号做"上挑式"或"下压式"传接棒练习。

做这个练习时，应注意把速度相近的学生分在一起。接棒人应注意开始先确定和调整好起动标志。

2.各棒起跑技术

（1）右手持接力棒，做弯道蹲踞式起跑练习。

（2）在直道上做左臂支撑地面的半蹲踞式起跑练习。

（3）在直道上做右臂支撑地面的半蹲踞式起跑练习。

练习（2）（3）时，开始先单独做，然后再两人 1 组共同做传接棒练习。速度先慢些，接棒人应特别注意确定和调整好起动标志。

3.在接力区内高速跑进中的传接棒技术以及全程跑

（1）组织接力队，在接力区内高速跑进中进行传接棒练习。

（2）进行全程接力跑的练习和比赛。

为了节省体力，增加高速跑进中传接棒练习的次数，在全程接力跑的练习和比赛中，可将每人跑的距离缩短为 50 米。

第二节　跳跃运动

人类必须掌握各种基本活动技能，才能在社会与自然界中生存。即使在现代科学技术高速发展时期，人类本身虽然拥有了各种现代化工具或机械，但最基本的活动技能，如走、跑、跳跃、投掷、攀登等仍然不能抛弃。田径运动中的跳跃包括男女跳远、跳高、撑竿跳高、三级跳远四个项目，其技术上都可以划分为助跑、起跳、空中动作（也叫腾空动作）

和落地四个技术阶段。每个阶段都有其独特的机理和技术要求。

下面以跳高、跳远为例进行介绍：

一、跳高

跳高是一项历史悠久的田径运动，跳高比赛最早出现在英国。1896 年第 1 届现代奥运会列入了男子跳高项目，女子跳高被列入国际比赛是在 1928 年第 9 届奥运会上。

（一）跨越式和背越式跳高的技术分析

跳高是一个技术性很强、技术发展变化较快的田径运动项目。跳高的雏形是在草地上的两根柱子之间拉上一根绳子，竞赛者面对绳子，正面跑过去然后屈腿跳过绳子，看谁跳得高，没有正规的姿势要求，后来就出现了跨越式、剪式、滚式和俯卧式跳高技术。1968 年开始出现背越式跳高技术，这种过杆技术逐渐被世人接受并开始普及。时至今日，在田径大赛中，跳高运动员大都采用这种过杆技术。

1. 跨越式跳高

跨越式跳高是采用直线助跑，助跑的距离一般是 6~8 步，助跑的方向和横杆垂直面的角度大约为 30~60 度。左脚起跳者，从横杆右侧助跑；右脚起跳者，从横杆左侧助跑。

（1）助跑和起跳。助跑开始时，上体稍前倾，步幅要小，随着助跑速度的增加，上体逐渐抬起并加大步幅，但助跑动作始终轻松自然、节奏清楚、富有弹性。跳高的助跑是前脚掌着地，但是最后两步先用脚跟着地迅速滚动到前脚掌。助跑的倒数第二步的步幅要大，最后一步速度要快。

助跑最后一步是以摆动腿（与起跳腿相对，通常是有力的腿，即最后用力蹬地、使人腾空的腿称为起跳腿，另一条腿则为摆动腿）支撑地面，两臂后摆；摆动腿以大腿带动小腿沿地面向前迈伸，当摆动腿以脚跟着地并向前脚掌滚动时，随着身体重心的前移，摆动腿屈腿迅速向前上方摆起，同时起跳腿用力蹬伸，当摆动腿摆到最高点时，起跳腿充分蹬伸，使鞭、膝、踝三关节成一条直线。同时，两臂配合腿部的起跳动作积极上摆，最后脚尖离地腾起，完成起跳动作。

（2）空中动作和落地。起跳腾空后，身体仍保持向上腾起姿势。当摆动腿摆动越横杆时，上体前倾，脚尖内旋下压；起跳腿积极向上高抬，使大腿靠近胸部，起跳腿方向扭转，两臂上撼，使臀部和起跳腿迅速移过横杆，过杆后，摆动腿着地，缓冲支撑，起跳腿相继落地。

跨越式跳高的方法比较简单，同时因为这种方法使身体重心远离横杆，因此用同样的助跑和起跳，却比其他方法跳得低。有的人认为这是一种落后的方法，可以不必学习。但是，正是因为它的技术较简单，所以初学者更容易掌握，也更能发挥弹跳力。

2. 背越式跳高

（1）助跑。背越式跳高的助跑是弧线助跑，一般用 8~12 步完成。全程助跑可以分为两段，其中后段助跑的弧度较为重要，通常跑4~6步。

弧线助跑的曲率（弧度）应是由小到大，前段助跑比较平直，便于发挥速度，后段助跑的弧度较大，便于起跳。全程助跑应是逐渐加速的，并且有较强的节奏感。

弧线助跑的步点及助跑路线，通常采用比较简单的"走步丈量"法确定。首先，确定起跳点，然后从起跳点朝助跑一侧的方向，沿横杆平行地向前自然走4步；然后，向助跑的起点方向，即垂直于横杆的方向走6步，画一个标记，这个标记就是直线与弧线助跑的交界点，从这个标记点再继续向前走7步画一个标记，即助跑的起跑点；最后，从直弧交界点到起跳点画一个曲率不太大的弧线，与前面的直线助跑相连，则构成了背越式跳高的弧线助跑路线。

画好助跑线后，要经过反复练习才能最后确定具体情况。练习时，前面直线助跑要跑4步，后面弧线助跑也跑4步。

背越式跳高助跑的方式具有自身的特点，前段的直线助跑基本上采用普通的加速跑，但运动员心理上应有向弧线过渡的准备。转入弧线助跑时，身体应向圆心方向倾斜，类似于弯道跑技术，重心不应起伏太大。此时，应注意要将大腿高抬，以膝领先并带动摆动腿的同侧髋积极向前迈步。最后一段的弧线助跑对起跳效果较为重要，不仅要体现助跑的加速性，还要体现节奏性，整个助跑过程要用前脚掌着地，并富有弹性，这种助跑的方式便于背越式跳高的起跳。

（2）起跳。在所有跳跃项目中，起跳技术是关键环节。起跳的任务是通过一系列的起跳动作，使身体获得最大的垂直速度和适宜的起跳角度，使身体顺利地越过横杆。

通常，背越式跳高的起跳点距离横杆的垂直面约60~100厘米。起跳脚由脚跟先着地，然后很快地由外侧过渡到全脚掌，起跳腿因惯性导致被迫弯曲，躯干由稍内倾转为垂直，最后一步的步幅比倒数第二步略短10~15厘米，由此形成了起跳腿同侧骨盆的前移速度超过了躯干的姿势，便于起跳时使整个躯干腾起。

起跳动作是通过弯曲着的起跳腿蹬伸和摆动腿的屈腿摆动同时作用来实现的，这个过程是起跳腿由弯曲开始蹬伸，与此同时摆动腿屈膝向前上方摆动，利用爆发力带着摆动大腿，摆动腿小腿顺惯性与大腿折叠（形成屈腿摆动），当膝部摆至水平部位时应立即制动，但仍随惯性上摆，带动同侧髋上摆。

与起跳腿、摆动腿相协同的两臂与肩部动作，要求肩上提，两臂同时或采用单臂交叉的动作向横杆后上方摆出，帮助整个身体向上腾越，并且为整个身体沿额状轴（横贯身体，垂直通过矢状面的轴）旋转创造前提条件。

由于背越式跳高技术的空中动作是背向横杆，这种特定姿势要求运动员的身体充分伸展，拉长背部、腰部的肌群。因此，在做起跳动作时应注意起跳腿要充分蹬伸、提肩、提做。

（3）空中动作和落地。在起跳动作中，借助于起跳腿蹬伸和摆动腿摆动的力量，使身体处于背向横杆的腾越姿势。当肩向上腾越超过横杆时，后仰、倒肩，顺惯性沿横杆腾越，整个身体呈反弓形。待胃部超越横杆后，收腹、含胸，以嵌发力带动大腿向上，并且小腿甩动，使整个身体超离横杆，顺势以背部落在海绵垫上。

由于背越式跳高是由背部落地，因此，落地处应设有海绵垫、气垫、橡皮网或松软的草堆，以防落地时发生运动性损伤。

（二）跳高的练习方法

1. 背越式跳高

（1）起跳。现在国内外的正规田径比赛，运动员几乎都采用背越式，要想跳得高，必须要学习好助跑和起跳相结合的技术，同时要重视起跳的基本技术。

①原地起跳模仿练习。预备姿势为起跳腿在前，摆动腿在后，两臂屈肘引向体后，身体稍后倾。原地起跳时，摆动腿积极蹬地，使身体重心快速移向起跳点上方，并注意以髋带腿，大小腿折叠，屈腿向上摆起，同时两臂由后向上摆起，摆腿结束时，带出同侧背宽，提起身体重心，摆臂练习时，提高两肩，使摆动腿一侧肩高于起跳腿一侧肩，躯干快速伸展，起跳腿充分蹬直。

②上一步起跳练习。摆动腿在前，起跳腿向前踏上起跳点，摆动腿积极蹬离地面起摆，完成起跳动作，并用力向上跳起。

③3步助跑起跳练习。摆动腿在前，起跳腿向前跨出着地支撑，使身体重心迅速前移，并积极后蹬，接着摆动腿向前跨出，用前脚掌或平脚掌落地积极过渡到后蹬，同时起跳腿一侧手臂摆向前面，随着迈步放起跳腿，摆动腿一侧手臂留在体侧，而起跳腿一侧手臂拉向身后，然后，两臂与摆动腿一起向下摆起，同时要积极蹬伸起跳腿，向上跳起。

（2）助跑与起跳相结合

①沿着直径约15米左右的圆圈，进行助跑练习，体会向内倾斜的身体感觉。

②练习宜线进入圆圈跑，体会身体由正直逐渐转入向内倾斜。

③沿圆圈做3步或5步的起跳练习。助跑时，身体向内倾斜，后两步加快节奏，做好起跳动作，积极向上跳起，腾空后，身体自然沿纵轴旋转。

④3步或5步助跑起跳，用头或摆动腿的膝部触高物，随着技术的熟练和能力的提高，于是逐渐提升高物的高度。

⑤3步或5步助跑起跳，用摆动腿同侧手摸高物。

⑥3步或5步助跑起跳，腾起后仰卧在高器械上。

（3）空中动作

①对着齐腰高的海绵包，呈起跳结束姿势，然后随着身体转向背对海绵包，同时做摆动腿下放、倒肩、展体、挺髋，最后用肩背落在海绵包上，呈过杆时的背弓姿势。

②3~5步助跑起跳，背卧上较高的海绵包，完成背弓姿势，两小腿自然下垂。

③背对海绵包站立，原地双脚起跳，做挺做、过杆模仿练习，注意收腹和上踢小腿协调配合。

④3~5步助跑背越式越过较低高度的横杆，反复练习，待技术熟练后逐渐提升高度。

（4）全程助跑跳后过杆

①全程助跑（8步）对着高横杆做起跳练习。

②全程助跑起跳，背卧上高海绵。

③全程助跑起跳后背越式过杆。

2. 跨越式跳高

跨越式跳高练习时，要确定合适的助跑角度和起跳点，掌握科学的助跑速度和助跑节奏。速度过快，助力过大，起跳点不易准确，反而跳不高。

（1）助跑与起跳相结合

①上一步做起跳放脚与摆腿、摆臂相结合的练习。

②上一步起跳练习。注意有力起跳及上、下肢动作的协调配合。

③助跑 3~4 步起跳或起跳后用头或摆动腿的脚踢高悬物。注意助跑节奏，平稳降低身体重心，摆动腿和两臂的摆动与起跳动作协调配合，起跳后上体要保持正直。高悬物的高度要适宜。

（2）空中动作

①上一步跨越式跳高。起跳动作有力，过杆落地技术合理，横杆高度适宜。

②助跑 3~4 步跨越式跳高。

③助跑 5~8 步跨越式跳高。

做②③练习时，助跑速度要适中，起跳时身体要充分向上腾起，做好摆动腿、起跳腿的过杆动作和上体、两臂的配合动作。横杆高度要适宜。

二、跳远

田径运动中的跳远是一项普及面很广的体育项目，深受群众的喜爱。

（一）跳远技术分析

跳远技术比较简单，人们容易掌握，但要跳得很远，取得优异成绩并不是件容易的事，因为它不仅需要良好的速度和弹跳力，还需要有很好的协调和平衡能力。跳远的最终目的是要通过自身的能力，运用助跑和起跳，把整个身体"抛射"到最远的水平距离，并且要平稳地落在所规定的沙坑里。这就必须掌握正确的技术，完成一系列的技术要求。跳远技术有蹲踞式跳远、挺身式跳远和走步式跳远三种。初学者可以从蹲踞式跳远入门，优秀运动员大多采用走步式跳远技术。走步式跳远技术是和起跳衔接最紧密的技术，空中动作最自然流畅。

同其他跳跃运动一样，跳远也必须由助跑、起跳、腾空与落地四个技术环节组成。

1. 助跑

参加跳远比赛或锻炼，首先要学会并且掌握正确的助跑技术。助跑的距离长短、步数多少、速度快慢都要根据每个人的具体情况而定，但总的要求是助跑要平稳、准确、加速、富有节奏并且要和起跳有机地结合起来。下面分别叙述有关助跑中的几项具体技术要求：

（1）助跑的距离和步数。运动员通常都采用偶数步数助跑，它可加强助跑的节奏感。男子一般用18~24步，大约36~48米；女子用16~22步，大约32~44米。距离的长短与步数的多少是根据运动员的水平和技术特点决定的。

（2）全程助跑距离的确定与丈量。先在跑道上反复练习36~50米的加速跑，用站立式起跑或行进间跑起动。助跑时用自己比较能发挥出自己速度的跑法做加速跑，从小找出适合自己特点而又能发挥较高跑速，且能在快跑中完成起跳动作的距离和步数。

为了确保助跑的准确性和保证助跑的全程节奏，通常在全程助跑中设两个标记：第一个标记是助跑起跑或起动的标记，也就是从这个标记开始正式跳远助跑；第二个标记是起跳前的助跑段标记，一般离起跳板6步或8步，便于掌握起跳前最后几步助跑的节奏。这两个标记的设置也是根据个人的助跑情况而定。

（3）开始助跑的姿势。根据每个人的情况不同可采用不同的开始姿势。参加跳远的人不外乎多采用这两种姿势开始助跑：一种是站立式起跑，另一种是蹲踞式起跑。

（4）跳远全程助跑的加速方法。由于跳远需要在快速助跑中完成起跳，因此对助跑的速度有特定要求。由于跳远助跑的距离较长，步数较多，在全程助跑中应很好地把握节奏和速度，因此要求掌握好助跑的加速方法。全程助跑的加速方法有两种：第一种是逐渐加速，从开始助跑就逐渐加大步长、加快步频、提高跑速，到第二标记时，助跑速度基本发挥到最大，然后跑好最后几步的加速节奏；第二种类型是从助跑开始就积极地增加跑速，很快地把步长与步频提高到应有的程度，这对提高助跑速度是有利的。第一种类型适合于初学者，采用逐渐加速的方法比较稳定和准确，但优秀运动员多采用第二种类型的加速方式。

2. 起跳

起跳是所有跳跃项目中最关键的技术环节。助跑与起跳的结合、起跳腿的蹬伸与摆动腿的摆动、两腿之间的蹬摆配合，又是跳远起跳技术的关键所在。这一系列的技术动作，就是要把运动员助跑时所获得的水平速度，通过起跳动作，转换成必要的腾空速度，将身体抛射空中，使整个身体腾越较长的距离。

起跳是一个非常快速、完整的技术动作，但为了叙述方便，可以把它划分为三个技术阶段：

（1）起跳脚上板起跳。助跑最后一步，摆动腿的脚着地后，起跳脚就准备上板。由于速度很快，下肢的运动速度也略快于躯干，因此上体基本保持直立或稍后仰。两臂在体侧前后摆动，起跳脚用全脚掌踏板，摆动腿屈腿前摆。

踏板一刹那，起跳腿前伸，与地面形成一个约65~70度的夹角，起跳脚与身体重心投影点之间的距离大约为30~40厘米，身体重心在支撑点的后面。这种姿势形成了一定的"制动"，便于使水平速度向垂直速度转换，也便于使身体向腾空状态转换。但应注意，起跳脚前伸过大或身体重心距起跳脚支撑点过远，都会影响起跳效果。

（2）起跳腿的支撑缓冲。起跳脚踏板以后，身体随快速助跑的向前惯性及身体重力作用，迫使起跳腿的髋、膝、踝关节被动弯曲。起跳脚用全脚掌支撑既可保持身体的平衡和稳定，又可以抵消这种压力。此时，整个身体也由原来的直立或稍后仰变为稍前倾，摆动腿也随着惯性向前运动，大小腿折登后向起跳腿靠拢，这种姿势为最后起跳、蹬摆做好了准备。

（3）起跳的蹬摆配合。起跳腿在踏上起跳板的瞬间，身体始终是随惯性向前运动着的，当身体重心移到起跳脚支撑点上方时，起跳腿应及时蹬伸，充分伸展筋、膝、踝三关节，与此同时摆动腿以膝领先，屈腿向前上方摆动至大腿呈水平部位，两臂配合两腿在体侧摆动，躯干伸展，头向前上方顶出，完成起跳的蹬摆配合动作，这时起跳腿与地面约呈70~80度夹角。

应该强调的是，在完成蹬摆配合的起跳动作时，四肢的协调配合，对身体获得适宜的腾起高度、维持身体平衡以及对加快起跳速度起着决定作用。起跳腿充分蹬伸后，还有一个全身的制动动作，这是由摆动腿摆到大腿水平部位和两臂摆动时的突然停顿完成的。这个制动动作，为增加身体向上腾起、防止身体产生翻转、维持全身平衡都起到重要作用。

3. 腾空（空中动作）

如前所述，跳远有三种空中姿势，即蹲踞式、挺身式和走步式。这三种空中技术各有特点。因走步式跳远的空中腾空技术比较难，是专业运动员才用的跳远技术，不太适宜大学生日常训练，故下面只详细阐述蹲踞式和挺身式技术。

（1）蹲踞式。蹲踞式的空中动作最简单，易于学习和掌握，初学者通常从掌握蹲踞式跳远入门。

当运动员完成起跳、蹬摆动作后，即进入腾空步，上体保持直立，摆动腿的大腿由水平位置继续上摆，逐渐靠近胸部，起跳腿也从身体后方开始屈腿前摆与摆动腿主动靠拢，两条腿继续向胸部靠拢，两臂在体侧向上举，然后向体后划动。当身体快要下落时，躯干前倾，向前伸两腿的小腿，同时两臂向后伸，以维持身体平衡。

蹲踞式跳远虽然简单易学，但由于身体在空中呈团身状态，容易产生前旋，且由于近落地的这一阶段躯干前倾过大，会妨碍两腿充分前伸，对取得好的成绩有一定的影响。

（2）挺身式。挺身式跳远的空中姿势比较舒展，当起跳呈腾空步之后，处在体前的摆动腿伸展膝关节，小腿随之向前、向下、向后呈弧形划动，两臂也随之向下、向后，再向前大幅度地划动；与此同时，处在身体后面的起跳腿与正在向后划动的摆动腿靠拢，挺身，展髋，头稍后仰，充分拉开躯干前面的肌肉，整个身体充分地展开成挺身姿势。当身体即将落地时，两臂向后摆动，躯干前倾，迅速收腹举腿，小腿尽量向前伸出，用足跟落地。

这种挺身式跳远空中技术能使身体充分伸展。由于躯干前面肌肉充分拉开，因此为落地前的收腹、举腿和小腿的前伸做了很好的准备，为取得较好成绩创造了条件。

挺身式跳远空中动作的难度在于维持身体平衡，因此要经常训练身体的协调和维持平衡的能力。

4. 落地

当双脚即将着地时，应保持上体稍前倾，高抬大腿，前伸小腿，当脚触地的一瞬间，迅速向前屈膝缓冲，髋部前移，两臂屈胸前摆，向前或向后侧倒，避免后坐，使身体尽量移过双脚的落地点。

（二）跳远技术的练习方法

1. 助跑与起跳相结合

（1）上一步起跳练习。两腿前后开立，摆动腿在前。练习开始后起跳腿屈膝前摆，大腿积极下压，脚跟迅速滚动到全脚掌着地。接着起跳腿用力蹬伸，摆动腿屈膝上摆，两臂也配合在体侧向前上和后上摆动，向前上方跳起。练习时可以连续做，每组大约6~8次。

（2）在跑道或平坦的草地上做跑3步起跳成腾空步的练习。摆动腿在前，由起跳腿开始跑3步做起跳，在空中做腾空步，然后用摆动腿落地继续前跑。练习时注意最后一步要适当缩短步长，使助跑与起跳密切结合。这个练习可以连续做，每组做4~6次。

（3）助跑6~10步，在起跳板（或起跳区）起跳，在空中做腾空步，然后以摆动腿落于沙坑，继续向前跑出。

（4）助跑6~10步，在起跳板（或起跳区）起跳，在空中经腾空步后做蹲踞式或挺身式跳远练习。

（5）做（3）（4）练习时，要特别注意助跑点的准确性和稳定性，事先要丈量和调整好助跑点，便助跑与起跳密切结合起来。

2. 空中动作

（1）蹲踞式

①助跑6~8步，起跳后做腾空步练习。做这个练习时，起跳腾空要有一定高度。可在起跳板前约跳远距离的1/3处放置一根高30~50厘米的横杆，采用条件限制的方法，保证跳起腾空的高度。

②助跑6~8步，起跳成腾空步后，将起跳腿向前上提举与摆动腿靠拢（形成空中蹲踞动作），然后两腿前伸落于沙坑。做这个练习时，一定要在"腾空步"做得充分的基础上，再做起跳腿向前上提举的动作。

③逐渐加长助跑距离，做完整的蹲踞式跳远练习。根据个人情况，进一步改进和完善动作。

（2）挺身式

①原地或站在50厘米左右的高处，向前上方跳起，做挺身式跳远空中动作模仿练习。

②助跑 6~8 步，起跳后做腾空步练习。

③助跑 8 步，起跳成腾空步后，摆动腿向下、向后摆动，起跳腿屈膝向摆动腿靠拢，两臂配合摆动，髋部往前送，挺胸展体成挺身姿势，然后收腹举腿，两腿前伸落于沙坑。

④逐渐加长助跑距离，做完整的挺身式跳远练习。

做②—④练习时，要做到起跳腾空有一定高度，腾空步做得充分。做③④练习时，要注意掌握好下放摆动腿和挺身送髋的时机。

3. 下落着地

（1）原地向高跳起，在空中做收腹举腿练习。练习时，要求大腿向胸部靠近，几乎触及胸部。

（2）立定跳远练习。在沙坑边沿站立做立定跳远，落地前提举大腿，两臂后摆，然后两腿伸出，脚跟先落于沙坑，接着迅速屈膝，两臂迅速前摆，使身体重心移过落点。

（3）在沙坑内接近个人落地点附近放置标志物（如白色布带），用条件限制法进行跳远练习，在下落前两腿向前提举，然后小腿前伸，两脚跟在标志物前着地。

第三节　投掷运动

当今，在国际上进行正式比赛的投掷项目有推铅球、掷铁饼、掷标枪和掷链球四个项目。这些投掷项目对增强人体的力量、速度素质，提高身体的协调性、柔韧性以及培养人们顽强、勇敢等心理品质都具有积极意义。这四个投掷项目都具有同样的特征，即通过运动员采用滑步、助跑或旋转的方式，首先使器械获得预先的加速度，然后再通过人体各部位的协调用力，给器械一个关键的最后用力，使器械（投掷物）向最远的距离飞行，取得较好的运动成绩。

因为这四种投掷器械形状、重量及投掷方式各不相同，所以其具体完成投出或掷出的技术也各有特点。我们这里重点介绍有关推铅球的技术和推铅球的练习方法。

一、推铅球技术分析

推铅球这项运动，经历了三个大的历史演变阶段。最早是推石块，然后是在 14 世纪时欧洲人推炮弹（当时炮弹是圆形大铁球），后来才逐渐演变为推铅球。

最初推铅球比赛方法很简单，无论采用什么姿势，助跑只需要画条直线，人们站在线后推球就行了，或不助跑，规则是不过线将球推出。后来规定改为在一个方块形区域里推球，最后定为在直径 2.135 米的圆圈里推球，并且铅球必须落在 90 度角的扇形区里方为有效，这种方法一直沿用至今。

（一）侧向滑步推铅球技术

1. 持球（以右手持球为例）

将五指自然分开，铅球的重量主要由食指、中指、无名指三个手指的根部托住，拇指和小指在铅球两侧扶住以免滑落，手腕后翻。握住球以后，将铅球放在右侧锁骨窝处，紧贴脖颈，将球和身体固定在一起，便于完成下面一系列的动作。

2. 预备姿势

侧对投掷方向站立，两脚左右开立，右腿弯曲，上体向右侧倾斜，重心落于右腿上，左臂微屈于胸前。

3. 滑步动作

左腿向投掷方向做1~2次预摆，最后一次预摆回摆时，右腿弯曲，降低重心。左腿通过小腿带动大腿向投掷方向摆出，同时右脚用力蹬地，使身体向左运动。右腿充分蹬伸后快收小腿，沿地面向左滑动至投掷圈中心附近，同时左脚积极下放以前脚掌内侧着地，上体保持向右倾斜，身体重心偏向于右腿。

4. 最后用力

用力顺序是蹬腿、转送右腿、上体边转边起，转头、挺胸、送肩、右臂推球，右手推球，左臂不后撤。蹬转应以身体左侧为转动轴，左膝和髋要撑住，眼看前上方。

5. 维持平衡

球出手后，屈腿弯腰，或换步屈腿弯腰，降低重心，缓冲身体前冲力，维持自身身体平衡，防止出圈犯规。

（二）背向滑步推铅球技术

1. 滑步前的准备动作

滑步在推铅球运动项目中起助跑的作用，通过滑步可使运动员携带的铅球得到推出前的预先加速，为推铅球的最后用力创造一个良好有力的身体姿势。

在滑步之前，运动员应该有一个较好的准备动作，为滑步创造有利条件。由于每个人的习惯不同，滑步前的准备动作也各有差异。通常大多数人在滑步前采取背对投掷方向，持球以后，站在投掷圆圈的后沿，两腿前后开立，右手投掷者右脚在前，脚尖靠近投掷圈，左脚在后，左脚稍弯曲，整个重心落在右脚上。这时上体保持直立，左臂举起伸展，将左侧身体拉开，以此姿势准备进行滑步；也有的运动员做准备滑步时，采取上体前倾较大，右腿弯曲承担身体重量，左腿后伸，左脚尖大约插入圆心部位，左臂向前下方伸出，使左侧身体拉长的准备动作，以便于滑步。

2. 滑步的具体步骤

推铅球的滑步技术可以分为预摆，屈膝团身，左腿摆和右腿蹬的摆蹬配合，右腿收拢、左腿着地支撑完成最后用力的预备动作以及最后用力和维持身体平衡这样几个动作阶段。

（1）预摆。采用高姿站立准备姿势时，首先上体探出投掷圈外，左腿随之离地向上抬起，采用低姿准备姿势时，右腿弯曲程度逐渐加大，同时左腿轻轻点地，或开始抬起左腿准备滑步。也有的运动员不进行预摆，持球以后，站立在投掷圈后沿，开始就屈腿、团身直接做滑步动作。

无论采用何种方式，只要是能轻快、自如、省力、连贯地进行滑步，达到预期目的就可以，不必强求。

（2）屈膝团身。预摆完成以后，及时收回左腿，左膝要向支撑的右腿小腿靠拢，支撑的右腿加大弯曲程度开始准备蹬伸发力。此时，上体加大前倾度与地面几乎平行，躯干蜷起呈类似团身状态。左臂下垂放松，右手握球紧贴脖颈。身体重心仍然放在支撑着的右腿上。仔细分析其姿势就会发现，这时的铅球，实际上是在投掷圈后沿以外，并且铅球是处在一个较低的位置。这种状态，能使铅球从较低的位置、较长的距离获得更多的加速运动；同时这种姿势使运动员背部肌肉被拉长，最后用力时有利于发挥腰背力量，还有利于右腿的蹬伸和左腿的摆动，提高滑步的速度和效果。

（3）左腿摆和右腿蹬的摆蹬配合。完成屈膝团身动作以后，紧接着左腿积极有力地向抵趾板方向摆动，带动右腿及整个身体向投掷方向移动。当支撑的右腿小腿基本上处在垂直状态时，右腿蹬伸，用右脚跟蹬离地面，并且使躯干仍然滞留在后面。这实际上是滑步动作的前一半技术。这里应强调指出，推铅球滑步的摆蹬配合，是由摆动腿的摆出做先导，蹬伸动作是在左腿摆动之后。这个动作过程，既保证了身体的向前投掷方向运动，又能保持身体平衡，直线向投掷方向滑动，不至于因为右腿蹬伸发力过早而导致身体重心的上下起伏。在完成上述前半段滑步动作时，身体仍然前俯，左臂向投掷反方向伸展，拉长整个背部肌肉。

（4）右腿收拢、左腿积极着地完成最后用力的预备动作。当左腿摆、右腿蹬伸、右脚即将离地的瞬间，积极地把右腿向身体重心投影点处回收。先收小腿，脚跟紧擦地面，接着是一个非常短促且比较平稳的腾空，随之迅速着地。在这个回收、腾空的短促阶段，右腿还要有一个旋内的动作，使右脚落地时，与投掷方向呈90度角，左脚也迅速着地，形成稳固有力的支撑，左脚掌与投掷方向约呈45度角。这时，上体仍然保持背向投掷方向，肩轴与颈轴形成扭紧状态，整个身体重量仍然由右腿负担。

这一连串的动作特别要注意滑步时不能跳动，力求平稳迅速；上体尽量保持原来背向姿势，不要过早抬起；滑步结束后一定保证使身体重量仍然落在右腿上；铅球保持远离右脚支撑点投影线，这种姿势形成了较好的"超越器械"的姿态，便于最后用力时发挥最大的身体力量。应该特别强调的是，右腿的滑步和左腿摆动后支撑，两腿动作不仅迅速，而且要求两脚前面着地时间短促、连贯。

（5）最后用力和维持身体平衡。在完整的推铅球技术中，最后用力是最重要的技术环节，是一个非常迅速的技术过程。这一技术完成得优劣，直接影响着滑步与出手的衔接，滑步时所获得的水平速度能否最后作用到铅球上，也关系到铅球的出手速度、出手高度及出手角度，从而直接影响最后的成绩。

最后用力是从左腿摆动着他的刹那就开始了。首先是处在后面的右腿、髋、膝、踝协同用力，边蹬边转边向前（即向投掷方向），左臂带引躯干向左侧有力、迅速地摆振，充分展开上体，但肩继续保持扭紧状态。在完成以上动作中一定要保证下肢动作要比上体动作更迅速，在用力出手之前，仍然保持一种"弓拉满、箭上弦"的状态，推铅球是以最后快速把铅球推出手为结束动作，这个最后出手动作不单是通过右侧一只手臂来完成的，首先是胸部向投掷方向的转动及左侧身体的有力支撑；其次是两条腿的用力蹬伸将身体重心升起，并产生由下而上且向前的动力；最后是投掷臂的充分伸直和躯干向前的动作，共同协同完成最后铅球出手。在这里，左腿的有力支撑，对完成最后用力和出手技术起着至关重要的作用。在所有的投掷技术中，常常提到的左侧支撑，就是指这一动作。

由于运动惯性，铅球出手之后，整个身体仍会继续向投掷方向跟进以维持身体平衡，但应避免出圈犯规和出现跌倒现象，这也是在最后用力和铅球出手动作时必须注意的。维持身体平衡时是靠两条腿的及时换腿、降低身体重心、左腿积极后撤等一系列动作来实现的。

二、推铅球的练习及其改进方法

（一）侧向滑步推铅球的练习方法

1. 持铅球滑步。要控制好铅球，逐渐加长右脚的滑行距离。

2. 沿地上画出的线连续滑步 3~4 次。右脚在直线上滑行，左脚落在直线稍后处。

3. 由同伴拉住练习者的左手（臂）滑步。滑步开始时，同伴的拉力要小些，便于进行滑步动作；滑步结束瞬间，同伴的拉力稍加大一些。

4. 在投掷圈内滑步。

（二）改进和完善侧向滑步推铅球技术

1. 做出最后用力预备姿势，然后左脚稍提离地面，随左腿积极下压和左脚着地支撑，右腿立即蹬转用力。左脚提离地面不宜过高，左脚着地与右腿蹬转要连贯。

2. 两脚左右大开立，拉收右小腿至身体重心下方，接着做右腿快速蹬转用力动作。拉收右小腿时防止上体抬起，右腿的拉收、着地和蹬转等动作要协调连贯。

3. 垫步推铅球。侧对投掷方向，两脚左右开立，右腿蹬地，右脚滑移至左脚处者地，右腿弯曲，同时左腿向左侧摆插着地成最后用力预备姿势，然后连贯将铅球推出。垫步后上体要向右倾斜，并与最后用力紧密衔接。

4. 持球滑步，接做蹬伸右腿、转送右微和抬起上体的用力练习。要在完成滑步动作和形成超越器械的基础上，连贯进行右腿蹬转等动作。持球练习时要防止铅球脱手。

5. 侧向滑步推铅球。可以先做高姿势短滑步轻推球和利用滑步速度轻推球的练习，然后逐步加长滑步距离和加快动作速度。

6. 侧向滑步推铅球过一定高度的标志物（橡皮筋或横杆），标志物设置在练习者投掷正前方约2~3米处，高度约2~5米。铅球出手时要充分伸展身体，积极向标志物挺胸送肩和伸臂推球。

7. 在投掷圈内反复练习侧向滑步推铅球，采用多种方法与手段全面改进、提高完整技术。铅球出手后，依旧要维持身体平衡。

（三）背向滑步推铅球的练习方法

1. 徒手或持球做背向滑步的模仿练习（滑步前先做1~2次预摆）。

2. 在投掷圈外和投掷圈内做背向滑步推铅球练习。

（四）改进和完善背向滑步推铅球

1 背对投掷方向，做左腿不摆动的右腿蹬地滑步练习。这里主要强调右腿快速蹬伸在滑步过程中所起到的主导作用，此练习可以连续做1~2次。

2. 背对投掷方向，做左腿摆、右腿蹬的滑步练习。右腿蹬地方式同练习，练习时，强调先摆后蹬，摆蹬结合。

3. 同上练习，加强右小腿快速收拉和左腿快速落地动作。此练习主要体会两腿动作的协调配合及动作速度。左腿摆幅可逐渐增大，在此基础上强调快摆积极下落，右腿要低滑快落。

4. 在投掷圈外和投掷圈内做背向滑步推铅球练习。开始可采用重量较轻的铅球进行练习，强调动作的正确性，不要追求投掷远度，而是要着重改进滑步、滑步与最后用力的衔接和最后用力技术，在不断改进和完善技术的基础上，逐渐加快动作的速度与幅度。

第五章 专项身体素质理论及训练方法

第一节 专项特征基础认知

一、专项特征定义与构成

专项特征是指一个运动项目在比赛规则的允许下，以获得最大的运动效率为目标，在力学、生物学等方面表现出的主要运动特点。

通常专项特征可以分为技战术、体能、心理和环境等方面，每一个方面又由不同的因素构成。从训练学的角度分析，竞技运动项目的特征一般包括三个不同的层次：一般特征、项群特征和专项特征。三个不同层次的项目特征在范围上并没有质的区别，其主要差别在于对项目特征解释和描述的程度上。

项目间的差异，并不是总能体现在所有的项目特征上，如技战术、体能及心理等，尤其是对于同一属性的运动项目来说，它们的差异可能更多地集中某一个项目特征中。例如，田径的100米跑和200米跑项目，它们的专项特征在很多方面具有共性，其差别主要表现在由于运动时间不同而造成专项运动时能量供应特点的不同，正是这些不同的供能特点为运动员的训练提供了相应目标和依据，100米跑运动员的训练应该以发展ATP/CP能最代谢能力为主，以提高"速度"为核心，而200米跑运动员在提高速度的基础上还应该注重发展无氧乳酸代谢能力，加强"速度耐力"的训练。

二、专项特征的确定

由于各运动项目的性质可以从各个不同的方面和角度去确定，而且一个项目的性质以不同的标准去确定可以有多重性。但其特征的确定则要找它区别于其他项目的特别显著的标志。训练中确定运动项目特征通常有以下四个方面。

（一）各运动项目比赛规则规定取胜的主要因素

以竞技体操为例，我国体操界广大教练员、科研人员、运动员通过多年的探索，多数认为竞技体操项目的显著特征是"难、新、美、稳"，这是竞技体操比赛规则规定的取胜的主要因素。

（二）运动项目的主要供能系统

在体能类项目中，经常以主要供能系统来确定项目的特征。例如，田径 100 米跑主要特征是 ATP 供能，因此训练中提高运动员的无氧代谢能力，发展速度是最为重要的。

（三）运动项目的技术结构和主要环节

任何一个运动项目的动作技术都有其特殊性，具有不同的技术结构和主要环节。动作技术的结构主要指动作是由哪些部分构成的，动作技术的主要环节是在构成动作技术的若干部分中，对完成动作、决定成绩最具影响的部分。

例如，田径运动中的跳跃项目，无论是跳高还是跳远，动作技术主要是由助跑、踏跳、空中姿势和落地四个部分构成的。其中踏跳与助跑的速度，起跳的支撑时间、角度、力量等都密切相关，对整个技术动作的完成和运动成绩的提高影响最大。

（四）运动项目对运动素质的特殊要求

在举重项目中，若仅仅依照运动素质的特殊要求来确定其是力量性项目，这并非十分严谨。因为从比赛动作抓举和挺举两项来说，它需要的力量是全身协调用力的速度性力量，或称爆发力量，而不是单纯的最大力量，这也是该项目比赛动作技术对运动素质的特殊要求。因此准确地说，举重项目的特征，其实是全身协调用力的速度力量性项目。

例如，田径中的投掷项目，以远度来确定成绩。远度主要决定于比赛中器械出手的初速度，而各器械项目的器械重量又是恒定的，也就是说克服的阻力是没有变化的。所以投掷的远度并非主要取决于力量的大小，而主要取决于其出手的初速度。

三、专项特征研究的发展趋势

对专项特征的认识是一个逐步深入的过程，它不仅取决于教练员自身的认识能力，而且，在相当大的程度上依赖着科学技术和研究方法的发展。新理论的出现可以为项目特征的认识开辟新的视角，新技术和新方法的问世也能够促进认识程度更加深入。当前，在专项特征的认识上出现了以下几方面的发展动向和趋势。

（一）由宏观向微观的发展

从运动训练的角度分析，任何一个运动项目的特征都有一般与专项、宏观与微观之分。宏观的项目特征是从一般或项群共性的角度把握训练的方向，微观的项目特征则是从一个专项的角度指导运动员的训练。如果我们错误地将一般或项群的项目特征视为本项目的专项运动特征，就不能准确地给运动项目定位，对项目的了解始终处于模糊的水平，甚至会失去训练的方向。

诚然，任何一个事物的发展都需要宏观和微观的指导。宏观的理论可以使我们透过复杂多变的因素把握发展的方向；微观的认识可以使我们对具体的方法和措施进行调整和操作。从竞技训练的角度分析，运动训练的整体发展或某一类项目的发展确实需要宏观理论的指导，但是，对于一个具体运动项目的训练来说，迫切需要的是对项目的运动特征和训练规律进行微观、具体和有针对性地了解和认识，从众多细节中提取出专项的特征，只有这样才能够真正为专项的训练提供有价值的信息，促进专项运动水平的迅速提高。今天，我们探寻项目的运动特点绝对不能仅局限在是"技术类"还是"体能类"项目的层次，也不能止步于"快速力量""动作速度"或"有氧耐力"的程度，而是应该继续深入到对技术、体能和心理等主要因素的全面、深入和细致地了解其水平。

近年来，世界竞技运动水平的快速发展，与人们对项目运动特征的深入了解密切相关，对项目运动特征从宏观向微观的认识已经成为一个明显的发展趋势。许多新的研究成果使我们对项目的了解和认识；实现了质的飞跃，对专项特征的把握已经由传统的定性了解向科学的定量开始认识转变。

专项特征绝不能只停留在宏观的认识程度，而应该深入到专项之中，从多个角度和层面解析专项的特点，提炼出能够反映专项运动本质的规律，这样才可以准确把握专项训练的脉络，提高训练效率。

（二）由外在到内在的发展

对项目特征的认识不能仅停留在专项运动的外在形式上，而必须要深入到神经与肌肉的内在运动水平。运动项目的表面外在特征只能反映运动的结果，而造成这种结果的原因，主要在于机体的运动系统和能量供应系统，肌肉在神经支配下的收缩以及在收缩过程中对能量的需求是决定运动结果的关键因素。在运动训练中，只有深入了解神经肌肉系统的工作情况，才可能选择正确和有效的训练方法，只有充分掌握运动过程中能量代谢系统的运转规律，才能够制定出符合专项特点的训练负荷。

对内在专项特征细节的了解和掌握，有助于提高运动训练的针对性和有效性，了解不同肌肉在专项运动中的参与程度和工作方式，可以帮助人们制订出有针对性的力量训练计划，掌握不同供能系统对专项运动的不同支持作用以及它们之间的关系，可以提高耐力训练的效率，对不同供能系统恢复特点的了解，能够帮助教练员把握和控制训练的负荷。

对专项内在特征的深入认识，是提高专项训练效率的重要条件，与外在运动形式不同，内在专项特征的把握是从神经——肌肉的工作方式和用力程度的层面上解决训练的专项化问题。因此，对专项内在特征的认识程度在很大程度上代表着竞技运动训练的科学化水平。

（三）由静态到动态的发展

专项运动的时间或距离是专项的一个重要特征，它从总体上反映了专项的运动特点，是运动员和教练员制订训练计划的主要依据。但是，时间和距离等指标是对专项特征的总体描述，是专项运动的结果。从运动分析的角度来看，结果并不等同于过程，结果是过程的集合和终点，过程是结果的内容和原因，结果是静止固化的，过程是动态可变的。在运动的过程中，无论是外在的速度、角度和节奏，还是内在的肌肉收缩和能量供应，都随着运动时间的持续而发生变化，所以，与结果相比运动过程包含的信息量更加全面，反映的问题也更加深入。因此，对专项特征的理解和认识，应该更加重视运动的过程，从过程的动态变化中深入和详细地了解项目的"运动"特征。

专项特征动态描述的另一个作用，体现在对专项运动技术过程的全面了解。以往对专项技术特征的描述往往忽视了体能的存在，主要是对专项主要技术环节的运动学或动力学标准特征的分析。然而，这种标准的"最佳技术模式"并不能全面和真实地涵盖整个专项运动过程中技术的变化。对于几乎所有的运动项目来说，运动员都不可能始终以同样的技术动作完成比赛，随着运动员体力的消耗运动技术必然发生改变，这种改变在很大程度上反映了专项能力的水平。

从整体上来看，负荷时间和强度是各个竞技运动项目都具有的共性，在比赛距离或时间相对固定的情况下，取胜的关键主要集中在速度和速度的保持能力上。在这个过程中，运动员的机能能力势必影响到专项技术的发挥，体能与技术之间的相互影响和作用始终贯穿于整个专项比赛的过程之中，技术与体能的这一互动关系在很大程度上同样应归属于6项技术特征的范畴里面。

第二节　体能与专项能力

一、体能

体能是运动员竞技能力的重要组成部分，也是运动技能表现的必要条件。科学合理的体能训练，能够提高运动员的竞技能力和改善其身体形态，使之更加适应专项运动和技术的需要，从而达到提高运动水平的效果。同时，对提高运动员预防伤病的能力和恢复能力也有积极意义。毫无疑问，体能训练越来越得到各级运动队教练员的高度重视且体能训练研究也成为目前国内体育科研的热点研究领域，成为众多运动训练学专家所关注的焦点。

（一）体能相关概念辨析

目前，我们经常见到一些和体能相似的词汇，比如体适能、体质、体力、运动能力等。其实，这些词汇的概念与体能概念有很大的不同，如果不清楚它们之间的区别，我们就无法对相关的理论问题进行更加深入的研究。

1.体能与体力的区别

体力，是人体活动时所付出的力量。一般理解为机体整体的抗疲劳能力，它是体能的重要组成部分之一。体力是与耐力有密切联系的概念，但它又不能完全等同于耐力。我们经常谈到的体力，一般是指身体整体的耐力。

体能与体力的主要区别在于，体能不仅内涵上与体力有所不同，而且它指的是运动员运动能力与对环境适应能力的结合体，而且外延要大于体力，体力涉及的身体抗疲劳能力仅是其适应运动需要的一个方面的能力。

2.体能和运动能力的区别

运动能力是身体在运动中表现的活动能力，包括一般活动能力和竞技运动能力。

体能与运动能力的区别，主要表现在概念的层次关系上，体能是运动能力的上位概念，也就是说，体能包括运动能力，它比运动能力涉及的内容要更多，如体能还包括运动员对比赛环境的适应能力。

3.体能与体质的区别

体质是指人体的健康水平和对外界的适应能力，是在遗传性和获得性基础上表现出来的人体形态结构、生理功能和心理因素的综合的、相对稳定的特征。其包含的范畴综合起来有：①身体的发育水平，包括体格、体型、体姿、营养状况和身体成分等方面；②身体的功能水平，包括机体的新陈代谢状况和各器官、系统的效能等；③身体的素质及运动能力水平，包括速度、力量、耐力、灵敏、协调，还有走、跑、跳、投、攀登等身体基本活动能力；④心理的发育水平，包括智力、情感、行为、感知觉、个性、性格、意志等；⑤适应能力，包括对自然环境、社会环境及应激原的抵抗能力等。体质侧重点在于先天遗传表现出来的基础的生理和形态结构，是一种比较稳定的、先天性的基本的身体素质和内在心理的倾向，在静态中表现出来的一种机能的特质。

体能是体质的下位概念，即体质中包含体能，它是体质的一个主要方面，是体质的前提和基础，是体质在一定范围的延伸。体能侧重于运动员的运动能力利运动适应能力，是有机体各器官、系统的机能在肌肉活动中的反映，是人体机能在动态中表现出来的特质。在评价方式方面，体质好坏，用一个精确的"标准"是不可能完成的，而体能是生理机能的外在表现，是身体物质做功的能力，体能水平的高低可以有速度、力量、耐力、灵敏等身体素质等计量指标。在运用方面，体能主要应用于运动训练研究实践中，而体质则侧重应用于遗传和医学等方面。

4.体能与运动素质的区别

运动素质是体能的外在表现，是体能的构成因素之一，属体能的下位概念，也是运动实践中评价和检查体能水平的常用指标。体能与运动素质既有一定的联系，又有区别。运动素质是指运动员具备的力量、耐力、柔韧等。

体能概念涵盖的内容更广，既有运动素质，又有运动员对比赛环境的适应能力。所以，专项训练中，体能训练是从整体、全局的角度，运用各种有效的训练手段和方法，提高运动员的专项运动能力和对比赛环境的适应能力，使运动员的身体形态、机能水平和运动素质在同一个个体中实现最优配置，达到提高竞技能力的目的。而运动素质训练主要偏重于速度、力量、耐力、柔韧等能力的提高。

（二）体能特点

至今，体能训练已成为各个运动项目竞技能力训练的主要内容，但由于教练员对体能本质特征的认识存在差异，因而，体能训练效果也不尽相同，所以，揭示体能训练特点就很有必要。归纳起来为特异性、时间局限性和不均衡性。

1.体能的特异性

体能的特异性，又称其为专项性。从不同运动项目中挑选相同年龄阶段的运动员进行最大吸氧量和最大氧债值实验室测定，所得数据较为一致，但若再用专项负荷进行测验就可发现，其结果与实验室资料比较差异很大，说明体能存在着特异性，即专项性的特点。

体能的获得是通过采用专项特有的手段训练的结果，即使用非专项的手段来获得，也必须符合该项目的要求。其生物学机制在于适应过程的专项特异性，这是现代竞技运动中保证运动技术水平的一个特征。适应性反应的专项特异性不仅表现于身体素质和植物性神经系统能力的发挥方面，而且表现于心理因素的发挥方面，特别是在完成紧张肌肉活动，又必须用意志来加强工作能力这一方面。

2.体能的时间局限性

某一种体能水平只能保持相应的时间，这就是体能的时间局限性。体能的产生过程即是运动员有机体的适应过程，任何适应过程都存在着两种适应性反应：急性但不稳定的、长久且相对稳定的。急性适应性反应产生的体能，取决于刺激的大小、训练水平及其机能系统的恢复能力。由专项强化训练所获得的体能虽然目的很明确，但并不表示有极大的稳定性。因为这种适应性反应是通过高强度的专项负荷产生的，是以超量恢复为其表现特征的，并不建立在各种器官和系统的肥大、变异的基础上，即生物学的形态改造上。这就导致体能存在着一定的时间局限性。

虽然相对稳定的适应性反应是建立在各器官、系统的形态改变基础上的，但是各运动专项的特点是随着专项成绩水平的提高而变化的。即使在某一时期已形成较为稳定的体能，但随着专项特点的改变，原有的体能将不再能满足未来专项特点的需要，因此也表现出时间局限性。

3.体能的不均衡性

体能的不均衡性表现为已获得的体能不可能在较长时间的工作过程中维持同一水平。这是因为，任何肌肉活动都是依靠有机体的能量供应系统工作保证的。能量供应系统存在着无氧系统和有氧系统。无氧与有氧系统工作时，机制迥异，运动员的器官系统也不相同。虽然这一工作过程发生在同一机体上，但相互之间还是有着一定的独立性。在维持较长时间的工作时，虽然有着主导供能系统支撑工作，但还是要依靠互相的交替和补充。这时，各供能系统之间存在着"衔接"的问题。由于每个供能系统的发展并不完全一致，并不整齐划一，因此必然会产生总能量供给的波动状态。

（三）影响体能发展水平的主要因素

体能发展水平的高低，受运动素质、形态结构、机能水平、心理品质和适应能等多种因素的影响。

1. 形态结构对体能的影响

人体的形态结构会影响体能发展水平的高低。

通过发展肌肉的力量练习，肌肉的横断面增大了，肌肉的重量体积增加，运动员的体重增加了，形体发生了变化，在投掷运动中，增加了运动员动作过程的中动量。在动作速度、动作技术等基本不变的条件下，人体动量的增加，器械出手时的速度就增加，从而器械就能飞行更长的距离。足球、篮球等项目中运动员肌肉体重的增加，就增加了在同等动作速度条件下的动量，提高了在短兵相接时的对抗能力，包括合理冲撞能力。

关节、韧带包括形体等形态结构通过训练发生了有利于支撑能力的变化和提高，就能直接提高支撑能力，如举重运动员肩关节、肘关节通过训练在额状面和矢状面内发生了能够充分伸直的变化，就能减少直臂支撑杠铃时的水平分力，增加向上支撑杠铃时的垂直分力，提高运动员支撑杠铃时的力量。同样的道理，运动员的"O"型或"X"型腿通过训练均有所改变，也能提高人体由下蹲状态向上起立时的负重能力。

通过训练运动员心脏的心室或心房的肌肉出现运动性增厚，肺脏呼吸肌增加等等，这些形态结构的变化，导致心脏每搏血液输出量增加，尤其是承担最大运动负荷时，心脏血液最大输出量增加，这就有利于人体承受最大运动负荷时氧气和营养物质的供应、代谢物质的还原和消除等机能能力的提高，从而有利于体能的提高。

2. 人体的机能能力对体能的影响

人体的机能能力包括承担负荷量的能力、承担负荷强度的能力、承担总负荷的能力、恢复能力、免疫能力、可塑性、体能动员发挥能力等，这些能力的大小均可以直接影响体能的大小。

承担负荷量、强度、总负荷能力的高低是衡量和评定体能高低的主要指标和标准，其中任何一项能力指标的上升或下降都是体能提高或下降的标志，其中任何一项指标提高了，即标志着体能相应提高了。

恢复能力，尤其是以大强度为主的大负荷训练后的恢复能力是近代运动训练中越来越重视的主要训练指标之一，提高恢复能力是最重要的研究课题之一。这是因为恢复能力大小或高低直接决定体能能力、竞技能力提高的幅度、速度及最终达到的高度。大负荷刺激后，身体产生不适应反应，恢复能力强的运动员产生新的训练适应能力就强，可塑性就大，包括体能在内的各项竞技能力因素提高就快。

适应能力、免疫能力也是对体能的高低起决定性影响的因素之一。该能力的稳定提高对体能的提高和发挥都起着保证和促进作用。对训练负荷、对训练比赛等体内外环境适应性差的，对流行疾病免疫力低的运动员体能的稳定性必然差，训练的系统性必然缺乏必要的保证。体能的动员发挥能力也是体能的重要组成部分之一。体能水平基本相同的两名运动员，谁的动员发挥能力强，谁就能战胜谁，这也是比赛中最普遍的现象。

3. 心理能力、技能等竞技能力因素对体能的影响

在运动训练和比赛中，运动员的体能不但与形态结构、机能能力、运动素质等因素或与这些因素的潜力直接相关，而且与能否把这些可能性和潜力充分协调组合进而充分发挥表现出来的心理能力、技能，甚至是战术能力等竞技能力的组成因素能力大小密切相关。

在各个运动项目中，尤其是在体能类运动项目中，我们经常能见到一些运动能力，甚至形态结构较好的运动员，由于承受心理压力和抗外部干扰能力较低，或动作技术不尽合理，不够稳定巩固，造成体能能力或其潜力得不到应有的发挥，运动成绩往往还不如一些体能能力及其潜力与自己基本相同、基本相近、甚至稍低而心理素质和技术水平发挥较好的对手。

4. 比赛环境对体能的影响

体能就身体本身而言，具有贮备性和潜在性。如主观不情愿或客观受某些限制，则体能不能得以展现和发挥。其一，主观能动性。主观上可以调控自身能力释放的总量和强度，因此思维指令是决定体育发挥的关键因素。其二，神经中枢的兴奋状态。精神振奋与萎靡不振势必有截然相反的体能表现。其三，意志品质等心理特征。体能的施展是一种体力的耗费，在许多情况下是一种艰难甚至是痛苦的生理过程，其中意志品质的作用是相当重要的。其四，对变化的外界环境的适应能力。外界环境的变化，势必引起机体的应答反应。体内的这些变化，就会连锁地影响体能的发挥，适应能力强，机体调节快，则能应答自如，宛若平常。

综上所述，一定的体能水平或潜力，必须具有相应的心理能力和技能等作保证才能相应或充分地发挥出来，才能构成竞技能力中的体能优势，才有实际意义。因此，在体能训练中，我们不但要切实抓好体能三大组成部分的训练提高，而且还要认真抓好心理能力、技能水平的改善和提高。

5. 形态结构、机能能力和运动素质的相互关系

形态结构制约机能能力的发展和提高，机能能力制约着运动素质的发展和提高。因此，体能训练内容和训练安排，不仅要最终落实到运动素质的发展和提高上，还要相应兼顾到形态结构、机能能力的提高和发展，这样才能使体能训练起到事半功倍的效果。例如，肌肉的肌腹长，肌腱短而粗壮，去脂体重大，肌肉的放松紧张能力强等肌肉的形态结构条件好，这就预示着肌肉的收缩能力强，发展潜力大；机能能力的发展提高快，潜力大；力量、速度等运动素质发展潜力大，最终体能提高快、水平高。

形态结构制约机能能力，机能能力制约运动素质的发展，另外我们也发现形态结构、机能能力等体能因素水平的高低必须通过运动素质的高低表现出来才有其实际意义，才能促进体能发展，进而促进竞技能力的提高。

在运动实践中，我们时有发现一些运动员的形态结构、机能能力均不错，而运动素质水平相对不高，导致体能上不去，或水平不高，最终导致竞技能力和运动成绩的水平受到限制，正如俗话所说的"花架式"。而有些运动员的形态结构或机能能力并非很好，而运动员素质却能上得去，表现出很高的体能水平和竞技能力。最为著名的例子是两届奥运会金牌得主土耳其举重运动员穆特鲁，肩、肘关节的形态结构有明显的伸不直的问题，明显地影响了两臂的支撑力量，影响了体能能力，但他具有过人的两臂上推力量，具有过人的支撑能力，因而取得了独霸一方的骄人成绩。

二、专项能力

专项能力与运动员专项运动紧密相关，它是能直接促进专项成绩提高的一种特殊能力。对运动员而言，其竞技能力充分的发挥，主要依靠对运动成绩具有决定性作用的专项能力强化训练，挖掘其体能和技术的潜力，这样才能有效促进运动成绩的快速提高。专项能力训练的目的是根据运动员现有条件，将个人身体素质转化为专项竞技所需的能力。不但练习内容要根据运动员训练水平、技术状况、训练时期、年龄及生理、心理特点而定，而且其动作时机、速度、顺序、路线、幅度及身体姿势等时间和空间特征也应尽量接近于比赛技术动作，或尽可能满足专项竞技和比赛的需要。因此，专项能力训练是将运动员身体机能和身体素质转化为专项实战能力的重要桥梁，在实践中往往是取得高水平运动成绩进一步突破的关键环节。

（一）专项能力的定义

一个未受过竞技运动专业系统训练的人也许同样具备很好的肌肉力量，但是他在任何一个运动项目的比赛中都不可能达到高水平，其原因就在于他拥有的力量不是专项所需的力量，专项能力达不到专项运动员的水平。

那么何谓专项能力呢？《体育科学词典》的定义是：专项能力指运动员在特定专项领域所具备的竞技能力，是提高专项训练水平和专项运动成绩所具备的最直接的竞技能力。专项能力主要包括专项运动素质、专项运动技术、专项战术意识和战术能力、专项心理品质及专项运动智能。专项能力的高低决定着专项训练水平和专项运动成绩的好坏，专项能力的提高必须通过长期系统的训练才能实现。

中国运动训练学专业委员会专家界定专项能力为专项技术与专项运动素质密切结合，在训练和比赛过程中反复表现出的高强度的运动能力，借此在比赛中取得优异运动成绩，是完整训练过程中追求的结果。

徐向军等认为，专项能力是指运动员在训练和比赛中完成某一特定专项的特殊能力。这种能力具有明显的专项特点，它是通过多年训练才逐渐形成和发展起来的。这种能力以运动员的素质为基础，以专项技术为前提。

陈小平认为，专项能力是相对于一般能力提出来的。一般能力指运动员全面和基础的能力，是"专项能力"的基础，它主要对专项运动成绩起间接的支持作用。专项能力指与运动员的比赛专项有密切关系的能力，是决定运动成绩优劣的直接因素。专项能力就是运动员进行专项运动的直接动力，是区别于不同专项和运动水平的显著指标。一般能力与专项能力的主要差别在于专项技术的存在，一般能力是竞技运动项目都需要的基础能力，而专项能力是一般能力与专项技术的有机结合，是一种专门的能力体现。

综合各个专家观点，我们认为，专项能力是指运动员在特定专项领域，通过长期系统训练逐渐形成和发展起来的，在训练和比赛过程中反复表现出的高强度的运动能力。

（二）专项能力的训练

在各个项目的训练过程中，都必须处理好专项能力与一般能力的发展关系，合理安排好两种能力训练的内容和训练时间的比重。在多年训练过程中，随着训练水平的提高，专项能力的训练应逐渐占主导地位。

1. 强化"专项"在训练中的核心位置

在运动员多年训练过程中，一般能力和专项能力的发展在比例上并不是等同和不变的，而是随着年龄和专项成绩的提高不断地发生着变化。一般来说，在基础和初级训练阶段，一般能力的训练占有重要位置，而随着年龄和运动成绩的提高，专项能力的训练比例逐渐增加，直至在进入高水平训练阶段后成为自身训练的核心。

在过去近20年的训练过程中，人们过于强调训练的"多样化原则"，在运动员进入高水平训练阶段后仍然采用大量分解和局部的训练手段和负荷发展运动员的专项能力。在这一训练思想的指导下，我们恰恰忽视了专项本身作为一种专项训练手段对专项能力发展的作用，没有认识到完整的专项练习是集机体各种不同能力于一身，从生理、心理到技、战术等多方面对机体构成最全面和最适宜刺激的训练手段，从而致使以突出整体和综合性为主要特征的专项能力得不到有效的发展。因此，自20世纪90年代初期开始，国外学者重新提出专项本身才是专项训练的核心内容。

这一专项训练旨在强化"专项"在训练中的核心位置，以提高专项成绩作为训练的最终目标，从运动训练的生物适应理论出发，最大限度去调动和发挥机体的专项潜能，在科学训练思想的指导下强调和突出不同运动能力的协作和整体发展。完整和高强度的专项训练对于高水平运动员尤其重要。运动员进入高水平训练阶段后，各项身体素质及它们之间的协作已经达到很高水平，某一局部运动能力的改善不仅很难使专项成绩得到提高，而且有时还会影响整体的发展。

此时，只有运用完整和高强度的专项练习手段才能在更加接近实际比赛的环境下，充分挖掘那些与专项密切相关的器官和系统的潜力，从整体上促使不同素质之间、各种素质与技术之间以及心理、环境等因素与技、战术的发挥之间的协作更加均衡和稳定。另一方面，体能类项目的特点也决定了"专项"在训练中的核心作用。当运动员进入高水平训练阶段之后，运动成绩的进一步提高很大程度上依靠"体能"的改善才能得以实现，分解和局部的训练在训练负荷上难以达到"专项"的训练效果，显然无法有效地提高专项能力。但是，我国部分体能类项目的训练表明，至今完整的专项练习手段作为专项训练的核心内容无论是在理论认识上，还是在训练实际中均处于滞后状态。它导致我国相当一部分高水平运动员尽管拥有出色的身体素质条件，却无法在专项技术中得到充分展现。

同时，我们还发现，我国运动员不仅在专项成绩上落后于世界水平，而且在比赛适应能力和连续比赛能力上与世界优秀运动员也存在较大差距。相当一部分优秀运动员总是不能在国际大赛中取得令人满意的成绩，在预、复、决赛多轮比赛中成绩的起伏过大，这都证明我国运动员的"完整专项训练水平"较低。

2. 进行接近完整技术和完整技术的分项练习

完整和高强度专项练习的训练，体力与神经能量消耗大、恢复慢，训练中反复次数不能多，课次也不能密集，在整个训练过程中所占比例要恰当。所以在训练中还应采用接近完整技术和完整技术的分项练习。

在将专项作为发展训练能力的重要手段的同时，我们还必须注意到训练的负荷，尤其是强度。这里强调完整的专项训练并不意味着盲目增加训练的强度，过高的训练强度并不能解决专项训练水平问题，甚至还可能妨碍专项能力的发展。目前，我国大部分体能类项目普遍存在平均训练量过高，但强度较低的问题。运动员在长期大量低强度的训练中很难获得突出的、接近比赛强度的刺激。

3. 提高训练强度

传统的周期训练理论曾对运动训练产生过较大的影响，尤其在青少年运动训练方面，虽然至今仍有积极的指导意义。但其已不能完全适用于现代高水平竞技体育研究，在旧的训练模式的指导下，一些教练员片面地理解训练"量"与"质"的关系，机械地认为数量的堆积是获得训练质量的前提，简单地将由训练量引起的机体疲劳作为衡量训练效果的指标。这种以"员"为主构成的训练，即使是运用了非常"专项化"的训练手段，也不可能提高训练的"强度"。运动成绩的提高，往往取决于多方面的因素，其中训练质量对训练的效果起着至关重要的作用，而训练的质量取决于训练的强度、完成专项技术和练习动作的正确性及练习的密度和数量等。训练目标不正确、重点不突出、针对性不强的低强度训练，运动员的专项能力也就难以提高。运动训练实践已经证明，随着运动员竞技水平的提高，机体各器官、系统的功能及其它们之间的协作不仅达到了相当高的水平，而且日趋逼近生理机能的极限。运动员进入高水平训练阶段的一个主要特征为竞技能力的"可塑空间"逐渐减小，专项成绩的提高速度日趋缓慢，它导致运动员对训练手段和负荷的要求显著增强。在这种情况下，低强度大负荷训练不利于专项水平的提高，有一定强度要求的训练才能有助于运动员保持稳定状态，在比赛中发挥水平。

4. 根据"从实战出发原则"安排训练

从实战出发就是要将比赛场的残酷性、对抗强度、比赛压力体现在训练中。

（1）掌握项目特点和规律。运动项目特点是建立科学指导思想的根本，是科学设计训练方法的源泉，是我们制订科学训练计划的指南。因此在实践中，只有切实了解和掌握了运动项目的特点，才能做好优秀运动员的专项能力训练，否则一切都是空谈。对运动项目的规律和特点有了本质的认识后，专项运动能力训练的方向才不会出现较大偏差，运动成绩才会大幅提高。项目的特点不是一成不变的，随着比赛规则的变化，运动水平的提高，我们在训练中对专项的理解也应随之变化，专项训练的方法和手段也应发生相应的变化。

（2）重视训练与比赛的一致性。从实战出发就是从比赛的实际需要出发，是专项训练与比赛一致性的具体体现和要求。从实战出发要求在训练中使用比赛时完整和高强度的专项训练手段，这对于体能类项目十分重要，比如田径中的跳高和跳远等。但是，在实践中，完整的专项练习手段作为专项训练的核心内容，无论是在理论认识上，还是在训练实际中均处于落后状态，如此可能会导致相当一部分高水平选手尽管拥有出色的身体素质条件，但由于体能水平与专项成绩的不平衡而无法在专项技术中得到充分展现。完整和高强度的专项训练对于高水平运动员尤其重要。运动员进入高水平训练阶段后，各项身体素质以及它们之间的协作已经达到很高水平，某一局部运动能力的改善不仅很难使专项成绩得到提高，而且有时还会影响到整体的发展。此时只有运用完整和高强度的专项练习手段才能在更加接近实际比赛的环境下，充分挖掘那些与专项密切相关的器官和系统的潜力，从整体上促使不同素质之间、各种素质与技术之间以及心理、环境等因素与技、战术的发挥之间的协作更加均衡和稳定。

（3）坚持从难、从严要求。从实战出发要求我们在进行专项能力训练时要从难、从严进行。从实战出发的难就是强调专项能力训练的针对性和高质量；从实战出发的严，最根本的就是要突出专项的特点。从难和从严的训练要求我们的训练必须有针对性，根据实战需要从实际出发，结合运动员的个体特点，进行有针对性的训练。比如美国著名的400米跑教练哈特先生，为提高运动员后程跑能力，在训练中采用模拟运动员后程跑的过程，重视反复多次的强度刺激与多次刺激强度的叠加，每次训练课的最后，就是训练的关键，强度是最高的。在前面强度累积的基础上，要求运动员在最后100米仍需在12秒内完成。这种模拟比赛的后程跑能力，从难、从严和有针对性的训练就是从实战出发，是其成功的关键因素之一。

（4）注重心理和智力的培养。对优秀运动员的培养，不仅包括加强对其体能和技术的训练，更重要的是加强对其心理和智力的训练。例如，根据运动员的心理与智力特征，坚持从实战出发，塑造其优秀的心理素质。在实战训练中要打破以"体力投入为主"的单一训练模式，使之向身心并重、技能合一的方向转化和发展。在实践中，有些运动员在大赛中因心理失衡而导致失败，其实这就是平时训练中不注重内在质量导致的结果。

（三）专项能力训练中存在的问题

1. 对一般与专项能力认识上的误区

在不同训练时期，一般与专项能力在训练中扮演的角色，以及它们对运动成绩所产生的影响均会发生很大的改变，例如在低、中级训练阶段，最大力量是专项快速力量的重要基础，此时最大力量的提高往往伴随着专项快速力量的改善，但是当运动员进入高水平训练阶段后，专项快速力量与最大力量的关系也随之改变，并非依然成比例地发展，一些运动员可以在最大力量不提高的情况下使专项快速力量得到优先发展。

另一方面，部分教练员将一般与专项能力视为两种相互独立的能力，认为必须拿出专门的时间和运用专门的训练手段分别发展这两种能力，其结果同样导致在高水平训练阶段，由于担心一般能力的下降而不能把训练的重点迅速转向为专项能力的培养。

2. 专项能力训练安排的错位

运动训练系统化的主要特征之一，是根据不同专项的特点和人体生长发育的规律，在运动员成长的不同时期合理地设计并实施不同的训练内容。训练实践证明，这种贯穿多年的系统和科学的训练，是获得优异成绩的重要前提和保证。但是，我国部分体能类运动项目的训练至今仍然缺乏长期的系统性安排，未能处理好"一般能力"和"专项能力"的发展问题。其主要表现为：在运动员的基础和初级训练阶段，过早地运用成年选手的训练方法和手段，专项训练的比例和强度过大，造成了运动员的"早期专项化"。但是，在运动员进入高水平训练阶段之后，专项能力训练却没有受到应有的重视，一般能力的训练仍然保持较高的比例，导致高水平运动员专项能力训练的比例减少，难以突破已到达的"能力极限而专项成绩长期徘徊不前甚至倒退。

（1）早期专项化

早期专项化的弊端：

①早期的专项化忽视了全面运动能力的发展，协调、灵敏、反应和柔韧等对专项技术具有重要影响的能力没有得到相应的重视，专项技术的形成没有建立在扎实和宽泛的协调能力基础之上，而是被限制在狭窄的"专项"的范围内。

②早期专项化的一个主要展现形式是训练方法和负荷的成人化，在这种大运动量和高强度的训练负荷下，即便很早就开始了专项技术的训练，但很难形成正确和扎实的专项技术。

③早期专项化不仅对运动员正确技术的形成造成了严重的影响，而且也不利于体能的发展。而造成"早期专项化"原因又是多方面的。

"早期专项化"是一个长期困扰我国训练界而又一直未得到很好解决的问题。部分教练员对青少年运动员的生理特点缺乏深入了解，对长期系统训练缺乏足够的认识，加之训练基础理论上的薄弱，使他们不能运用适宜的训练方法、手段和要求对青少年运动员进行训练。同时，"早期专项化"也并不单纯是一个训练问题，它与我国的训练体制、教练员管理体制和竞赛体制有密切关系。分段的输送体制会造成运动员多次"倒手"，教练员的频繁更换影响了训练的系统性；单纯以专项成绩作为评价执教水平的做法也导致了部分教练员的急功近利思想，希望通过大负荷专项化的训练突击提高青少年运动员的专项运动水平；竞赛体制没有考虑到青少年运动员的特点，所以没有起到限制早期专项化的作用。上述原因致使我国青少年运动员不仅过早开始"专项"训练，而且在进入专项训练后没有重视运动能力的全面发展，反而过早地集中发展专项成绩。

当运动员的运动水平达到世界水平时，制约其运动能力进一步提高的往往是那些原来并不被注意的相对次要和间接的因素，例如，足球运动员的平衡能力在青少年训练时期也许并不是决定专项运动能力的重要因素，但是如果要成为一名世界级的优秀选手，该能力的重要性就会凸现出来。如果这些能力在青少年训练阶段由于早期专项化而被忽视，错过了该能力的最佳发展时机，那么这些能力就会制约和限制运动员专项水平的进一步发展。

（2）高水平训练阶段"专项训练安排不足"。目前专项训练不足的原因主要是传统训练理论的误导和教练员自身理论认识方面的误差。长期以来，传统训练理论认为，一般与专项能力是两个贯穿运动员整个训练过程的、成比例发展的体能构成部分。在这种错误理念的影响下，我国许多教练员机械地将一般与专项训练比例长期不变地贯彻于不同训练水平的运动员，一般与专项能力的训练比例成为从青少年到成年运动员多年训练过程不变的常量工这种以全面发展为目的、一般训练比例过多的训练"，这种方法不仅不能使运动员的专项水平得到持续提高，而且会对机体产生负面效应，造成运动成绩的长期停滞或下降。

运动训练的"生物适应"理论告诉我们，人体对训练刺激产生的应答具有极强的专门性。只有那些接受刺激的组织和系统才可能产生相应的应激反应，只有刺激的强度超过现有的专项适应水平才能够打破原已形成的"平衡"，在高层次上建立新的"平衡"。

高水平运动员具有以下特点：

①高水平运动员的机体各器官、系统的功能以及它们之间的协作具有相当高的水平，竞技能力的"可塑空间"逐渐缩小，专项成绩的提高速度日趋缓慢。

②高水平运动员的身体素质结构已经发生了变化，对专项能力的需求显著增加。在青少年训练阶段，一般身体素质的增长往往会伴随着专项成绩的提高，而到了高水平训练阶段，专项能力成为高水平运动员之间竞争的主要表现形式。

③高水平运动员对训练方法和负荷的要求提高，长期的训练使他们已经对那些一般的训练方法和负荷产生了适应，只有那些高度专项化、个体化的训练才能突破现已形成的竞技能力"平衡"，在更高的层次上建立新的"平衡"。

根据这些特点，我们可以知道，如果在高水平训练阶段仍然在准备期以低强度和一般的训练内容为主，则不可能使机体受到适宜的刺激，也不会获得良好的机能储备；另一方面，长期脱离专项的训练手段和负荷会使机体在形态、结构和功能上朝非专项的方向发展，导致专项能力下降。例如，短跑、跳跃等突出力量和速度的项目训练中，如果训练强度过低，不仅不能使主要参与运动的快肌纤维得到充分的训练，而且其他一些对该专项起重要作用的器官和系统也得不到相应的发展，专项运动成绩当然不会得到有效提高。

（3）重"外在"而忽视"内在"的专项能力训练。从"生物适应"理论的角度来看，影响训练效果的主要因素是训练手段和训练负荷。训练手段的选择确定了机体接受刺激的部位和运动方式，而负荷的大小则决定了对某一部位刺激的程度，它们从内、外两个方面确保了机体能力沿着预定的训练方向发展。然而，在我国体能类运动项目的专项训练中普遍存在只注重专项训练的外在而忽视内在的问题。教练员往往更倾向于选择那些与专项相近的训练手段，但对某一个专项练习的负荷，尤其是负荷强度缺乏科学的设计，诸如在练习次数、组数以及次和组间隔等一些训练强度的主要构成要素上不能很好地反映或突出专项的特点，致使那些主要由负荷强度确定的机体能力得不到有效的刺激。自然，也不可能产生对专项的"适应"。

纵观当前世界对专项能力训练的研究成果，一个突出的趋势是人们将研究的重点更多地投向训练负荷强度方面。人们根据人体运动器官和系统的生理、生化特点，结合不同项目对上述特点的依附程度，提出了针对性的专项训练负荷原则。

我国体能类项目中普遍存在对训练微细构架重视不足的问题，在单元训练计划的安排上，一方面教练缺乏对运动员训练状况及其动态变化的详细了解；另一方面没有生理、生化和训练学等基础理论的支持，所以，在诸如练习次数、组数、间歇时间以及负荷量和强度等方面表现出一定的盲目性。

目前，我国部分技术相对简单的周期性体能项目，如游泳、赛艇和田径的部分项目，与国外先进水平相比，其差距并不在于练习方式的专项化程度，而在于实施练习时负荷的专项化水平。主要有两种表现形式：

①在准备期的专项训练仍遵循以"量"为主的训练原则。这种低强度的专项练习显然不可能使参与运动的器官和系统达到符合专项要求的生理负荷，当然，也无法冲击现有运动能力的"极限"。因此，这种训练不能算作真正的专项训练，也不可能有效地提高运动员的专项能力。这种形式上专项，实质上非专项的训练，尤其对那些距离短、速度快，以无氧供能为主的体能项目危害较大。例如，神经——肌肉系统对训练强度具有敏感的选择性"适应"，长期低强度的刺激无法使肌肉的快肌纤维——白肌得到训练，而只能使慢肌纤维——红肌得到优先发展，一部分中间型纤维会朝慢肌转型，甚至典型的快肌纤维也会在组织结构和功能上逐渐转向慢肌，如线立体增多和有氧能力提高，等，当前，已有充分证据证明，一个白肌纤维占优势的运动员通过长期耐力训练能够成为一个耐力项目运动员。由此可见，不正确的专项训练强度不仅不会提高专项训练水平，而且还可能给相应的器官和系统带来负面影响。

②盲目提高训练的强度，将强度直接与质量挂钩，导致训练的平均强度过高。很多人

认为大强度是高水平运动员专项成绩继续增长的必需手段，没有高强度的专项训练就不可能打破已经形成的稳定状态，也就不可能在更高水平上建立起新的竞技能力平衡。在总体上，这种观点并无不周之处，专项成绩的螺旋式上升和高水平运动员的机能特点都支持这种观点。但是，高强度的训练，特别是最大强度的训练，在比例上不应成为训练的主体，正是由于高强度刺激对优秀运动员的竞技能力具有不可替代的重塑和再造作用，所以才不能将其大规模地应用。大比例的高强度负荷只能提高平均强度，平均训练强度过高的结果不仅导致刺激与恢复的关系失去平衡，而且导致突出强度的下降，致使很多运动员的训练强度总是徘徊在最大强度的 90% 左右，高度的疲劳并没有带来有效的刺激，机体同样不能获得与专项强度相一致的适应。

在运动训练界，专项能力对竞技运动水平的关键影响早已成为共识，人们从不怀疑专项能力在训练中的核心地位，但在如何发展专项能力的途径、方法和措施等方面仍然存在很多争论。不同项目专项能力的构成、专项能力与一般能力的关系以及这种关系在多年训练过程中的动态变化，都是进行专项能力训练需要认真解决的问题。

第三节 专项身体素质训练方法

一、专项力量

（一）专项力量概念的界定

1. 前人对"专项力量"概念的不同描述

运动训练学专家们常常把专项力量看作是力量素质的下位概念，将力量与专项的关系划分为一般力量和专项力量。专项力量究竟是一种什么样的力量，它的概念究竟应该如何界定，目前在运动训练学界尚无统一的认识。

在国外，图多·博姆帕认为，"专项力量是指参与完成专项运动的肌群的力量"；霍缅科夫认为，"严格按专项要求发挥出的力量称为专项力量"；维恩·盖姆伯特认为，"专项力量指的是模仿参与运动技术的关节活动的运动，它不论是在机制上还是在速度上都有很高的专项性"。

在国内，魏安奎等认为，"专项力量是指在进行特定的专项活动时肌肉收缩产生的力量大小"。王保成等认为，"专项力量是指那些在时间—空间特征上严格符合专项比赛要求的力量"。陈小平认为，"专项力量是指运动员完成专项技术时神经—肌肉系统表现出的力量"。马明彩等人认为，"专项力量是指直接参与完成专项技术动作的特定肌群和效率调控机制协同工作所产生的克服阻力的能力"。

从以上对专项力量的诸多描述中我们可以看出，多数观点只注重于专项力量的一般特性即它的力量特性，却忽视了专项力量最关键的特性——项目特性。王保成等人虽然突出了专项力量的项目外在特性，但却忽视了专项力量的内在神经系统的工作特性。吕季东等人对专项力量的定义虽然包含了神经系统特性，但忽视了心理活动对神经——肌肉活动的影响。而博姆帕对专项力量界定的定义项外延大于被定义项，而其他几个定义中的定义项都间接地包含了被定义项，这使得定义项依然不太明确。这说明在现有的一些专项力量概念定义中，还或多或少地存在缺陷。尽管这些概念界定中存在缺陷，但我们还是能看到大多数训练学专家对专项力量内涵的理解大体相同，均认为这种力量的表现与发挥，与运动员肌肉在专项动作中的用力特点等方面有着密切的联系。

2. 不同项目对力量的不同要求

在对"专项力量"进行界定时，必须弄清不同项目对力量的不同要求，通过分析几个典型项目的用力特点后我们发现，这些要求主要体现在以下方面：

（1）在不同的运动项目中，由于专项动作用力时刻的起始速度要求不同，最终导致不同专项运动员的力量产生差异。

（2）由于不同的项目对肌肉用力的持续时间要求不同，导致对运动员的肌纤维成分、用力时的供能系统，以及最大力量和快速力量的要求不同。

（3）在肌肉用力的目的相似时，用力收缩方式稍有不同，就会对力的效果产生重大的影响。

（4）在动作结构相似的条件下，如果用力方向的要求不同，对运动员的用力要求也是不同的。

（5）即使在动作结构相似的条件下，如果克服的恒定外界阻力不同，对肌肉力量的要求也会不同。

（6）不同的项目，产生反作用力的物质材料的性能不同，对肌肉用力的要求不同。

（7）即使动作的结构相近，但由于不同项目的战术要求不同，会造成肌肉力量特点的不同。

在不同项目对力量的不同要求中，上述第一至第四点都指明了不同专项的运动员，其肌肉收缩用力在时间和空间上的区别，这些区别又是由于运动员在比赛规则的要求下，为了最大限度地挖掘力量潜力所采用的技术造成的。第五点和第六点的恒定外界阻力以及产生反作用力的物质材料，虽然是由规则规定，但这种规则上的限制，决定了运动员采用哪种技术。第七点则指明了战术对力量特点的影响。

总之，不同项目运动员的力量特点，主要是由该运动员比赛动作的技术和战术在时间和空间上对肌肉用力的要求来决定的。

3. 我们对专项力量的认识

对"专项力量"较为准确的解释是，在运动员比赛动作技术和战术所要求的时空条件下，参与运动的肌肉或肌群收缩克服阻力的能力。由于这种肌肉的能力最终表现为运动员在该项目的比赛中，为了获得比赛的优胜，在符合规则的条件下，对人的整体或某一部分或器械进行最大限度的加速或减速或使它们保持在一个特定的位置上，因此，运动员所克服的阻力，以及运动员或其控制的器械的速度大小或速度变化大小，以及位移大小和姿势的准确与否，都可用来考察运动员在专项力量上的水平。特别注意，"时空条件"应该包括肌肉收缩时的速度大小、收缩开始前所需改变状态的物体的初速度、肌肉用力的持续时间和肌肉收缩形式。另外，技术是一种理想的"模式"，反映的是一般规律，具有共性；但又必须考虑运动员个人的特点，具有个性。同时技术具有相对性，它随着实践的发展而发展，始终处于一个动态的过程中。在理解战术要求时，要着重注意，由于要贯彻战术意图，运动员的心理定向将对比赛动作要求产生影响。

（二）专项力量训练机理

专项力量是指在运动员比赛动作技术和战术所要求的时空条件下，人体参与运动的肌肉或肌群收缩克服阻力的能力。专项力量训练的目的就是通过专门的肌肉力量训练，使运动员相关的神经肌肉系统引起专项化的适应和提高。

神经肌肉系统可以通过神经和肌肉两条途径来适应训练。根据训练计划的特征，发展肌肉力量时，爆发力将会因为适应其他力量的特征，而下降。比如，用完成很慢的大负荷抗阻力练习来提高运动员的最大力量时，就可能导致肌肉快速力量和快速收缩能力的下降。因此，首先要确定目标运动的专项化神经肌肉特征，再去安排用以提高专项力量的各种抗阻力练习。

神经肌肉系统引起的适应，以及因此在运动中产生的提高，与所运用的抗阻力练习类型密切相关。这种训练的专项性涉及练习的各个特征。它们包括：练习所动用的肌肉群、动作的结构、关节运动的范围、肌肉收缩的类型与速度。力量训练的专项适应性，要求必须确定目标活动的专项需求。对专项需求的完整分析应该包括：参与工作的肌群、收缩类型、动作速度、"拉长——缩短周期"运动的要求、克服或移动的负荷、动作的持续时间、保持高能量输出方面的要求、能够提供的间歇周期和受伤的可能性等方面。

（三）专项力量训练

1.体能主导类快速力量性项群

体能主导类快速力量性项群包括跳跃、投掷和举重等项目。快速力量的训练在本项群训练中有着特别突出的地位。跳跃项目中快速起跳能力的培养，投掷项目中器械出手速度的训练，举重项目迅速发力上挺能力的训练，都在本项群训练中逐渐引起高度重视。

例如掷铁饼的快速力量训练，通常采用的练习方法包括：负重模仿、掷轻饼、掷重饼、原地掷标准饼等。采用负重模仿练习包括下列手段：原地挥片，着重发展腿、腕、躯干和肩带的多环节专门力量；仰卧挥片，发展腹部、躯干和肩带的专门力量，建立正确的用力顺序；杠铃抢摆，发展下肢、特别是躯干的转动力量；双手抛掷铃片，发展腿、微和躯干的专门力量，培养投掷用力意识；肩负杠铃杆原地旋转一周，发展左、右腿的专门力量，提高进入旋转动作的身体平衡能力。

2.体能主导类速度性项群

体能主导类速度性项群包括短跑、短距离游泳等项目。例如，100 米跑、200 米跑、50 米自由泳、100 米自由泳与 100 米跨栏等。

短跑运动员专项力量训练。该项目的力量是一种动力性力量，根据用力的性质，动力性力量又可分为重量性力量和速度性力量。短跑运动中的肌肉活动，既表现为重量性力量又表现为速度性力量，只不过在短跑运动中，肌肉的收缩速度更明显、更重要。因此，我们把短跑运动员的用力称之为速度性力量。

短跑运动员的力量训练必须和技术相结合，才能使力量训练达到最佳效果，因为力量训练的最终目的是为学习技术提高运动成绩而服务的。可是怎样使二者结合起来呢？简言之，就是要围绕着技术结构的特点进行力量训练。例如，先进的短跑技术要求落地时小腿和踝关节要做积极后扒动作。假若小腿和踝关节的力量差，就不容易做出此动作。为此在训练中就要加强对小腿和踝关节的力量训练。练习方法有以下几种：①负重做快速的小步跑。要求：落地时小腿和脚做积极的后扒动作，并保持高重心。②负重做高摆扒地的技术。要求：大腿高抬，而后并积极下压踏膝放松，小腿自然前伸，落地时积极后扒。③弹性踏步走和弹性踏步跳。要求：脚掌着地过渡到足尖有弹性地走或跳。④沙坑或木屑跑道上做各种弹性跳，要求：踝关节充分用力落地要有弹性（单足跳、跨步跳和原地双脚跳）。⑤负重（杠铃或沙袋）的原地双脚跳起。要求：脚跟不落地、落地后立即反弹跳起。⑥跳深（40 厘米高）。要求：足尖着地，落地后立即反弹跳起。

后蹬技术是跑的主要技术，也是跑的动力主要来源阶段，所以加强后蹬的力量训练也是提高运动成绩的关键。

（1）利用固定的杠铃架，做接近后蹬角度上的力量训练，将杠铃放置在固定的带角度的杠铃架上，要放在适宜高度，人体前倾一定的角度，屈膝而站，用力将杠铃挺起，而后放下，这样反复做数次。这种练习对于发展在跑动中人体后蹬时与地形成的角度上的力量是非常有效的（这种练习始终要突出一个快字）。

（2）带角度的（向前倾斜）支撑抬腿跑（腿上负重或不负重皆可）。

（3）利用跨步跳跳台阶。要求：两大腿在髋关节处充分打开，支撑腿蹬直。

（4）跨步跳和牵引跑。要求：同（3）。

（5）上坡跑（坡度三度左右）。要求：保持正确姿势，高速奔跑。

（6）在跑道上拖着轻物跑。要求:将绳系在腰部，以免跑时过于前游泳的专项力量训练。进行游泳运动员力量训练，力量练习手段的选用必须与游泳技术动作结构和完成动作的主要工作肌肉群用力形式结合，才能获得最佳的训练效果。游泳运动员的陆上和水上力量练习应该结合起来，陆上练习的持续时间应与水上比赛项目所需时间相同，这样才有利于将陆上发展的力量转化为水中的力量。

采用陆上力量练习器进行专项力量练习时，必须考虑到水上训练的练习特点，水上和陆上练习的负荷方向一致才是合理的，进行的陆上专项力量练习器为：橡皮拉力、滑轮拉力和等动拉力。这三种练习器各有不同的特点，相对来说，等动拉力更适合专项，它充分考虑到了水上阻力的性质，在练习的安排上如果水上主要进行速度训练，那么进行力量练习器的训练时，应做力量或速度力量类型的练习。

水上力量训练与游泳动作近似，人们在探索陆上练习如何接近游泳动作的同时，也经常探索如何使水上力量练习尽量接近游泳的动作。通常采用以下方法：

（1）带划手掌游。这种方法可使划水时手掌保持最有效的姿势，做出最有效的划水动作，改进划水技术，还能发展专项力量，提高划水动作的爆发力。

（2）带阻力器游。可以在运动员身上固定阻力腰带，也可以加穿服装、游泳衣裤等，这类练习不破坏运动员的基本动作，方法简单，可提高划水动作的爆发力，加快动作频率，发展速度素质。

（3）胶带牵引游。这类练习通过增加阻力，促进力量素质的增长，运动员在此过程中能很快感觉到手、腿配合上的错误，同时有助于水上训练内容多样化，减轻运动员心理疲劳。

3.技能主导类表现难关性项群

技能主导类表现难关性项群包括跳水、体操、艺术体操、健美操、花样滑冰、花样游泳和技巧、武术等竞技运动项目。

例如，竞技健美操的专项力量训练。力量素质是竞技健美操比赛取得好成绩的关键，一切高难度动作的完成都必须以力量素质作为保障。没有力量就没有难度动作，更没有高难度的创新动作。根据竞技健美操竞赛规则的要求，运动员在比赛中必须完成一些特定的、不同类型的难度动作、托举、配合动作和具有健美操特色的操化动作及基本步伐。竞技健美操运动员所需的力量素质主要有：相对力量、快速力量、力量耐力、静力性力量等。竞技健美操专项力量训练内容：

（1）上肢力量。俯撑、俯卧撑、俯撑击掌、双杠支撑摆动、双杠支撑移动、推小车、靠墙倒立、双杠屈臂撑，倒立推、倒立爬行等。计时的单臂俯卧撑、单臂侧倒俯卧撑、单臂单腿卧撑、负重俯卧撑、自由倒地、团身跳成俯撑等。

（2）下肢力量。原地连续纵跳、连续收腹跳、10~20米的单脚或双脚连续跳、立定跳远、跳绳等。连续横劈腿、纵劈腿跳、屈体跳，交换腿劈叉跳、跳转720°、剪式变身跳转体180°、肩负杠铃蹲跳起、负重分腿跳、负重起踵等。

（3）躯干、腿部力量。仰卧起坐，肋木悬垂收腹举腿，扶肋木前、侧、后方向的快速踢腿，俯卧在横马上，一人压住双腿做抱头起，运动员头和脚分别支撑在山羊上，保持挺身姿势的静力练习，仰卧练背肌、俯卧练习腹肌等。各种负重的仰卧起坐、仰卧举腿、肋木收腹举腿，分腿支撑、直角支撑，分腿高直角撑、直角支撑转体 360° 等。

（4）组合练习。①横劈腿跳落成俯撑接单臂俯卧撑；②横劈腿跳接舒舒诺娃；③剪式变身跳转体 180° 接舒舒诺娃；④屈体跳转 360° 落成俯撑接肘撑平衡；⑤跳转 360° 成俯撑接单臂单腿俯卧撑；⑥跳转 360° 成纵叉接直角支撑转体 360° 接直升机；⑦交换腿劈叉跑成俯撑接托马斯全旋交换腿跳踢；⑧跳转 180° 落成横叉接直角支撑转体 720° 接仰卧劈腿；空转 720° 成横叉接侧搬腿平衡；⑨分腿高直角支撑接直升机接交换腿劈叉跳。

4.技能主导类对抗性项群

隔网抗性项群包括乒乓球、羽毛球、网球、排球等项目。专项力量素质是该项群运动员对抗能力、速度，以及运动技术动作的掌握与完善的基础和保证。所以，要求运动员必须进行全面的专项力量训练。

例如，乒乓球运动员的专项力量训练，应以动力性力量和相对力量为主。因为乒乓球所有动作，均属动力性力量，使用的相对力量、快速力量较多。因此，在专项训练中必须结合乒乓球技术特点，采用负荷量较轻、速度快的动力性力量训练，以发展运动员的动力性力量和相对力量。

（1）发展上肢专项力量素质训练。发展上肢专项力量素质训练可分为各种徒手的挥拍动作训练；持铁制球拍进行各种挥拍动作的训练；持轻哑铃进行各种挥拍动作的训练；用执拍手进行掷远训练；进行扣杀、扣球击远的训练等。

乒乓球上肢专项力量训练还可采用借力强行训练法，这是一种极限训练法。主要用于发展乒乓球运动员的相对力量。训练方法是：乒乓球运动员在完成极限负荷，训练到每组的最后阶段，单靠运动员本身的力量已无法完成动作，这时教练或同伴及时给予恰当的助力和保护，使其重新再进行挥拍 2~3 次。这个动作的关键是给的助力要恰到好处。这种训练方法可使肌肉得到最高强度的刺激，能有效地提高肌肉收缩的速度和力量。

（2）发展下肢专项力量素质训练。乒乓球运动员下肢的专项力量训练也至关重要。训练方法有负重半蹲后跳起训练；负重半蹲侧滑步训练；负重交叉步移动训练；负重单、双脚跳训练；负砂背心或者绑砂护腿进行各种步法移动训练等。做杠铃半蹲，首先适当放松关节肌肉，选择用尽全力最多做 15 次左右的重量来做，8~10 个一组，做 4 组，每组间休息 1~2 分钟，每周做 3 次。要注意动作中速度要由慢到快，再由快到稍慢，乒乓球要求爆发力，更要求速度，所以不能像健美运动那样的方式来训练，每周不要超过 3 次，超过3 次效果反而不好。

5.战能类同场对抗性项群

战能主导类同场对抗性项群主要包括足球、篮球、手球、曲棍球、冰球和水球 6 个项目。

例如，篮球运动员专项力量训练。现代篮球比赛异常激烈，身体对抗更加凶狠，高水平比赛中运动员之间所发生的身体碰撞更频繁。要想在比赛中占据主动，最终获得比赛的胜利,不仅要具有很好的技术战术能力,而且力量的强弱同样是比赛胜负的重要因素之一。良好的力量素质是取得优异运动成绩的基础,而科学的训练方法是获得和提高力量素质的保证。

篮球专项力量训练是指在全面发展力量素质的基础上着重提高与篮球专项技术特点相一致的力量素质的训练,练习的动作结构、方式要与篮球技术的结构相似。

(1)手指、手腕、手臂肌群力量训练方法。篮球运动中的投篮、传接球等动作的顺利完成都需要手指、手腕、手臂肌群的力量,其力量水平的强弱直接关系到这些动作技术运用的效果。其练习方法主要有:指卧撑、连续做击掌俯卧撑等练习。发展手指力量的主要方法有:握力器、握捏铅球等;手腕、手臂肌群力量的训练方法有:双手握哑铃、快速卧推杠铃等练习。结合篮球专项发展手指、手腕、手臂力量专项练习方法有:篮球传接球练习(50次×4组);躺下或坐着投篮练习(20次×4组)。

(2)上肢力量训练方法。篮球运动员发达的肩部肌肉和结实的胸肌更利于运动员适应激烈的比赛。上肢力量训练主要是采用近侧支撑条件下的肌肉训练,其主要方法有:用杠铃做各种举重练习、平躺推举杠铃、站着斜推杠铃、用实心球做传球或投篮动作练习等。结合篮球运动发展上肢力量专项练习方法有:实心球做传球练习(15次×3组);实心球做投篮练习(15次×3组)。

(3)腰腹力量训练方法。在篮球比赛中,运动员在向上下、左右、前后各个方向运动时,所有的力量都要经过腰腹来传递、控制和调节身体重心。因此,腰腹肌群力量的强弱,直接影响到跑、跳、投、转、停等所有动作的质量。发展腰腹力量的主要练习方法有:仰卧举腿、俯卧挺身;利用杠铃负重转体、挺身等练习;用单双杠做悬垂举腿练习;双手持实心球经头上向后做投远练习等。结合篮球运动发展腰腹力量专项练习方法有:仰卧起坐传接篮球练习(15次×4组)。

(4)下肢力量训练方法。篮球运动员体能中最重要的就是弹跳力,而弹跳力是否出众主要取决于下肢力量的强弱。根据篮球运动员弹跳特点,下肢力量训练应以股四头肌、小腿三头肌为主、其次是股后肌群。

①练习股四头肌的主要方法有:深蹲和半蹲。在训练中应以半蹲为主,深蹲为辅,下蹲过程放慢,到最低点后以最大极限力量的爆发式起立完成动作。注意躯干要正直,防止挺腰翘臀。②练习小腿三头肌的方法:负重提踵,在平时练习时将前脚掌垫起,以加大小腿三头肌的拉伸幅度,速度由慢到快。负重半蹲跳,在软地或地垫上练习,跳起要快,脚腕要蹦直,注意用于发挥快速力量或力量耐力。③练习股后肌群的动作有硬拉、直腿硬拉和抓举等,因为这些都涉及腰部肌肉,所以股后肌群力量和腰背部力量结合起来练习。结合篮球运动发展下肢力量专项练习方法有:助跑摸篮板(15次×3组);双手抱篮球蛙跳(15次×3组);用球连续打篮板跳起接力(50次×3组)。

二、专项速度

（一）专项速度训练机理

专项速度训练的目的，就是针对不同的专项，通过专门的反应速度训练、动作速度训练、位移速度训练等，使运动员相关的神经肌肉系统引起专项化的适应和提高。专项速度的生理、生化基础表现为以下几点。

1. 专项反应速度

（1）反应时的长短。反应速度的快慢取决于兴奋通过反射弧所需要的时间即反应时的长短。在构成反射弧的五个环节中，传入和传出神经的传导速度基本上是固定的。所以，反应时的长短主要取决于感受器的敏感程度、中枢延搁和效应器的兴奋性。其中中枢延搁优势最重要，反射活动越复杂，经历的突触越多，反应时越长。

（2）中枢神经系统的灵活性与兴奋性。中枢神经系统处于良好的兴奋状态时，能够加速机体对刺激的反应。

（3）条件反射的巩固程度。随着运动技能的日益熟练，反应速度会日益加快。有研究发现，通过训练，反应时间可以缩短 11%~25%。

2. 专项动作速度

（1）肌纤维类型的百分比组成及其面积。肌肉中快肌纤维百分比越高、快肌纤维越粗，肌肉收缩速度则越快。

（2）肌组织的兴奋性。肌组织兴奋性高时，强度较低且时间短的刺激强度就可以引起组织的兴奋。

（3）条件反射的巩固程度。在完成动作的过程中，动作技术越熟练，动作速度也就越快。

3. 专项位移速度

以跑为例，位移速度主要取决于步长和步频两个因素及其协调关系。步长主要取决于肌力的大小、肢体的长度以及腕关节灵活性和韧带的柔韧性；而步频主要取决于大脑皮质运动中枢的灵活性、各中枢间的协调性、快肌纤维的百分比以及其肥大程度。神经系统的灵活性好，兴奋与抑制转换速度快，是肢体动作迅速交替的前提，各肌群间协调关系的改善，可以减少因对抗肌群紧张而产生的阻力，有利于更好地发挥速度。所以在周期性的项目中，肌肉的放松能力的改善，也是提高速度的一个重要因素。

（二）专项速度的特点

区别于一般速度的专项速度，按不同的表现形式，可分为专项反应速度、专项动作速度及专项位移速度。运动员在大多数运动项目中所表现出来的专项速度，都是这三种表现形式的综合体现，但在不同项目中，专项速度的三种类型各自所占的比重有所不同，其通常不会单独出现，而是在不同的专项中，表现出各自不同的需求。

运动员专项速度的发展水平对其总体竞技能力的高低有着重要影响。竞技技术动作大多要求快速完成，良好的专项速度有助于运动员更好地掌握合理而有效的运动技巧，肌肉快速地收缩能够产生更大的力量，高度发展的专项速度又为速度耐力和专项耐力的发展提供了更大的空间。在不同的运动项目中，专项速度有着重要的作用。对体能主导类速度性的竞技项目，专项速度水平直接决定着运动成绩的好坏；对耐力性项目，高度发展的专项速度有助于运动员以更高的平均速度通过全程；对技能主导类项目，时间上的优势可以转化为空间上的优势，使体操、跳水等项目选手有更大的可能完成难度更高的复杂技巧，使球类及格斗项目选手获得更多得分的机会。

（三）专项速度训练

依据项群理论，我们以运动项目所需运动能力的主导因素，对竞技项目首先分为体能主导类、技能主导类、技心能主导类、技战能主导类四大类。继而以各项体能或技能的主要表现形式或特征作为二级分类标准，把体能主导类项目分为快速力量性、速度性及耐力性三个亚类；把技能主导类项目分为表现难美性；技心能主导类为表现准确性；技战能主导类则分成同场对抗性、隔网对抗性、格斗对抗性及轮换攻防对抗性四个亚类。发展不同类项群专项速度的要求是不同的。

1.体能主导类

（1）体能主导类快速力量性项群专项速度训练。如跳跃、投掷、举重等。该类项目对专项速度的要求主要表现为专项动作速度和专项位移速度。以跳高为例，对其专项速度的训练，主要围绕提高运动员动作速度和位移速度进行。由于大脑皮质神经过程的灵活性是实现高频率动作的重要因素。因此，做高频率的动作的重复练习有助于其发展。例如，跳深、连续跨步跳、原地跳、沙坑跳、跳绳、短距离极限跳、立定三级跳和连续单足跳等。每天训练课跳 150-300 次，每组重复 1~5 次了训练负荷采用本人最大速度的 90%~95%。在专项速度练习之后，进行放松训练，提高肌肉的放松能力。

（2）体能主导类速度性项群专项速度训练。如 100 米跑、100 米游泳、500 米自行车等。这类项目对专项速度的要求主要表现为专项反应速度、专项动作速度、专项位移速度三种速度的有机整合。以 100 米跑为例，提高反应时的练习。由于反射弧中与反应时关系最密切的是感受器的敏感程度、中枢延搁和效应器的兴奋性，因此，通过反复发出各种信号刺激让练习者迅速做出反应的信号刺激法练习，是实现缩短反应时的重要手段。如，反复进行听起跑口令或枪声进行起跑练习。此外，还应完善起跑技术，提高动作速率的训练。高频率的动作的重复练习有助于其发展肌组织的兴奋性，如，快速小步跑、快速高抬腿；还可以借助牵引跑、跑台、顺风跑等借助外力提高动作频率的练习。发展磷酸原系统供能的能力。多次重复 20~60 米的快跑、行进间 20~60 米快跑、追逐跑等。提高肌肉的放松能力。用次最大速度跑，来避免肌肉过分紧张。发展力量和柔韧性，如持哑铃重复摆臂练习、负重跑、阻力跑等。

（3）体能主导类耐力项群专项速度训练。包括中长距离及超长距离的走、跑、骑、游、滑、划等所有的项目。这类项目是以速度耐力为主导的项目，其对专项速度的要求主要表现为专项位移速度。以1500米跑为例，借助牵引跑、跑台、顺风跑等借助外力提高动作频率的练习的基础上进行持续训练，即在一定的速度基础上进行持续1分钟左右的练习。以通过提高乳酸能供能能力来解决位移速度尤其是最后400米冲刺的能力。提高肌肉的放松能力。在长距离的跑动过程中，注意脚步与呼吸的节奏，摆臂放松，以避免过分紧张。肌肉的放松能力好坏对保持高速度起着重要作用。

2. 技能主导类专项速度训练

例如，体操、艺术体操、技巧和跳水等。这类项目对专项速度的要求主要表现为专项动作速度，以跳水为例，主要采用高频率动作的重复练习，有助于其专项速度的发展。快速练习：如计时俯卧撑；纵跳转体练习：原地跳起转360°或720°练习，连续进行10~20次，要求转体要快速，连续2~3组；快速翻转练习：连续锥子接小翻、连续快速侧手翻；快速哑铃练习：持1千克重轻哑铃，做快速头上双臂屈伸；减少阻力法，可以利用一些增加助力的方法来减轻运动员体重，从而提高运动员的动作速度，其目的是提高运动员高速运动的感觉能力，以帮助运动员提高完成某一技术环节的动作速度。提高速度力量是提高动作速度的重要基础。如，计时快速推倒立、臂屈、俯卧撑；计时快速完成两头起、背屈伸；计时快速引体向上练习；规定距离的快速爬倒立练习等。

3. 技心能主导类专项速度训练

例如，移动靶射击、飞碟多向射击等。这类项目对专项速度的要求主要表现为专项反应速度、专项动作速度以飞碟多向射击为例，提高反应时的练习。可采用信号刺激法，通过反复发出信号刺激，让练习者迅速做出反应，是实现缩短反应时的重要手段。通过碟靶反复从碟沟中飞出，运动员及时判定飞行的方向，同时身体及时、平稳地向碟靶的方向起动，去捕捉目标。提高动作速率的训练，通过反复的飞碟射击的练习，使身体在判定飞碟飞行方向及角度后，在极短的时间内，使准星快速地捕捉到飞碟，即时扣动扳机，完成击发。

4. 技战能主导类

（1）隔网对抗类专项速度训练。如乒乓球、羽毛球、网球、排球等。这类项目对专项速度的要求主要表现为专项反应速度、专项动作速度、专项位移速度三种速度的有机整合。以乒乓球为例，提高反应时的练习，可采用信号刺激法，如多球快速练习、视觉反应练习。提高动作速率的训练。可进行多球练习，加快供球的节奏和增大网球的难度等。"灵敏训练"，进行正确的、反复的练习技术动作，尤其是结合性技术动作，提高各种技术动作之间的衔接和转换的协调性和节奏感。提高ATP-CP系统和乳酸能供能系统的机能水平。利用"重复训练法"，把时间控制在1分半以内，两人连续的快速对拉等方法提高ATP-CP系统和乳酸能供能系统的机能水平，提高肌肉的放松能力。

（2）同场对抗类专项速度训练。如足球、手球、冰球、篮球等。这类项目对专项速度的要求主要表现为专项反应速度、专项动作速度、专项位移速度三种速度的有机整合。以足球为例，训练方法：

①提高反应时的练习。信号刺激法。如轻跳，听（看）教练员击掌，快速转体180°；队员站成四路纵队，人间距离3~5米，教练员站在队伍前面，按照教练员口令和各种手势，全队做向前、向后、向左、向右快速度起动2~3米或原地转体180°等各种动作的变换练习。

②提高动作速率的训练。重复训练法。通过反复地在快速运动中完成两个或两个以上技术动作结合的练习，以逐步提高运动员无球和有球技术动作的熟练程度，建立巩固的动力定型。大量采用田径运动中训练短跑运动员的训练方法来提高足球运动员的跑速。多采用15~30米各种不同开始姿势的快趣冲刺跑。如，后退四五步后立即向前冲刺10米；连续向前冲三步，再转身后退两三步，再向前冲三四步等方法。

（3）格斗对抗类专项速度训练。如摔跤、柔道、散打、拳击等。这类项目对专项速度的要求主要表现为专项反应速度、专项动作速度、专项位移速度三种速度的有机整合。以拳击为例，训练方法：①提高反应时的练习。信号刺激法。如"相互摸肩练习"，即两人相对分开站立，伺机拍击、触摸对方的肩部，且可相互躲避对方的拍击，看谁反应快，拍击次数多。②提高动作速率的训练。如"最高速度完成单个动作或组合拳法的练习"，在15~20秒内。尽最大速度，尽可能多次地快速完成单个动作或组合拳法。"负重快速完成动作法"，以最大力量水平的15%~20%为宜。③提高ATP-CP系统和乳酸能供能系统的机能水平。"最高速度完成单个动作或组合拳法的练习"在较短的时间内，大强度、大密度的练习，能较好地发展提高ATP-CP系统和乳酸能供能系统的机能水平。④提高肌肉的放松能力。通过短距离的变速跑、变向跑、单脚跳、双脚跳、收腹跳、跨步跳等各种跑跳动作，重点发展踝关节和小腿三头肌的爆发力及弹性。

（4）轮换攻防对抗类专项速度训练。如棒球、垒球、板球等。这类项目对专项速度的要求主要表现为专项反应速度、专项动作速度、专项位移速度三种速度的有机整合。以棒球为例，训练方法：①提高反应时的练习。采用信号刺激法，如投球手以不同的速度，不同的角度反复投向击球手，让其挥棒击球。②提高动作速率的训练。在无球状态下，重复进行挥棒技术的练习。③发展磷酸原系统供能的能力。利用重复训练法，在对以上练习进行多次重复的同时，也能够很好地发展磷酸原系统供能的能力。④提高肌肉的放松能力。尤其是在挥棒前的等待期，过度的紧张会加速能量的消耗。挥棒的瞬间，拮抗肌的主动放松能提高挥棒的有效力量，从而提高专项动作速度。"负荷交替法"可以用较重的棒球棒进行挥棒练习，之后换正常棒球棒接着再做若干次挥棒练习。

三、专项耐力

（一）专项耐力的概念

对于"耐力"的定义，在查阅了各大词典和相关文献后，我们发现其定义相对比较多。在《体育词典》中关于"耐力"的定义是人体在尽可能长的时间内进行肌肉活动的能力。田麦久认为，耐力是人们长时间坚持工作的能力。张洪潭认为耐力是人体持续运动的能力。我们认为，耐力是人体抵抗疲劳并持续活动的能力。

专项耐力概念虽然已被提出很多年，但是直到现在仍未对此概念的内涵和外延达成一个统一的共识，例如在《体育科学词典》中，把专项耐力的概念定义为运动员长时间持续地或多次地重复地完成专项运动的能力。过家兴在《运动训练学》一书中把专项耐力定义为运动员有机体为了获取专项成绩而最大限度地动员机能能力，以克服专项负荷所产生的疲劳的能力。谢敏豪等人在《耐力训练健康与营养》一书中提出了"竞技运动耐力"一词，他们认为竞技运动耐力是指运动员在完成本专项所需长时间运动的能力。田麦久在高等教育出版社出版的《运动训练学》一书中把专项耐力的概念界定为长时间持续地或者多次重复地完成专项运动的能力。

基于以上关于专项耐力的界定，我们认为"专项耐力"是由"专项"和"耐力"两部分组成。然而也不难发现，在上述有关专项耐力的诸多定义中，出现了定义项包含被定义项的失误，没有对"专项耐力"的本质进行诠释。因此，我们重新将"专项耐力"定义为：运动员进行某一竞技运动时，机体抵抗疲劳并持续运动的能力，它受到肌体耐力、神经耐力和心理耐力三种因素的影响与制约。

（二）专项耐力的训练机理

人体的运动能力不可避免会受到自身形态结构、心理因素以及环境条件的限制。要想在比赛中取得优异的运动成绩，运动员就必须在生理机能、技术水平和心理素质几个方面获得最大的发展。在探讨训练机理之前，首先要明确影响专项耐力成绩的关键因素，在此基础上才能更好地探索合适而有效的训练方法。

影响耐力素质的因素有多种，这里我们主要讨论生物学、心理学和遗产学的影响因素，主要从外周性限力因素、中枢性限力因素、心理限力因素以及遗传限力因素四个方面对耐力成绩的影响因素进行研究。

1. 外周限力因素

与中枢限力因素相对应，我们把心肺功能、内环境的稳定性、肌纤维的类型以及肌肉的横断面积统称为外周限力因素。根据物质转运理论，我们引入"转运系数"的概念来描述物质从一处运往另一处的能力。物质运输中某一环节的转运系数等于该环节中运输阻力的倒数。氧气的转运系数越大，则受到的阻力越小，氧气转运系数的大小主要取决于心肺功能的强弱；二氧化碳、乳酸及物质代谢的转运系数的大小决定了人体内环境稳态的维持，而内环境的稳定性是有机体正常运行的基础保障；同时人体体温的平衡也影响着内环境的稳定，机体总是通过调节产热率和散热率，使机体的产热量等于散热量，从而保持机体的平衡。耐力训练归根到底还是肌肉的运动，肌纤维的类型、肌纤维类型的百分比及肌肉的横断面积等都是影响耐力成绩的重要因素。由此可见，能量的供应、内环境的稳态、肌纤维类型及肌肉的横断面积都是影响耐力成绩的决定性因素。以项群的特点角度出发，外周限力因素对于体能类项群的影响占有较大比重，例如，体能类项群中的中长跑项目，拥有强大的心肺功能和良好的内环境调节机制是获得优秀运动成绩的基本保障。

2. 中枢限力因素

神经系统的专项性特征决定运动单位参与数量与类型，而神经发放冲动的强度和发放模式决定了肌肉力量大小、递增率和运动持续时间。各中枢间兴奋和抑制的协调，使肌肉活动节律化、能量消耗节省化及吸氧量和需要量相对平衡化，从而能长时间保持运动。神经过程的相对稳定及各中枢之间的协调性是提高有氧能力的重要前提。研究发现，神经系统长时间在无氧环境中工作时工作能力会降低，脑细胞及其外周感受与传导系统的功能降低，从而影响了信息的处理，

主动肌、对抗肌以及办调肌间的配合紊乱，能量就会被不必要地消耗，内脏器官活动和肌肉活动的协调性也会发生紊乱。所以，提高脑细胞对酸性环境的耐受力是耐力训练过程中一个很重要的部分，只有保证信息处理中心和命令下达中心的正常工作，人体的其他功能才得以正常地运行，才能保证机体持续地运动下去。战能类项群和技能类项群中的运动项目需要大强度的神经发放冲动和高频率的兴奋与抑制的相互转换，中枢限力因素对于此类项目影响较大一些，同时中枢机制的耐酸性对于无氧运动项目同样非常重要，而对于一些射击类项目又需要神经的高度集中。

3. 心理限力因素

影响成绩的因素除了身体、技术的因素之外，心理限力因素也起到决定性的作用，然而，心理训练往往没有被放在重要的位置上，这是目前运动训练过程中的一大缺憾，在高水平运动员的角逐中，最后决定胜负的关键因素往往是心理因素，所以心理训练应引起教练的高度重视。在长期艰苦的耐力训练过程中，个体的心理特征是运动员自觉努力并获得最佳身体训练效果的主要决定因素。坚强的意志品质还会促使运动员在面对肉体痛苦和精神挫折时，竭尽全力地拼搏。在项群分类中，心理限力因素对战能类和技能对抗类项群的影响较大，例如射击等项目，关键时刻良好稳定的心理素质是比赛获胜的关键所在，大型的国际比赛中高手之间的对次往往如此，在雅典和北京奥运会上，美国射击名将埃蒙斯在已基本上确立冠军地位的时候连送中国两枚金牌就是一个典型的例子。

4.遗传限力因素

从人类遗传学上看，耐力性项目的运动成绩与其他运动项目的成绩一样，是复杂的、多因素的集合。研究发现，人的生理、心理以及神经等的特性受遗传的影响较大，遗传因素在很大程度上决定着运动员的发展方向与发展潜能的大小，例如，白肌纤维含量多的运动员适合于快速运动的项目，而红肌纤维多或血红蛋白含量高的运动员则适合于耐力性运动项目。

基于以上分析，我们从专项耐力影响因素的角度去分析耐力训练的训练机理，得出专项耐力的训练机理主要由以下几部分构成：提高心肺功能及能源储备、提高机体的耐受力、提高神经—肌肉系统的协调整合的能力及其培养运动员坚强的意志品质和完备的心理素质。

（三）专项耐力训练

1.体能主导类快速力量性项群

此类项目对于专项耐力的要求主要表现为以最大强度重复完成完整比赛动作的能力。例如田赛项目、举重等。

训练方法：重复训练法。这是以多次重复完成比赛动作或接近比赛要求的专项练习为主的训练方法。例如在举重项目中，我们可以规定某一运动负荷，然后让运动员在此负荷下以标准动作尽可能多地重复完成直至力竭。跳高耐力训练中，要求运动员在某一高度持续地完整完成跳跃练习。

2.体能主导类速度性项群

此类项目对于专项耐力的要求是运动员尽可能地在最短的时间内通过全程。例如100m跑、200米跑、50米自由泳、100米自由泳与100米栏等项目。

训练方法：①间歇训练法。根据项目的特点以及时间的要求，将项目安排在一定的时间内。重复若干组，组间有间歇休息时间，注意放慢节奏和速度。②变速训练法。长短段落变速跑，分为多种训练方式。例如，快慢结合跑，200米快+200米慢+150米快+150米慢+100米快+100米慢+100米冲刺跑，这样可以增强对比赛中速度和耐力结合的意识，体会如何在疲劳状态下进行高速运动。③追逐性训练。例如，让运动员排成一路纵队快跑前进，队尾最后一人急速追赶跑向队首，然后队尾的队员再连续地跑向队首。④上下坡往返跑，下坡时候快跑，上坡时候慢跑等。

3.体能主导类耐力性项群

此类项目对于专项耐力的要求是用尽可能快的平均速度通过全程。例如800米以上径赛项目、公路自行车、铁人三项等项目。

训练方法：①持续训练法。这是一种负荷强度较低、负荷时间较长、练习过程并不中断的练习方法。持续训练法是为重点发展有氧代谢水平而提出的。该法十分强调一次负荷运动的持续时间较长，强度适中，心率负荷指标应在每分钟 130~160 次之间。例如在铁人三项运动中，为了发展运动员的有氧耐力，如果运动员要在 1~5 小时内完成铁人三项比赛，每周至少要进行 11 公里的游泳、320 公里的自行车和 65 公里的跑步训练来加强体能。②高原训练法。此方法是在高原上进行耐力训练的一种训练手段。我国在云南海域、青海多巴和宁夏西吉等多地建立了中度高原训练基地，并把高原训练作为大赛前的重要训练手段，取得了显著的训练效果。由于中度高原空气密度只有海拔平面的 77%，氧含量只有平原地区的 3/4 左右，氧分压大于平原地区的 20%~25%。当运动员在这样的环境下进行训练时，由于"调节适应期"，就产生应激，呼吸频率和心率加快，溶解在血管里的部分氧气受低气压的影响不易被身体吸收，使得血管体积增大、血管扩张、血管壁增厚、血管变粗、通过的血量增多，从而更好地锻炼了心血管系统，提高了最大摄氧量和血色素浓度，增强了耐受乳酸的能力。

4. 技能主导类表现难美性项群

此类项目对于专项耐力的要求是以最佳技术重复完成完整比赛动作的能力。例如体操、艺术体操、跳水、花样滑冰、花样游泳等项目。

训练方法：①完整练习重复法。包括规定练习动作套数的重复法和规定练习时间的重复法。规定练习动作套数的方法是指让运动员尽量以比赛规格的动作质量完成某一数量的动作套数。而规定练习时间的重复法是指让运动员在规定的时间内尽量以比赛规格的动作质量进行专项动作的练习。例如在体操的训练中可规定运动员一次性完成 5~15 遍整套动作练习或规定在一定的时间内持续地进行某一套专项动作的练习。②分段练习重复法。是指对有整套动作中的某一技术环节的多次重复练习，例如，体操训练中原地连续侧空翻、前空翻、连续趋步腱子、腱子小翻等。③间歇训练法。20 世纪 50 年代，德国心脏学家赖因德尔和教员倍施勒提出间歇训练理论，认为训练时心率达 170~180 次 / 分钟，间歇后心率达 100-125 次 / 分钟时再进行训练，此种训练方法主要发展的是磷酸原供能系统。例如在跳水训练中，一次高空跳水结束后，规定此运动员在某一较短时间内立即进行下一次的跳水练习。又如在体操训练中，完成一套体操动作后，稍作休息再接着进行下一套体操动作的练习，在两次练习之间严格对时间进行控制。

5. 技能主导类对抗性项群

此类项目对于专项耐力的要求是能在整个比赛过程中持续表现出最佳的技能和体能。例如羽毛球、乒乓球、网球、击剑、摔跤及散打等以个人为主的运动项目。

训练方法：①超量比赛法。这是指超过正式比赛时间或局数的训练方法。例如，排球可以打 7 局 4 胜，羽毛球可以打 5 局 3 胜，散打训练比赛持续 4 分钟以上（正式比赛 3 分钟一局）。②单个动作多次重复法。这是指对有整套动作中的某一技术环节的多次重复练习。例如乒乓球训练中教练规定在一定的时间内尽可能完成多次比赛规格的持拍挥臂动作，又如在拳击训练中要求快速完成几百次甚至上千次出拳，直至力竭。

6. 战能主导类同场对抗性项群

此类项目对于专项耐力的要求是能在比赛的整个过程中持续表现出最佳的战术意识、技能和体能。例如篮球、足球、水球及冰球等团体性运动项目。

训练方法：①超量比赛法。这是指超过正式比赛时间或局数的训练方法。例如我们在足球训练中，90分钟的足球比赛，可以打120分钟或更长的时间。正式篮球比赛要打4节，可以在训练中打6节甚至更多节数。②高原训练法。这些长时间的运动项目对有氧耐力的要求特别高，而高原训练法是发展有氧耐力的特别有效的方法之一。近些年，我国采用赛前高原训练的方法，在某些项目中已取得了一定的训练效果。例如，我们可以在高原环境中进行足球队的训练，发展运动员的心肺功能与机体在低氧环境中的耐受力。③持续训练法。这是一种负荷强度较低、负荷时间较长、练习过程并不中断的练习方法。持续训练法是根据重点发展有氧代谢水平而提出的。该法十分强调一次负荷运动的持续时间应该长于其他方法一次负荷运动的持续时间，强度适中，心率负荷指标应在每分钟130~160次之间。④间歇训练法、间隔训练法和折返跑也是训练篮球和足球运动员专项耐力的很好的方式。

四、专项柔韧

（一）概念界定和分类

从物理学的角度来看，柔韧素质是指物体在受力变形后不易折断的性质。从解剖学的角度来分析，柔韧素质是指人体关节活动幅度的大小以及跨过关节的韧带、肌腱、肉、皮肤以及其他组织的弹性和伸展能力。它包括两个方面的含义：一个是关节活动幅度的大小；另一个是跨过关节的肌肉、肌腱、韧带等软组织的伸展性。关节的活动幅度主要取决于关节本身的解剖结构，跨过关节的肌肉、肌腱、韧带等软组织的伸展性，则主要通过先天遗传和后天训练获得。因此，我们认为，柔韧素质，就是人体通过先天遗传和后天训练获得的关节活动幅度的大小，以及关节周围软组织的伸展能力。

柔韧素质可以分为一般性柔韧和专门性柔韧两种。一般性柔韧通常指运动员在进行一般训练时，为适应和保证一般训练顺利进行所需要的柔韧素质。例如，球类运动员在速度练习时加大步幅所需要的腿部柔韧性；田径运动员负杠铃进行深蹲练习时需要的大腿后群肌肉所表现出来的柔韧性等。专门性柔韧即是专项运动技术所特需的柔韧性（专项柔韧）。例如，体操运动员为完成各种器械练习时所需要的肩、髋、腰、腿等身体部位的大幅度活动，游泳运动员在比赛中需要肩、腰的大幅度活动等。专门性柔韧是建立在一般性柔韧基础上的。一般来说，由于柔韧性质极少有选择性，因此，同一身体部位所具备的柔韧性在各种不同的运动项目中都可以表现出来，只是幅度大小不同而已。

（二）专项柔韧的训练机理

影响柔韧素质的因素有很多，包括人体解剖特征、神经活动过程特点、心理因素及身体状况等。大致分为以下几个方面：

1. 肌肉、韧带组织的弹性

肌肉、韧带组织的弹性是影响柔韧素质的最主要因素。遗传对其有着一定的影响，但也取决于男女性别、年龄特征及中枢神经系统的兴奋性等的不同。在中枢神经系统的影响下，肌肉的弹性会产生显著的变化，如比赛中情绪高涨，柔韧性会有很大程度的提高。

2. 关节的骨结构

关节的骨结构是影响柔韧性诸因素中最不易改变的因素，基本上完全由遗传所决定。虽然训练可以使骨结构产生部分的变化，但也仅表现在关节内软骨形态的变化方面。而且这种变化只能局限在关节骨结构许可的范围内。

3. 关节周围组织的体积大小

关节周围组织体积的大小对关节活动起着限制作用，它一方面受先天遗传的影响，另一方面也受后天训练的影响。由于这些关节周围组织体积的增大而往往会影响柔韧素质的发展，如有些肌肉体积增大就影响其周围关节的活动幅度。

4. 神经活动过程特点

神经活动表现为兴奋与抑制的转换。这一转换过程的灵活性与运动活动中肌肉的基本张力有着密切的关系，特别表现在中枢神经系统调节对抗肌之间的协调，以及对肌肉紧张和放松的调节。由于神经活动过程分化抑制的发展程度对运动员随意放松能力起重要的作用，因此其与柔韧素质有着密切的关系。神经系统能很好地改善对抗肌之间的对抗程序，这将使肌肉放松与紧张的调节能力得到提高，使柔韧性得到良好的表现。

5. 心理紧张度

运动员表现出来的心理变化可以通过中枢神经系统、体液调节等影响到布，机体各部位的工作状况。心理紧张度过强、过长会使神经过程由兴奋转为抑制，严重影响各部位的协调能力，从而影响柔韧性；反之，如心理紧张度适度，则有助于柔韧性的表现。

6. 外部环境的温度和表现柔韧性的时间

18℃以上的外界温度是表现柔韧性的最适宜温度，18℃以下则对柔韧性的表现不利。在一天的不同时间内，运动员的柔韧性也不相同。虽然这与一天内外界温度的变化有关，但更重要的是一天内有机体的机能状态存在着一定的变化。例如，刚睡醒时柔韧性较差，早晨明显下降，中午比早晨好。

许多人以为早晨人的柔韧性好，其实是一种误解。利用早晨进行柔韧性练习主要是因为肌肉内的张力通过一夜睡眠已得到调节，多余的肌紧张已得到消除，肌肉处于松弛状态，韧带易于拉开。

7. 主动柔韧性与肌肉的力量有关

有机体某部位的力量大，有助于增加这个部位的活动幅度，显而易见，这个部位的主动柔韧性就必然好。但是力量训练使这部位周边的肌肉组织、韧带等软组织体积增大，那也将影响到关节的灵活程度。因此，在练习时可采用力量练习和柔韧性练习合理结合的方法，克服因力量训练带来的不良影响，从而使这两种素质的发展都达到很高的水平。

8. 有机体疲劳的程度

在有机体疲劳的情况下，柔韧性会产生很大的变化，这时主动柔韧性指标下降，而被动柔韧性指标则会提高。

在运动活动的实践中，运动前的准备活动做得充分与否、训练时间的长短等非本质性因素对柔韧性也有相当明显的影响。

9. 年龄与性别

（1）年龄。根据人的自然生长规律来看，初生的婴儿柔韧性最好。随着年龄的递增、骨的骨化、肌肉的增长，人的柔韧性逐渐加强。柔韧性的增长在10岁以前自然获得发展，10岁以后随年龄的增长，柔韧性相对降低。特别是腕关节，由于腿的前后活动多，加之肌肉组织增大，使左右开胯幅度明显下降。因此，在10岁以前就应进行柔韧练习，使自然增长的柔韧性得到提高。

在10~13岁这个年龄应充分发展柔韧练习，因为这个年龄段是性成熟前期，骨的弹性增强，肌肉韧带的弹性、伸展性仍有较大的可塑性，进行充分柔韧练习，使各关节幅度达到最大的解剖限度，充分提高肌肉韧带的伸展性，不仅能提高各关节的柔韧性，而且对身高增长也是有利的。

13-15岁为生长期。这个时期的骨骼生长速度超过肌肉的生长速度，因此柔韧性有所下降。在这个时期要特别注意身体发育的匀称性，多做全身性的伸展练习，巩固已获得的柔韧效果。

在16~20岁这个年龄，整个身体发育趋向成熟，可加大柔韧负荷练习，从而在已获得的柔韧基础上，进一步获得专项所需要的柔韧素质。

（2）性别。根据生理解剖特点，男子的肌纤维长，横断面积大于女子，伸缩度较大，全部用纤维的3/4强而有力；女子的肌纤维细长，横断面积小于男子，伸展性好，对关节活动限制小，全身仅有1/2的肌纤维强而有力。因此，女子关节的灵活性好于男子。

（三）专项柔韧训练

专项柔韧的训练，针对不同的项目有其不同的训练方法，但在同一运动项群中，柔韧素质的训练方法也有值得借鉴的地方，现按不同运动项群介绍其中每一运动项目专项柔韧训练方法。

1. 技能主导类表现难美性项群

此类项目对于专项柔韧的要求是，运动员以最佳的技术富有美感地完成完整的比赛动作并减少损伤可能的能力。例如，体操、花样滑冰、艺术体操、跳水、花样游泳等项目。以体操为例。发展运动员柔韧素质的方法有两种，即被动和主动，也称消极和积极。被动柔韧练习是指依靠外力的作用促使关节灵活性增大，这一方法可使柔韧指标迅速提高，但与实际应用有一定的差距，运动员承受的痛苦较大。主动柔韧练习是指通过与某关节有关肌肉收缩来增加关节灵活性的方法。这一方法与专项动作的表现形式相一致，易于体现在体操动作之中，但要想在原有的基础上进一步提高比较困难。由于这两种方法各有利弊，在体操训练中更多体现为结合使用。

（1）体操运动员柔韧素质训练方法

①单人或双人的各关节伸展练习。

②采用各种方式、方法拉长肌肉、韧带、肌腱等结缔组织，如甩腰、吊腰、劈叉、压腿、踢腿等多种训练方法。

③专项动作模仿练习，如大幅度振摆、后软翻、吊环后转肩等。

（2）体操运动员柔韧素质训练负荷

①练习强度：开始以中等强度为宜，最后可增加到80%以上。

②练习时间：每次可控制在10~20秒，时间不宜太长。

③间歇：完全恢复，可做积极性放松活动。

④重复次数：5~10次。

⑤练习次数：3~5组为宜。

2. 技能主导类隔网对抗性项群

此类项目对于专项柔韧的要求是，能在整个比赛过程中完整地完成每个技术动作，增加动作的幅度，避免受伤。如羽毛球、乒乓球、网球等以个人为主的运动项目。

现以乒乓球为例，试作说明。乒乓球运动的柔韧素质主要表现为动力柔韧性，即肌肉、肌腱、韧带根据动力性技术的需要，拉伸到解剖学允许的最大限度能力，随即利用强有力的弹性回缩力来完成所要完成的动作。所有爆发力拉伸都属于动力柔韧。静力柔韧性是肌肉、肌腱、韧带根据静力性技术动作的需要，拉伸到动作所需要的位置用度，控制其停留一定时间所表现出来的能力。

柔韧素质的训练方法有两种，即主动或被动形式的静力拉伸法和主动或被动形式的动力拉伸法。这两种训练方法的特点都是在拉伸作用下，有节奏地逐渐加大动作幅度或多次重复同一动作，使软组织逐渐地并持续地受到被拉长的刺激。

（1）主动或被动的静力拉伸。主动或被动的静力拉伸是指缓慢地将肌肉、肌腱、韧带拉伸到酸、胀、痛的感觉位置，并略微超过，然后停留一定时间的练习方法。这种方法可以减少或消除超过关节伸展能力的危险，防止拉伤。由于拉伸缓慢不会激发牵张反射，因而一般要求在酸、胀、痛的位置停留8~10秒，重复3~5次。

（2）主动或被动的动力性拉伸。主动的动力性拉伸方法是靠自己的力量拉伸，被动的动力性拉伸方法是靠同伴的帮助或负重借助外力的拉伸，但外力应与运动员被拉伸的可能伸展能力相适应。

采用有节奏的、速度较快的、幅度逐渐加大的、多次重复一个动作的拉伸方法时，用力不宜过猛，幅度一定要由小到大，先做几次小幅度的预备拉长，然后再加大幅度，以免拉伤。每个练习重复 3~5 次。

①双人搭肩，躯体压肩。两人面对面站立，距离适中，手扶对方肩，做前屈压肩练习，也可做单人压肩练习。身体面向球台或肋木，双手扶球台或肋木做双手压肩或单手压肩练习。

②并肩站立，头上手拉手同时做侧弓步。

③双人背向拉肩练习。双人背手站立，背向两手拉住，同时向前做弓箭步前拉。

④三头肌头上伸展。站立，抬臂向上伸展。屈肘，用另一只手抓住肘部，向内、向下牵引直至上臂后侧肱三头肌感到伸张为止。牵引持续 7~10 分钟，保持身体不前倾。要注意，双臂向后伸展不能过度。

⑤内收肌水平牵引。成坐姿或站姿，将一只手臂搭在身体异侧肩上，用另一只手臂推压肘部横向牵引，持续 7~10 秒，用另一只手背重复这一动作。一只手臂搭在身体一侧的肩上时可伸直手臂内转，手心向外，拇指指向地而，用手臂推压肘部，牵引肩背肌群即可达到伸展目的。

⑥举臂。双臂身前平举，手心向上。用一只手向后、向下伸展腕关节，持续 7~10 秒，重复 3 次；向前、向上伸展，腕部保持 7~10 秒，重复 3 次。换另一只手臂重复一组练习。

⑦身前直臂重复练习。掌心朝下，用一只手向前、向下伸展腕关节，持续 7~10 秒，重复 3 次；换另一只手向前、向下伸展腕关节，持续 7~10 秒，重复 3 次。

⑧借助同伴压肩振臂练习。练习者并腿坐在垫子上，臂上举，同伴在背后一边向后拉其双手，一边用脚蹬练习者肩背部，向后拉肩振胸。

⑨正、侧压腿练习。前后左右劈腿练习，可独立前后振压，也可以将腿部垫高，由同伴帮助下压。

3. 体能主导类快速力量性项群

此类项目对于专项柔韧要求主要是，增加肌肉的弹性，加大关节活动幅度，保证在完成技术时进行大幅度的动作，有利于提高节奏控制能力、动作的高度协调性，以及防止受伤，起保护作用。如投掷、跳跃类运动，以投掷类为例。

投掷类项目的柔韧性训练基本上采用拉伸法，分为动力拉伸法和静力拉伸法。在这两种方法中都有主动、被动拉伸两种不同的训练方式。身体的各个环节肌肉、关节的主动和被动的大幅度伸展和牵引练习通常安排在准备活动和主要练习之间。具体训练内容根据运动员个体情况而定。一般采用肩关节柔韧练习、徒手和带重物做两肩向前或后的绕环的练习、徒手压肩等。

腰部和髋部练习采用站立前屈、俯卧背伸、转体、甩腰及绕环、交叉步跑、正面大步转髋、负重弓箭步走等。不仅要加强柔韧性，还要注意发展各个环节的伸展性和肌肉的弹性，根据专项特点，优先发展肩部和躯干部位的柔韧性。柔韧性练习必须经常进行。

4. 体能主导类耐力性项群

此类项目对于专项柔韧要求主要是可以增加关键关节的柔韧性和灵活性，有利于提高专项要求的运动步幅和技术，配合耐力提高竞技能力。如竞走、中长跑、长跑等运动项目。现以竞走运动员的柔韧性训练为例。

竞走运动员的柔韧素质直接影响竞走运动员的步幅和技术，尤其是髋关节的柔韧性和灵活性。采用身体各个环节肌肉、关节的主动和被动的大幅度伸展和牵引练习，通常安排在准备活动和主要练习之间。根据竞走运动员的特点，在练习时提高运动员的肩、做、膝、裸等关节的柔韧性和灵活性，适当增加身体围绕垂直周转动的幅度，提高肌肉紧张和放松能力，以改善动作的协调均衡性，协调能力。柔韧素质训练一般采用垫上或肋木的静力拉伸练习，在最大动作范围姿势下保持 5~30 秒；原地或行进间动力性练习；原地的模仿竞走转战、两手支撑转髋跳等练习。竞走运动员的协调、柔韧素质及协调能力的训练不是单独进行的。要与专项技术训练结合并贯穿于运动员训练的全过程。

5. 体能主导类速度性项群

此类项目更有利于运动技术的掌握和肌力的发挥，如游泳、短距离跑等项目。以游泳为例，其练习方法：

（1）动力牵拉。动力牵拉是指有节奏地、速度较快地、幅度逐渐加大地多次重复一个动作的拉伸方法。在运用该方法时，用力不宜过猛，幅度要由小到大，从而避免拉伤。每个练习重复 5~10 次。

（2）静力牵拉。静力牵拉与动力牵拉正好相反，是轻柔、缓慢地将关节移到最大活动范闹内，将肌肉、肌腱、韧带拉伸到一定酸、胀、痛的感觉位置并略有超过，然后停留一定时间的练习方法。这种方法可以减少或消除超过关节伸展能力的危险性，防止拉伤。由于拉伸缓慢不会激发牵张反射，一般要求在酸、胀、痛的位置停留 5~60 秒，重复 6~8 次。

（3）被动牵拉。被动牵拉是静力牵拉的一种，由他人施加的一个压力，即在同伴的帮助下或负重借外力的拉伸使活动幅度增大。但外力应与运动员被拉伸的程度相适应。

（4）慢速动力拉伸。慢速动力拉伸是用比较慢的速度进行动力拉伸，可与静力牵拉结合进行，当关节移到最大幅度时静止 5 秒或更长的时间。

（5）收缩—放松法。收缩—放松法是根据神经肌肉的本体感受特征发展起来的。其根据是当肌肉先收缩时，可以更充分地放松，使活动幅度增大。

牵拉的程度比牵拉的方式更为重要，但有两种方式潜在的危险性比较大，应尽量避免。动力牵拉是最危险的，因为正在快速运动的肢体很难被控制，因此容易造成过度拉长。被动牵拉也比较危险，一个强壮而热心的同伴很可能将被牵拉者的肌肉和肌腱拉伤。不过，被动牵拉比较适合于裸关节的牵拉练习，因为这个关节不容易被过度牵拉，而且被动牵拉的效果很好。

每次训练前后应安排 10~20 分钟的牵拉练习，这样有利于运动员在游泳专项训练时增大动作幅度，同时改进技术。建议静力牵拉和收缩—放松牵拉持续 6~60 秒，因为训练效果可能带到活动范围，极限在开始数秒时就已经产生，过度的牵拉可能是浪费时间。每次练习可进行 3~6 组，每组 10~15 次。进行任何素质训练的同时，也伴随着调节器、结构代谢方面的改变。然而，适应变的过程取决于负重力量、肌肉收缩的方式、速度及练习的持续时间、肌肉组织的个体结构。

第六章　体育运动教学实践

第一节　篮球运动技能研究

1995年，我国篮球运动实施了职业化改革，在较成熟的专业化竞技篮球体系解体之后，还未形成完善的职业化篮球体系，篮球训练指导思想研究出现了断层现象，我国竞技篮球训练工作缺少明确的方向。指导思想的不明确，造成我国竞技篮球运动技术水平的波荡起伏；同时，虽然篮球职业化一直在前进。但是我国篮球市场、篮球产业体系并未真正形成。

新制度经济学家道格拉斯·诺斯提出制度变迁会出现两个完全相反的轨迹，一个是良性循环的路径依赖轨迹，这条轨迹上的制度变迁会极大地调动人的积极性，使资源利用最大化；一个是恶性循环的锁定轨迹，只利于极少数控制者的利益，不利于整个事业的发展。

我国竞技篮球运动也正在经历制度变迁。如果能走上一条良性循环的发展道路，将使篮球运动实现其价值最大化，良性轨迹的最优特点是制度变迁让最大群体得利。扩展到我国竞技篮球运动项目来说，是要让篮球管理者、运动员、教练员、相关工作人员等实现价值最大化，同时让观众得到篮球文化最大化的享受。

在实现竞技篮球制度变迁良性循环的过程中，科学定位、多学科研究训练指导思想，提出明确的训练指导思想，将有利于我国竞技篮球运动的可持续发展。

一、篮球实践和运用技能问题的提出

现代运动竞技已越来越紧密地与现代科学技术结合在一起，赛场上的优胜者必然会更加依赖于现代科技全方位与全过程的介入。不同学科的科学理论、思想与方法都能在这里得到广泛的应用，发挥着各自的影响和作用。为了提高运动员的整体竞技能力，在很大程度上都要借助多学科的现代科学技术帮助与支持。中国篮球运动百余年历史充分证明，加强科学研究、注重实践效果是推动中国篮球运动发展的重要动力。

在运动训练理论和实践中，运动技能的学习与控制是一个非常重要的问题。人们早已从体育运动实践中，认识到掌握运动技能、加速运动技能形成和提高运动技能绩效的重要意义。像所有科学一样，运动技能学的理论也是从实践中产生、在实践中发展起来的同时，

它又服务于运动技能实践的需要，推动运动技能实践的发展。运动技能学习与控制理论及其研究成果，对于参加体育运动的人们，无论是竞技者、健身者还是康复者，无疑都有着重要的现实指导意义，标志着体育科学的内涵已变得更加充实。

关于运动技能学理论与专业实践之间的关系问题还存在着不同的看法。首先，在运动技能学研究中，有学者认为概括性研究要比对特定技能的研究更有价值，认为概括性研究在实践中的应用范围更加广泛。其次，对运动技能学理论的必要性提出质疑。这种疑问主要来源于对运动技能学理论的"实用性"认识不够，不能充分理解理论与专业实践之间的关系。基于这样一种认识，就形成了目前在运动技能学的研究内容和成果中，实验性理论研究发展较快，理论与专项运动技能，特别是特定的某一专项技能的应用研究成果较少。

作为一个独立的理论学科，运动技能学在我国发展时间较晚，于 20 世纪 80 年代初才引起我国有关学者的关注。我国第一批体育学者在国际交流中，了解到运动技能学对运动训练和体育教学的现实作用，从而将之引进我国。并且，篮球运动技能的重要任务之一，就是向运动员传授正确的运动技术并形成高水平技能，特别是对篮球运动这样以同场对抗竞技为主导的项目来说尤为重要。运动技能的方法、原则、计划等都应依据篮球运动技能形成规律及其特征而设计。无论是学习者还是指导者，在篮球运动技能的学习与控制过程中，都应研究、掌握篮球运动技能的形成及其变化规律，才能实现对篮球技战术的有效控制，并获得最佳的技能绩效。将运动技能学的理论与篮球运动实践相结合，能够为篮球运动技能提供科学的理论依据，从而帮助教练员更加有效地组织练习，把科学训练落到实处，不断提高训练质量。因此，有关篮球运动的技能学研究将成为人们关注的问题。

二、篮球运动技能的组成成分

篮球运动技能的形成过程与三个因素有关，即目标得分或控制得分、操作任务技能、战术行动和操作环境。是否能够达成目标，取决于运动员对特定环境的适应与技战术操作技能绩效水平。因此，篮球技战术操作能力是构成篮球运动技能的核心组成成分，技能绩效取决于环境变化的干扰程度、人对操作环境的认识以及通过自身运动能力对篮球技战术的控制水平。所以，我们认为篮球运动技能的组成应包括以下三个成分。

（一）篮球技战术操作能力

篮球技战术操作能力指技战术操作的熟练程度和达到的水平，即对基本技术、组合技术、位置技术、技战术组合技术等掌握的程度，是组成篮球运动技能的核心成分，是区别于其他运动技能的重要标志。

（二）运动素质

运动素质是运动员体能的重要组成部分，运动员在运动过程中，机体各器官、系统的机能在中枢神经系统的支配下所表现出来的各种基本运动能力，共分为九种。这些基本运动素质因为主要与大肌肉群运动技能操作有关而区别于知觉运动能力。

运动素质包括九种基本运动能力：一是静态性力量，指人能够对外界物体施加的最大力量；二是动态性力量，指反复用力时肌肉的耐力；三是爆发力量，指为肌肉爆发有效动员能量的能力；四是躯干力量，指躯干肌肉的力量；五是伸展柔韧性，指弯曲或伸展躯干和背部肌肉的能力；六是动态柔韧性，指重复快速躯干弯曲动作的能力；七是全身协调性，指运动中身体各部分的协调能力；八是全身平衡能力，指在没有视觉线索的条件下保持身体平衡的能力；九是耐力，指需要心血管系统参与维持最大限度工作的能力。

（三）心智能力

心智能力包括两个层次：一是初级认知能力，即知觉运动能力；二是高级认知能力，即一般智力和心理技能。

1. 知觉运动能力

知觉运动能力是指对篮球技战术操作环境中的刺激所做的观察和理解，并做出选择、调节和控制的能力。知觉运动能力包括九种：一是多肢体协调性，指协调多个肢体同时运动的能力。二是控制精确性，指单侧手臂或腿在控制器械时做出快速准确动作调整的能力。三是反应定向，指根据自身或操作对象的移动情况快速选择操作模式和方法的能力。四是反应性等，指当信号出现时迅速做出反应的能力，包括简单反应性、选择反应性和辨别反应性。在篮球运动技能操作中，反应性的用途是评价运动员在运动情境中，对特定动作形式和开始时间的预判能力和决策速度。五是手臂动作速度，指迅速操作要求最小限度准确性的大的、分立手臂动作的能力。六是速度控制，指根据持续移动的目标、对象的速度、方向的变化调整动作速度的能力。七是手臂灵敏性，指快速条件下用技巧性的手臂动作操作较大对象的能力。八是手臂的稳定性，指在最低限度要求速度和力量的条件下准确控制手臂方位的能力，包括在手臂动作运动过程中或在一个静止的手臂位置时，保持手和臂的相对稳定性的能力。九是准确操作能力，指在快速移动过程中，准确控制动作姿势、获得最佳效果的能力。

2. 一般智力和心理技能

一般智力包括认知定向能力和记忆加工能力，如学习、记忆储存、提取、整合、比较记忆信息以及这些认知过程在新背景下的使用。心理技能是通过练习形成的能影响个体心理过程和心理状态的心理操作系统，是一种能提高人体身心潜能相关的在人脑内部进行与形成的内隐技能，它包括一般心理机能和篮球专门化的心理技能。一般心理技能是指适合所有运动技能操作特点的心理技能，如应激控制、唤醒水平控制、目标设置、集中注意力、表象能力等。篮球专门化心理技能是指适合于篮球专项所必须掌握的心理技能，如球感、时间知觉、空间知觉、动觉方位感、节奏感、篮球意识等。例如，在球类比赛中，运动员的运动技能是开放性的，运动员的运动能力取决于对不完整信息或先行信息的加工过程。利用眼动测试器测试冰球守门员眼动的情况，研究结果表明，无论是在大力射门还是小动作射门的情况下，初学者盯球的次数都比优秀守门员要多得多。因为优秀守门员利用球杆的信息，而不是利用冰球的信息来预测球的运行情况，而初学者只是当球杆接触球时才能判断出球的运行情况。篮球运动也有同样的情况，并且随着问题的解决和运动员经验水平的不同，其注视的变化情况也不同，视觉搜索并不是看尽赛场上所有的信息，无论是优秀运动员还是新手，都是倾向于选择特定的信息，一旦认为获得了足够的信息，就马上做出反应。但是，优秀运动员倾向于反复地注视进攻—防守队员，而初学者则不注视防守队员，只注视同伴队员。这说明优秀运动员的视觉搜索模式与初学者有所不同，优秀运动员能够注视比较重要的信息。

三、篮球运动技能的类型特征

提到篮球运动技能的类型，几乎所有的研究都认为篮球运动技能属"开式技能"，罚篮动作技能除外。开式运动技能与闭式运动技能的技能分类方法是由英国实验心理学家波尔顿提出的，他根据环境是否稳定把运动技能分为开式和闭式。当环境稳定、可预测的时候，在这种环境下操作的运动技能称为闭式运动技能；如果环境不稳定、不可预测，动作要因环境的变化而不断改变调整，就称为开式技能，波尔顿的技能分类方法的基本依据就是技能操作环境的稳定性。而把篮球运动技能完全归属于"开式技能"的观点，只注意到了篮球运动技能在比赛环境背景中的技能特征，忽视了篮球基本技战术学习阶段的环境背景相对稳定的特征。原因是对篮球运动技能形成过程缺乏整体性的认识。因此，篮球运动技能是属于开式技能还是闭式技能，要依据技能形成过程中不同阶段的操作环境背景特征来确定。技能操作环境背景的可控性与不可控性特征的分析结果，为篮球运动技能的开式、闭式类型的认识提供了理论依据。另外，不同阶段技能操作目标的不同也反映了技能操作环境背景稳定与否的特征。例如，基本技战术学习阶段的技能操作目标是学习准确、规范的基本技术动作，形成动力定型并达到自动化程度。为了实现这一目标，学习者必须在稳定的环境条件下进行反复的练习，提高内部本体感受器调节运动操作的能力。教练员或教师也必须依据技能操作目标调节控制环境，尽可能创造最适宜的练习环境提高练习绩效。因此，目标决定了操作环境特征，同时也确定了在此环境中操作的技能类型。

四、篮球运动技能的特征

篮球运动技能的组成成分应包括篮球技战术操作能力、运动素质、心智能力。运动素质和心智能力是组成篮球运动技能的一般成分，篮球技战术操作能力是其特殊成分。

篮球技战术学习与控制由基本技术学习、技战术组合学习、技战术应用、技战术自组织创新四个阶段构成。

在基本技学习阶段，其操作环境是在事先安排好的、稳定的、具有高控性特征。而技战术自组织创新阶段的技能操作环境是不断变化、不可预测的，表现出明显的低控性特征。

而技战术组合学习和技战术在应用阶段中的环境则是两种特征并存。

篮球运动技能属开式还是闭式要依据技能形成过程中不同阶段的操作环境特征来确定，技能操作环境的高控性与低控性特征的分析结果，为篮球运动技能属开式、闭式类型的认识提供了理论依据。

五、篮球运动技能培训相关专业词汇解析

（一）强化基本功

匡鲁彬认为，篮球运动员技术比较单调且片面（如会投的不会过，会左手的不会右手等），基本技术掌握得不够全面，特别是脚步动作差，现在会传球的队员不太多。传球的时机、落点、角度、手法掌握程度不好，往往内线队员抢占了位置，外线运动员却无法将球准确、舒服地交到内线去。

董顺波在《对我国甲级女篮2006年夏训体能和基本技术的测试分析》一文中指出："通过专家组对测试队员技术的评定和我们在现场对她们训练和比赛的观察，队员在基本技术的规范度和熟练程度上有很大的差别，特别是投篮技术，无论是投篮节奏的把握与世界优秀女篮队相比都有很大不同，基本技术相差比较大，普遍存在基本功不扎实和基本技术不全面的问题。这一点与篮管中心官员、专家组成员和测试组成员的意见一致。然而，女篮要重新崛起就必须加强对投篮等基本技术的科学训练。运动员在比赛中技术运用不稳定、发挥不好，防守时跟不上对手的变化、漏人等情况的出现，这一方面说明基本功不扎实，还说明在平时训练中教练员不注重基本功练习，所以才会导致运动员在比赛中由于基本技术的原因而屡屡出现错漏。因此，要加强运动员的基本技术训练。"

（二）"快速"风格

1．"快速"释义

从世界篮球运动的发展趋势来看，其发展主线是快速和准确，速度快是手段，准确是目的。快速是创造、寻找和掌握、利用战机达到准确完成动作的手段，"以快制胜"的锐利武器更加受到世界强队的青睐。对我国篮球运动来说，"快速"这一概念既可以指向技术风格，也可以用来阐释战术风格。体现在技术动作方面，是指运动员在训练、比赛中的脚步移动快、起跳快、起动快、传接球又准又快、推进快、攻防转换快等。当然，运动员在"快"的同时也要"准"；否则，只"快"不"准"会在比赛中造成更多的失误。而体现在战术方面，最具代表性的就是快攻战术。快攻战术在进攻战术中占有重要地位，是当今世界强队克敌制胜的"法宝"。快攻战术不是一个人、两个人的个别行动，而是全队整体的战术配合。因为快攻不仅包括攻击性强、协同配合的防守体系，并且包括有效地拼抢篮板球、抢断球配合，这是为发动快攻创造条件的前提。球队只有掌握全面、系统的快攻

战术，才能在比赛时主动地、有意识地发动快攻进攻。"兵贵神速"，在发动快攻时，运动员的一切动作都必须快。用最快的速度、在最短的时间内完成快攻推进，投篮得分，令对方措手不及。如果一支球队忽视了快攻战术，那么这支球队"积极主动、快速灵活"的运动风格就难以形成。因为只有快速才能体现运动员在赛场上积极主动的思想作风。

2. "快速"风格

一支球队有了坚定的"快速"思想，必然会带动体能、技战术以及思想作风的不断提高。近年来，我国男篮在国际篮球比赛时，因为一些原因导致球队的进攻速度下降，这种现象在联赛中也不罕见。2011—2012 年赛季，由于外援马布里的加盟，北京金隅队在本赛季的比赛中发生了很大的变化。在马布里的带动下，北京金隅队提高了进攻的推进速度，加快了攻守转换的节奏，创造了开局 13 连胜的新纪录，最终取得了本赛季常规赛的第二名，也是北京金隅队在职业联赛中取得的最好成绩。从这个案例可知，当前最重要的是必须树立我国篮球教练员、运动员的"快速"训练指导思想。有了这个训练指导思想，我们在技术、战术训练工作方面就可以制定明确的、可操作性的指标，这也是我国篮球运动向世界篮球高水平迈进的关键环节。"快、灵、准"是我国篮球运动的传统风格，因此要重新树立我国篮球运动的"快速"风格，就要在篮球训练工作中强化快速战术，即快攻战术。

3. 快攻战术

快攻战术是我国篮球运动在 20 世纪五六十年代形成的"三大法宝"之一，是我国男女篮在比赛中强有力的进攻"武器"。因为快攻战术能在短时间内打出进攻高潮并将比分迅速拉开，奠定比赛胜利的基础。回首我国篮球运动发展的历史，我国女篮之所以能获得世锦赛、奥运会亚军，男篮打入世界八强，其中很重要的是当时我国篮球运动有正确的训练指导思想，而主张快速进攻就是其中最重要的组成部分。我国篮球运动过程中所提出的明确训练指导思想是中华人民共和国成立后经几代篮球人努力拼搏、勇于实践、善于总结、不断改进的结果，它们是我国篮球运动的宝贵财富，也是我们今天应该继承和发扬的篮球运动技战术风格。

（三）"灵活"风格

对竞技篮球运动的发展趋势来说，高度所带来的优势已经成为各国的共识，但篮球运动强调的高度不仅仅是运动员身体形态的高，它要求高大运动员高中有壮，壮中有巧（灵活机敏有智慧），使高、壮、快、巧、准结为一体。

1. "灵活"释义

运动项目不同，对运动员身体素质的要求也不同。篮球运动所要求的灵活性是传接球的准确、巧妙；在有限场地内的快速起动、急起急停、变速变向的快速、多变；掩护、突分等战术配合的机敏、善变等。因此，我国的篮球运动员应该在加强力量训练的基础上，提高技术动作的细腻性，快速掌握灵活的技术和敏捷的脚步动作，在比赛时才能做到灵活多变，才能形成"灵活"的篮球运动风格。

2. 打造"灵活"风格

2008 年北京奥运会，在中国男篮对立陶宛的比赛中，我国以 68∶94 的比分输给了立陶宛队。纵观全场比赛，我国男篮节场进攻战术配合笨拙、费力，而立陶宛球队的配合则明确、默契、灵巧而轻松。相比之下，我们丢失了传统风格中的"灵活多变"特点。

马赫执教我国女篮时，他强调攻防的对抗性，尤其是加强防守的对抗性。这种对抗性并非指队员之间的身体接触，而是指在防守时要给对方强烈的攻击性和压迫性。从进攻的角度说，虽然加强对抗性，特别是加强篮下一对一的对抗性很重要，但基于我国运动员的身体特点，即便身体对抗性有很大提高，但与身体强壮、力量大的外国高大队员相比，从整体上来看并不占上风。因此，从战术的角度来讲，我国女篮如果与对手拼体能上的对抗，并非上策，因此，我国女篮对付外国强队的策略应该是：全场进攻采取快速攻防转换，利用一切能利用的机会发动快攻反击，打对方立足未稳，让对方的强对抗性无计可施，无用武之地，不让她们发挥优势。

在 2009 年中澳国际篮球挑战赛北京站的比赛中，我国女篮以大比分取胜。当然，澳大利亚布林袋鼠队的竞技水平比较弱。但若从亚锦赛的角度来看这场比赛，似乎能够提出一个让人值得思索的问题：中国女篮要战胜身高体壮的世界强队，是靠对抗取胜，还是靠灵活巧妙的打法取胜？在中、澳队的这场比赛中，我国女篮打出了许多快速反击，在无人防守或防守跟不上进攻队员动作的情况下，使对方的对抗性失去了发挥作用的机会。由此可见，我国女篮在与世界强队比赛时，应该靠灵活多变的战术打法制胜。

六、现代竞技篮球运动的进攻与防守

（一）进攻与防守的概念

攻，即进攻，是实现篮球竞赛目的的重要手段之一，也是篮球竞赛行为的基本类型之一，它的行为目的是攻击对手、击败对手，获得时间和空间的主动权。它的行为特征是以运动的状态向对手进击，并在进击的运动中求得"争斗"的更大优势和主动地位，进而实现"争斗"的终极目的，通过一切合法的手段把球投入对方的篮筐。守，即防守、防御，它是实现"争斗"目的的重要手段之一，也是"争斗"行为的基本类型之一。它的行为目的是保存和守卫自己的阵地，不让对方得分。它的行为特征是以相对驻止的状态抵御对手的进攻，并求得竞赛过程中的优势和主动地位，进而达到巩固成果的目的。竞技篮球运动中存在着这两种最基本的行为。因为在"争斗"过程中，双方的行为不是出于进攻的目的，就是出于防守的目的，出于进攻和防守目的之外的任何行为都是不存在的。这是由于"争斗"的目的是击败对手和巩固已得成果，而击败对手依靠的是进攻的行为，巩固已得成果依靠的是防守的行为。"争斗"中没有脱离目的的任何盲目行为，一切行为都是为"争斗"

目的服务的。因此，除了为"争斗"目的服务的行为外，不可能有任何别的行为。

由此，"争斗"中的一切行为，不是出于进攻击垮对手的需要，就是出于防守保存自己已得成果的需要，出于进攻和防守之外的任何需要都是不存在的。

（二）进攻与防守的性质

1. 进攻的性质

在"争斗"中，攻的性质和守的性质是完全不同的。从进攻的概念来看，攻是一种对对手的进击，目的是击败对手。它处在一种主动的运动状态，并且在进击运动中追求优势，发挥主动和长处，进而达到攻的目的。由此来看，攻的性质是一种主动进击的行为，是"争斗"行为的发起者，或者说攻击者就是首先挑起"争斗"的人。但是，攻击不仅仅是一种力量的打击，它还包括精神上的攻击、气势上的攻击、使用智谋进行的攻击。攻的行为及其运动状态的过程，只是攻的行为表象。《孙子》中说："上兵伐谋，其次伐交，其次伐兵，其下攻城。"孙子把运用智谋进行攻击放在首位，而把用力量进行攻击放在次要地位，足见孙子是何等的重视"谋攻"。因为任何成功和胜利的"争斗"，都首先是运筹帷幄中的较量和"谋攻"上的"多算""胜算"，其次才有比赛场上追亡逐败的战果。孙子所谓"多算胜，少算不胜"，就是指"谋攻"的重要性。因此，攻的性质，首先是进攻者具有了这种攻击的强烈欲望、攻击的谋略，然后才有攻击的行动。

2. 防守的性质

从防守的概念来看，守是为了保护自己不被击败，保存自己不淘汰，是相对于对手的进攻而言的，它的特征是以相对驻止状态抵御对手的进攻，并在这种相对驻止状态中求得优势和主动地位。守从形式上来看，它是攻击的承受者，因而守的性质是被动的。但是，攻守双方一旦接触，守方就不再是被动攻击的承受者了，守方的还击，也具有了攻击的性质，也是一种主动进击的行为。这就是双方的斗争。克劳塞维茨说："没有还击的防御是根本不可设想的，还击是防御的一个必要组成部分。"所以，对进攻的还击就是防御。

总之，防守的性质是承受攻击的被动行为，是相对于进攻而言的，同时防守的手段也是针对进攻手段的一种反应，进攻手段促使防守手段的不断变化，防守手段也反过来促使进攻手段的不断变化。防守建立在相应的还击和对场地或外界事物的利用之上。

（三）防守与进攻的内在联系

比赛中的进攻和防守是相对而言的。因为有人进攻，必然会出现防守。防守和进攻在竞赛双方中是交替变化的。攻和守是相对的，无攻就无所谓守，无守就无所谓攻。攻守两种行为是密切联系的。《孙子》中提到："攻而必取者，攻其所不守也；守而必固者，守其所不攻也。"这段话的意思与我们所讲的攻守两种行为的必然联系完全不同，它从另外一种角度来考查攻守问题。《孙子》中所说的"攻"是进攻对方虚弱和疏于防守的地方，是其该守而不守的地方。这种"攻"已不纯粹是"攻"的一般性概念，而是指一种"攻"

的战略战术。《孙子》在这里讲的是如何克敌制胜的战略战术问题，而不是关于攻守两个一般性概念的普遍内在联系问题。

攻守的内在联系是由"争斗"行为的相互作用构成的。对防守的一方来说，是因为有进攻者的进攻，一方的进攻导致了另一方的防守；对进攻者来说，并不是因为有防守，而是出于实现目的的一种实际行动的需要。

攻守的内在联系也是由竞争目的决定的。争斗的目的在于击败对手、获取胜利，因此攻守也是出于夺得胜利为目的。也就是说，无论是进攻，还是防守，其目的都是夺得战斗的胜利。《唐李问对》中说："攻是守之机，守是攻之策，同归乎胜而已矣。"攻守在"争斗"中的目的是没有矛盾的，是统一的求胜过程体现。为了达到获胜的目的，防守在外在表现形式上处在被动地位，但在内在行动上则要带有攻击的性质，而防守的胜利会必然转向进攻。军事家们常说，最好的防御就是进攻，即深刻地从另一面体现了这一思想的普遍意义。革命导师恩格斯在《波河与莱茵河》一文中说："最有效的防御仍然是以攻势来进行的积极防御。"《历代名将言行录》中说："我以退为守，则守不足我以攻为守，则守有余。"约米尼说："守势作战只要不是属于绝对消极的性质，则常有成功的机会守方绝不可以站在原地不动，静等着敌人来对他加以打击，反而言之，他应有双倍的活跃，随时保持着机警的态度，一但发现了敌人的弱点，马上就加以强烈的回击。这一类作战计划可以叫作'攻势防御'，它在战略和战术上，都具有相当大的优点。"

攻守两者是辩证统一的。攻守虽然是两个截然对立的矛盾事物，但二者却同处于一个统一体中，它们互以对方为存在的原因。攻守对于一方面言，并不是处于进攻时就没有防御，处于防御时就没有进攻。如果在进攻中不知道运用防守，就会把弱点暴露在对手面前，并遭到对手的反击而陷入被动挨打的地位，此时攻势就可能变成被动的守势。如果防守中不知道运用进攻，当对手暴露了虚弱点而视若无睹，放过反攻的良机，就会助长对手的强大，使自己陷入更加被动的不利地位，其结果必然导致惨重的失败。在进攻过程中，进攻是矛盾的主要方面，防守是矛盾的次要方面，防守是潜在的；在防守过程中，防守是矛盾的主要方面，进攻是矛盾的次要方面，进攻是潜在的。如此构成攻中有守、守中有攻的对立统一关系。因此，攻守两者是紧密联系的，是不能被割裂的。

《唐李问对》中说："攻守者，一而已矣，得一者百战百胜。"所谓"一"，就是要把攻守两者有机地统一起来，因为从实际比赛中来看，无论是我方还是对方，都不可能只有优点而没有缺点，只有实而没有虚，或者是只有缺点没有优点，只是虚而没有实。只要双方始终存在着互有强弱、互有优劣的关系，就有攻守统一的绝对必要性。从战略到战术，从思想到行动，从需要到手段，都必须是攻守统一和攻守兼备为基础，并且运用得当，这往往是取得胜利的重要条件。

（四）防守与进攻的内家和形式

攻守的对象是攻守的具体内容，攻守对象的多样性决定了攻守内容的多样性。不同的对战对象，技战术风格、队伍结构和面貌也不同，必然要有针对性地采取攻防形式。攻守内容的多样性，也决定了攻守形式的多样性。攻守形式随着篮球运动的发展不断变化和有所创新。攻守的形式就是针对具体攻守对象所采取的具体方法和手段。

在篮球运动早期，技术比较原始，也没有太过复杂的战术，攻守的形式都比较简单，随着一系列新的技术不断出现，如跳投、勾手投篮等，原来的防守形式必须要改变。由于单兵作战能力大大提高，一个人防不住单个对手，出现了协防和夹击，为了解决这个问题，掩护也就自然而然地产生了。但是，无论形式怎样变化，攻守行为却绝对没有变化。因此，这决定了攻守基本形式即攻守的普遍形式并没有发生多少变化，发展变化的只是攻守的具体形式。

攻守的具体形式包括了攻守所使用的各种战法。首先从攻守的样式来讲，有阵地战、快攻、人盯人、联防、区域紧逼、全场紧逼等；从时间形式上讲，有所谓快节奏和慢节奏；从作战的具体形式上讲，有正面突破、底线包抄、一一进攻、一一紧逼、夹击、掩护、紧逼反击等；从规模上讲，有半场防守、全场防守等。

攻守的内容和攻守的形式是密切相关的，一定的攻守内容往往需要借助一定的攻守形式来实现。内容是攻守对象的实质，形式是针对解决实质性问题的攻守方法和手段。面对不同的攻守内容，必然要求选择和采用相应的攻守方法和手段，即攻守的形式。

唯物辩证法认为，任何事物都是内容和形式的统一，任何内容都有和它相适应的形式。从统一的角度来讲，攻守的内容和攻守的形式是不可分离的，形式和内容是互相包容的。例如，阵地进攻争夺是攻守的内容，阵地战的各种战法是攻守的形式，两者是完全统一的，因为争夺阵地必须借助于阵地战的各种形式来实现，如果一方背离了阵地战的各种规律，必然会导致争夺的失败。

（五）防守技术运用技能

基本姿势包括头、手臂、背、腿、脚五个部分。

1. 头

头部对身体平衡十分重要。在比赛中，头部总是在球和对手之间迅速调动，极易失去重心和有利位置。为减少过多的头部运动，一定要靠准确的判断、高效的脚步移动等，占据有利位置，尤其是在滑步过程中，更要注意保持头部的相对稳定。

2. 背

防有球与防无球，防投篮与防运、突、传对背部姿势的要求也有所不同，一般防运、突、投之前是背稍前屈，这种姿势便于起动，有一定的爆发力和弹性。封逼死球及防无球空切时，背部相对较直，以便于身体对抗，"延误"对手的进攻。现代篮球防守仍然是低姿势防守。身体重心低并不是减少膝角即膝关节的弯曲角度，使其处于深蹲状态，而是使自己处于既平稳又易于尽快冲破平衡，及时向各个方向移动的最佳施力状态。因此，防守队员在防有球对手时，多采用在屈膝、降低身体重心的基础上，上体稍前屈，臀部稍后坐，并以全脚掌着地，使自己的手在一定距离的条件下也能接近对手。

3. 手臂

只有用手的攻击才能破坏对方的进攻和获得球权，重心的调整与维持，防有球与防无球，防投篮与防运、突、传打、抢断、封盖与争抢篮板球等，手臂动作的合理运用起着至关重要的作用。投篮有手法，防守亦有手法。不同区域、不同位置、进攻队员持球部位的高低，对手臂的摆放要求是不相同的。防守中手臂绝不能因累而下垂，合理的手臂动作姿势与高度，加大了防守面积，加快了抢球速度，减少了在低处随心所欲地乱捞球，并可降低无意义的犯规。

4. 腿

腿要自然弯曲，降低重心，保持稳定，符合人体生理结构特点的就是最佳角度。易于发力，便于起动和起跳，符合人体生理结构特点的就是最佳角度。

5. 脚

防守的起始姿势是两脚平行站立，或前后稍分，两脚之间的距离比肩宽；脚跟稍抬起，两腿屈膝降臀，近似坐姿；上体较直，微前倾头要摆正，两眼平视；两臂屈肘，高于腰，于心略向上，放于身前。在防守中，脚步移动的作用是使身体及时移位，以保持处在正确的防守位置和活动范围。

（六）防守专项脚步

脚步动作是防守者在防守时采用的移动步伐，是个人防守技术的基础。防守者运用脚步动作，与手臂和身体其他部位配合，抢占有利位置，最大限度地破坏和阻挠对手的进攻意图，以达到争夺控球权的目的。专项脚步动作有跑、跳、急起、急停、转身、碎步、前滑、迎上攻击步、后撤步、迎前变后撤、后撤变迎前、横侧滑步、交叉步、跑跳步、滑跳步、跳滑步等各式各样的脚步动作。

（七）选择防守位置

防守位置包括抢篮板球位置、攻转守退防选位、防有球选位、防无球选位、限制区内的争夺抢位五个部分。

1. 抢篮板球

抢篮板球分为抢前场篮板球和抢后场篮板球。抢前场篮板球，要求用身体的虚晃绕过或摆脱防守队员，常利用手臂"划船"式或直臂单挑式、双手直臂式等动作。抢占空间面积的同时，配合各种步伐、合理的身体冲撞，抢占有利位置，争取获得控球权。抢后场篮板球，则根据对手离篮筐和防守队员之间的距离，防守队员离进攻队员近，就用后撤步转身挡住对手，如离进攻队员有一定距离，就用迎前交叉步配以手臂的"划船"动作做前转身，将对手挡在身后，转身后两肘外展举于体侧。抢占空间面积的同时，两腿弯曲、重心降低、含胸拔背，发力顶住对手，保持最有力的起跳姿势，抢占有利位置。另外，还有与进攻面对面、交叉挡人、弱侧挡人抢位等动作。

2. 攻转守退防

攻转守有主动转守（投中篮或失去球权成死球时）和被动转守（失去控球权）。无论哪种转守，事先都应根据本队的条件，制定防守战术，明确个人职责，根据"球—我—他（攻方）—篮"的防守原则，各自积极地抢占合理有利的位置。

3. 防有球

根据球与篮之间的距离、本队的防守战术打法、个人的防守能力，保持和对手适宜的距离，做到能控制和干扰球而不失位。根据时间、比分、区域、对手决定防守的强度。

4. 防无球

根据"球—我—他（攻方）—篮"的防守原则，不断调整防守位置，坚持"球要经过他必先经过我"的防守原则，进攻队员离球越近，防守就越进。

5. 限制区的争夺

靠勇敢、靠智慧、靠积极、靠脚步，主动发力，占据最有利的位置。

第二节 排球运动技能教学—生成性教学

新课程改革以来，人们对教育问题不断地进行批评和反思，"生成性教学"这一术语在这一时期频繁使用。生成性教学是在生成性学习的基础上提出来的，是指教师在动态的教学活动中，根据学生具体的学习情况，有针对性地调整教学思路和教学行为的教学活动。现阶段对生成性教学的研究，集中在中小学的语文、数学、化学和历史等学科上，并取得了可观的成果；但在体育学科中，生成性教学的研究很少，还没有出现具体某项体育运动项目存在生成性教学方面的研究资料。目前，体育教学虽然进行了一些改革，但仍是采用传统的教学模式进行授课，对学生的主体性不够重视，不能激发学生的学习兴趣和运动动机，而生成性教学始终关注学生主体性的发挥，能激发学生的学习积极性和主动性。因此，本节将把生成性教学引进排球运动技能教学中，并通过教学实验验证生成性教学对排球运动技能教学的影响。

一、生成性教学概述

我国的教学深受赫尔巴特和凯洛夫教学思想的影响，特别是"教学过程是特殊的认识过程"影响了我国几代学者，教学过程的"组织教学—复习旧知—新授—巩固练习和布置作业"已成为一种固定的教学形式。20世纪80年代中期，我国对基础教育进行批评反思，《基础教育课程改革纲要》提出，教学过程要"注重培养学生的独立性和自主性，引导学生质疑调查、探究，在实践中学习，促进学生在教师的指导下主动地、富有个性地学习"。近年来，我国又深化了教学改革，教学过程不再被视为一种简单的活动过程，而是看作教学活动的主体围绕一定的活动主题在特定的情境中，通过互动建构的实践活动，是教学要素之间相互作用、变化和发展的过程。师生在动态的教学中，促进学生知识与技能的形成、情感态度与价值观完成质的飞跃。这不仅打击了传统的教学模式，还严重打击了教师的教学。随着新课程改革的不断深入，教师对生成性教学理论不断了解，把生成性教学引入教学领域已成为众学者的期待。

生成性教学实践探索先于理论研究，最早可以追溯到 20 世纪 80 年代，在意大利的瑞吉欧·艾米里亚地区就进行了生成性教学的实践探索，但这次教学活动主要是在幼儿园内进行的。最早把生成性教学理论和实践结合起来的研究者是美国太平洋橡树学院伊丽莎白·琼斯教授和约翰·尼莫教授，在他们合著的《生成课程》一书中，记载了他们亲自指导的美国一家幼儿园一年中生成课程的实践情况。伊丽莎白·琼斯教授和约翰·尼莫教授认为，生成性教学"是一个教育环境中实际发生的事情而不是理性上计划了要发生的事，而是真正发生的事情"。他们强调生成性教学的真实性和实践性。

从目前搜索的文献资料上来看，对生成性教学理论的研究很多，虽有些已经运用到语文、化学、数学、历史等学科中，但对体育教学的研究很少，还没有人涉及把生成性教学理论引用到体育教学中。随着信息化时代的到来，越来越多的人开始关注奥运会，关注排球运动。排球运动是一项集体项目，其技术复杂、战术精细、攻防瞬息变换，具有高度的刺激性和敏锐的灵活性，深受广大民众和学生的喜爱。在我国高校学科中，排球运动一直占有重要地位，但由于其对动作技术的要求较高，而且技巧性又比较强，这给高校排球运动的教学带来了一定的影响。现在大学体育专业毕业生大多扮演着中小学体育教师和低层体育指导者的角色，这就要求学生更好地掌握排球技术和自主学习排球知识，使其在以后的体育教学工作生涯中更好地教授下一代排球学习者。仅依靠在课堂中学习的知识并不能满足社会对学生的要求，学生不仅要掌握基本的排球知识，还应持一种终身学习的精神，这就需要教师激发学生深入学习排球知识的兴趣。

目前排球运动技能教学仍以常规教学为主导，遵循教师讲解示范、学生根据教师的指导逐步练习、教师指导纠错、学生巩固练习，最后达到一定的技术水平，常规教学只是让学生达到了课程目标的要求，并没有引导激发学生学习的兴趣，现代教学要求教师不仅要让学生掌握应有的知识技能，还要引导学生对此项运动的热情，以保障学生在以后的学习生活中深入探究、自主学习，形成终身学习的理念。随着新课程改革进一步深入，学生的主体性逐渐得到关注，生成性教学的出现解决了这个难题。首先，生成性教学符合新课改的要求，关注学生的主体作用，在教学过程中是以学生的学习活动为中心，教师根据具体的教学情况来调节课堂，以使学生更好地学习课堂知识和运用各项技术；其次，生成性教学关注发展的教学目标或动态的教学过程，在预设好的教学目标和过程上，教师可以根据具体的教学环境来降低或提高教学目标和改进教学过程，适应学生的学习情况和满足学生的需要；再次，生成性教学注重个性化的教学方法，教学要以学生为中心，适合学生的方法才是最好的方法，要根据学生个体的差异性来采用不同的教学方法，使学生快速有效地掌握知识技能；最后，生成性教学还关注多元化的评价方式，形成性评价和终结性评价相结合，这将激发学生学习的热情。为此，本节将在排球运动技能教学中采用基于生成性教学理论的排球运动技能教学优化策略，并通过教学实验探讨与验证基于生成性教学理论的排球运动技能教学策略的有效性，为进一步深化体育教育的改革和改进排球技术教学提供理论参考。

二、基于生成性教学理论的排球运动技能教学策略的设计

（一）设计的目的意义

排球教学策略设计一般是指教师根据排球教学设计的有关原理和设计思想，既定预期的目的和要求，把握教材的具体教学内容，针对教学对象，在教学过程中安排系统完整的教学程序和教学结构，制定出有利于取得良好教学效果而教学策略设计为完整的课堂教学做铺垫。在排球运动技能教学策略设计中，把握教学设计的各个环节，促进课堂教学各要素之间有效联系，使教学过程系统化，这既能提高教师的执教能力和观察能力，帮助教师把握好课堂教学的各个环节，又能让学生有效掌握排球技术，提高学习效率，从而改善课堂教学效果。

（二）设计原则

1. 弹性化原则

弹性化原则是指在生成性教学设计的过程中，对教学内容的设计中除了预设的基本确定性知识外，还包括一定量的师生间共同建构的生成性知识；在教学进度上，要根据学生学习和掌握知识的情况来弹性地调整教学过程，使学生更好地理解知识和掌握技能。

2. 动态化原则

动态性原则是指在教学活动中，会出现许多意想不到的问题和情况，教师不能机械地依照预设好的教学过程进行，应用发展的、动态的眼光，根据具体情况进行灵活处理，积极引导教学活动不断更新，生成新的超出原计划的教学过程和教学目标。

3. 合理性原则

合理性原则是指在教学过程中，教师应根据学生对知识的掌握情况，合理地安排课堂内容、教学进程和教学方法，教学内容应在学生接受的能力范围内或稍高于学生的接受能力，以便学生更好地生成。教学设计安排得是否合理，将直接影响学生对所学内容的掌握、对所学知识的兴趣和学习成就感，这样会影响学生的学习积极性和主动性。

4. 有效性原则

有效性原则是指所生成的教学过程对主体的成长及教育是有用的、具有积极意义的，生成的目的不是为了生成而生成，而是为完成某一任务而服务的。因此，主体在生成时必须建立在正确价值观的指导下；生产的内容应具有一定的有益性，应该是积极的、有意义的，是有价值的教学内容。

5. 发展性原则

发展性原则是指教学设计要求设计者把学生看成不断发展变化的，应该采用动态的、变化的指标进行衡量；设计者在发挥其主导作用的同时，也要充分考虑学生已有的知识经验、态度和心理变化。

（三）设计的理论依据

本设计基于建构主义理论、人本主义理论、生成性学习理论，从各个角度和不同方面为优化排球运动技能教学策略的设计提供充分的理论依据。

1. 生成性学习理论

生成性学习理论是美国教育心理学家威特罗克最早提出来的。他认为学习是一个主动的生成过程，学习者积极地接受知识，并主动地对知识进行加工处理，最后构建出自己对知识的理解。理解是学习者的视野与文本相互交流融合的过程，在教学过程中，注重学生与文本的互动，通过学生对知识的不断运用，学生对知识不断地理解探索。生成性学习理论注重学生对知识的自主探索，学生以自己现有的知识水平对新知识进行学习探索，经过学生不断地探索，最后领悟到知识的真谛。这个过程是学生自主学习的过程，充分体现了学生在学习中的主动性，这一特性是生成性教学的基本特征，生成性学习理论是生成性教学的基础，因此生成性学习理论也可以作为生成性教学策略设计的理论基础。

2. 建构主义理论

建构主义强调学生对知识的主动探索、主动思考以及对所学知识的主动建构，区别于传统教学中的"教师怎么教，学生怎么学"的模式。在教学观念上，以学生为中心，突出的是学生的"学"，充分尊重学生的主体地位。学习的意义在于学生以自己原有的经验和认识，对接收的信息进行重新认识和理解，建构起自己的理解，在这个过程中，由于接触新信息，使得原有的经验和认识也发生了变化，在教学目的上，鼓励学生分析他们自己观察的事物，发展创造性思维。在教学环境上，强调学习环境在学习中的作用，学生自己创设一种学习环境，在这一环境中，积极学习，与周围的同学相互讨论、交换意见，以此获得对事物新的见解。

建构主义把教学视为学生主动建构知识的过程，知识的获得是在特定的情景下，对某一主题或问题进行探究的过程。因此，教学是一个知识传授和能力发展相结合的过程。建构主义正是对行为主义的一种反思，行为主义教学的目标模式是一种预设性目标，教学的过程就是根据这个预设的目标选取教学内容、教学方法，然后实施教学内容，最后达到预设的教学目标，因此建构主义理论可以作为本教学策略设计的理论依据。建构主义则与之相反，把教学看成动态的、不断变化的，这与生成性教学理念相同，可以作为生成性教学策略设计的理论基础。

3. 人本主义理论

人本主义理论的宗旨是树立以人为本的思想、全面发展的原则，体现"人文关怀"，打破教师中心论，提倡学生打破机械学习、被动接受知识的局面，要求学生主动参与，重视学生的认知发展，此外，人本主义更关注学生的兴趣、动机、情感的发展趋势，了解学生的内心世界，顺应学生的学习需要、学习兴趣、学习经验，把握学生的个性差异，激发学生的潜能，使其认知和情感相互作用，强调学生的创造力、动机、情感、兴趣、认知等方面对行为的约束作用。

人本主义主张在教学的运用中从各个方面强调"以人为本"的理念，这要求教育者在教学活动中充分贯彻这一策略思想，重视人文关怀，同时激发学生的学习动机和兴趣，重视个体差异，使每个学生都能获得最适宜、最充分的发展。人本主义和生成性教学理论具有高度的统一性，因此，人本主义理论对产生生成性教学策略设计具有一定的借鉴作用。

三、生成性教学的排球运动技能教学策略

（一）教学目标

生成性教学目标是在教师创设的教学情境中，通过教师捕捉生成性的教学资源，在引导学生思考的过程中自然而然生成的。教学目标主要从知识与能力、过程与方法、情感态度与价值观三个维度进行弹性预设。

1. 认知目标

首先，通过排球运动技能的学习，学生能理解、记忆各项基本技术动作要领和动作概念，掌握各技术环节的技术要点，建立清晰的技术动作表象；其次，学生要理解掌握各技术的动作要点，了解技术的难点和相关的理论知识，为更好的运用技术做准备；再次，学生可以将已学的知识运用到新的教学中，并可以解决一些简单的问题；最后，学生能对技术状态做出价值评判，运用已学的知识解决复杂的问题。

2. 情感目标

首先，激发学生对本课程的兴趣、好奇心；其次，培养学生独立思考、自主学习的精神，让学生积极参与到教学活动中，发挥学生的主体作用；最后，培养学生互助的品质，增强团队凝聚力和不怕疼、不怕累的优良品质。

3. 技能目标

要求学生基本掌握传球、垫球、发球和扣球的技术动作，以及能够参与排球教学比赛。

首先，通过感觉了解技术动作，并对此做出条件反射，对技术动作具有观察分析能力和模仿能力；其次，通过自主学习和探究掌握各技术的动作要领和重难点，能流利地做出各技术动作；最后，在教学比赛中，能顺利运用各项技术动作，达到动作的自动化与规范化。

（二）教学策略

1.弹性预设教学方案

（1）课堂目标的弹性预设。课堂目标是一节课的教学目标，也是一节课的核心，控制着教学过程，是进行教学的出发点和归宿。在设计一节课的课堂目标时，既要考虑实际的教学目标与期望的教学目标的差异，又要关注学生个体之间的差异，要使课堂教学目标具有一定的"弹性空间"。课堂教学目标应该分为基础性教学目标和发展性教学目标。基础性教学目标即掌握基本的技术要领和完整的技术动作，发展性教学目标是对所学技术的运动，即在一定的情境中，学生可以及时地运用各项技术。例如，在教学过程中若学生对基础的教学目标没有掌握牢固，那么教师将进一步改进的教学方法，对学生进行强化训练，让学生规范掌握技术动作的要点；然后再进行发展性教学目标的学习，让学生每一步都脚踏实地地走好，为以后的排球技术学习打下坚实的基础。

（2）板块设计教学内容。教学方案即我们俗话说的"教案"，在教学之前，教师对学生的特点、教学环境和教学内容等因素进行学情分析，并制定出相应的教学预案。生成性教学是在预设基础上的升华和发展，是对预设性教学的补充和改正，以此来增加学生的学习兴趣，使其更好地掌握课堂知识和技能。在设计教案时，教师应尽可能多对本节课可能出现的问题和情况进行设想，并根据具体情况设计出应对方法，以便更好地调整教学手段，引导学生在轻松愉快的学习环境中学习。所以笔者认为，在排球教学中教师可以采用板块教学，有利于教师掌控课堂教学动态发展。

例如，教师在教授"正面双手垫球技术"这项技能时，就可以设计以下板块：

板块一：正面双手垫球技术的动作要领学习。

学习活动1：观看教师做规范完整的示范，并讨论垫球技术的动作要领。

学习活动2：结合自己对垫球技术的理解练习。

板块二：探究正面双手垫球技术的技术要点和难点。

学习活动1：学生自主练习垫球技术，并总结自己练习中的不足。

学习活动2：学生合作练习垫球技术，相互指导学习。

学习活动3：学生讨论总结垫球技术的要点和难点。

板块三：探究移动中正面双手垫球技术。

学习活动1：两人一组，一抛一垫练习。

学习活动2：三人一组，两人抛球一人移动中垫球练习。

在进行正面双手垫球技术教学中，教师根据学生的基本情况，安排课堂内容，调控课堂进度，教师根据学生对知识的掌握状况进行教学。在进行正面双手垫球技术学习时，教师将教学内容分为三个板块，每一个板块又分成若干个学习活动，教师可以根据学生对技能的实际掌握情况进行组合或变动。

2. 个性化的教学方法

生成性教学方法的选择必须以满足学生自身的发展为前提，有利于训练学生生成性思维，方法不是固定的模式或机械运作，它是学生正确掌握运动技能的脚手架。从某种意义上说，生成性教学方法的选择是根据教学过程的需要和教学环节的改变，随机采取的解决当前教学问题的教学方法，同时依据实验者自身的特点和教学环境对教学方法进行选择。

首先，分层教学法。分层教学就是教学根据学生的不同学习情况，给其进行分组。分组方法有同质分组、异质分组。在生成性教学中，我们将采用动态的同质分组和异质分组。在教学前，教师应先进行同质分组，给不同阶段的学生提出阶段目标，待技术到达要求，教师再给其提出更高的要求。经过练习，教师再进行异质分组，让技术掌握好的学生去帮助学习技术困难的学生，充分利用学生自身的资源，以学教学。这样不仅帮助了学习技术困难的学生技术的掌握，还巩固了能力强的学生的技术，更帮助了教师有效的教学，充分体现了学生的主体性和教学灵活动态。

其次，互动教学法。教学环境的好坏直接影响学生对课堂的喜爱程度，所以若想把学生的积极性调动起来，教师必须给学生营造一个开放、民主、平等、互动的教学氛围，让学生在轻松愉快的环境中学习。新课改倡导教学要注重学生主体性的发展，学生的主体性主要体现在学生对课堂的参与性上。在课堂教学活动过程中，师生应多进行交流互动，教师也应该多给学生提供学生之间的相互交流，这样不仅能增进师生之间的感情，还能促进学生之间的交流，学生之间相互帮助、相互学习、相互交流学习的心得体会，这样教师的教学将会事半功倍。

例如，在教授传球技术时，教师就能创设以下情境：

情境：所有学生两人一组，都在进行传球练习，教师正在巡视学生的练习情况，突然看到一位学生在甩自己的手，教师就走上前去问原因。经了解得知，这位学生在传球时顶到了手指。针对这一情况，教师与学生展开了讨论。

师：这位同学为什么顶到手指了？

生1：他的手太僵硬了。

生2：他的击球手型不对。

师：手型不对？那正确的手型是怎样的？你能做个示范吗？

生2：行！

（生2进行示范）

生3：教师，他说对了，但做得不好！

生2：我做得不好，你做个标准的，我学习学习！

生3：做就做，又不是不会！

（生3做动作）

师：嗯，做得很好。大家现在都看到了吧。那我们继续练习，出现问题再讨论。

在本节课的授课中，整个课堂氛围都很好，学生的积极性很高，对本节课知识技术的掌握很好。这充分体现了学生的主体性和学生对课堂的参与性，教师给学生提供了互动的教学环境，给师生和生生提供了民主平等的交流平台。

3. 捕捉利用教学资源

教学资源即在教学过程中突然出现的一些有利用价值的信息，所谓有利用价值的信息就是在教学过程中有助于提高学生的知识和技能、培养学生良好的情感态度和价值观。例如，课堂上学生的一句问话或一个错误、突发事件或一个相反的意见等，均有可能成为可以利用的教学资源，而这一块也恰恰能突出一个教师所具备的教育机制。所谓教育机制，是教师在教学过程中一种特殊定向能力，是指教师根据学生新的特别是义务外的情况，迅速而正确地做出判断、随机应变地采取及时、恰当而有效地解决问题的能力。教育机制是教师良好的综合素质和修养的表现，是教师娴熟地运用综合教育的手段和能力。

首先，关注问题资源。生成性资源无处不在，在课堂教学中不是缺乏生成性的教学资源，而是缺乏善于发现和有效利用教学资源的慧眼。在教学过程中，教师及时捕捉课堂上师生、生生互动中产生的具有探究价值的新信息、新问题，并能在亮点处引领，在冷场处引领，在迷茫处引领，在错误处引领，把师生互动和探索引向纵深，使课堂再产生新的思维碰撞和交锋，从而再有所发现、有所拓展、有所创新，促进教学的不断生成和发展。

例如，在扣球技术教学的过程中，教师可以创设以下情境：

情境：教师正在给学生讲解扣球技术的动作环节和技术要领。

生1：老师，你让我们回去看教学视频，我们都看了，你就让我们上网扣球吧！

师：真的吗？那老师想请你和大家叙述一下动作要领。

生1：扣球技术动作包括助跑起跳、挥臂击球、缓冲落地。

师：嗯，很好，有没有同学补充？

生2：挥臂击球时，击球动作和发球应该一样吧？

师：好，这个问题问得很好。下面我们就针对发球和扣球进行对比分析。

在这堂课中，学生听得都很认真，最后经过教师的讲解和学生的讨论，最终使学生更清楚明白地掌握了两项技术，并了解两项技术的差异。若在学生2提出问题时，教师只是直截了当地回答"不一样"，并继续自己的教学，这将错失教学良机，不仅使学生尴尬，而且会让学生对教学产生不满情绪。带着这种不良情绪，学生将很难认真听讲。所以，教师对于课堂中有益于教学的问题或提问，应予以肯定的、积极的回应，让课堂时刻充满奇迹，这样也会让学生刻苦钻研、积极提问，这将会是良好课堂氛围的开端。

其次，关注突发事件。在教学过程中，教师虽然对教学有一定的预设，但突发事件还是不可避免的。因为教学过程是一个动态的、瞬息变化的过程，每个个体都有自己对知识的理解和认识。若想学生对课堂有长期的兴趣，就需要教师研究学生，时刻关注学生在课堂中的表现。教师处理突发事件的方式可以反映一个教师的素质，教师对突发事件处理的好坏影响着学生对课堂的喜爱和热情。对于突发事件，教师应给予肯定，鼓励学生多提出疑问，通过探索得出结论，这样学生对知识的掌握将更加牢固。

四、分析与讨论

（一）基于生成性教学理论的排球运动技能教学策略对排球运动技能习得的影响

基于生成性教学理论的排球运动技能教学策略对排球运动技能习得具有促进作用。生成性教学是动态的、发展的教学活动，这给学生留有充分的空间来发展自我的学习能力、自我掌控和自我监督的能力。当代学生个性迥异，都有各自的想法，期望能按照自己的方式来学习探究，生成性教学正好可以满足学生的个性发展，可以调动学生的积极性；能够取得良好的教学效果，有利于学生更好地掌握各项技术，提高学生的人际交往能力。

从实际的情况来看，学生的颠球技术和扣球技术中具有显著性的差异，笔者从以下两个方面进行阐述。

1.学习的迁移

学习迁移是指一种学习对另一种学习的影响，或学习得的经验对完成其他活动的影响。网球运动发球时借助于外在的器械击球，而排球运动中的发球是不借助运动器材的，两者的发球动作轨迹不同，但由于长期重复网球发球动作练习，学生已经形成了一种发球动作定势，这将对排球教学中的发球动作的学习具有一定的影响。网球的发球动作和排球的发球动作具有本质上的不同，之所以在发球技术上没有产生显著性差异，就是在排球发球技术学习中产生了学习迁移。

2.教学内容的板块设计

板块设计是教学方案的具体化，是通过对学生基本情况的了解和学习环境的考虑，对教学方案的具体划分和有针对性的安排。在教学设计中，将教学实施过程中的教学内容分成若干个板块，针对不同阶段，设置不同的教学内容，安排不同的教学方法和练习强度，解决这一阶段的教学任务，待所有学生完成该阶段的教学目标后，再进行下一阶段的安排和实施，以此递进式设计教学板块，以达到整个教学任务的顺利完成。

通过教学的板块设计，教师可以全方位地掌握教学内容的安排，教师根据每个板块教学中学生对教学内容的理解和掌握情况，进行教学手段的调试，能够有效地促进学生对排球技术动作的习得水平，满足教学需要，取得预期的教学效果。

（二）基于生成性教学理论的排球运动技能教学策略对运动动机和学习兴趣的影响

如上所述，基于生成性教学理论的教学策略在一定程度上激发了学生的运动动机，提高了学生的学习兴趣，分析其原因，主要可以从以下两个方面来说。

1. 弹性的预设，给学生自我探索的空间

在生成性教学课堂中，教师给学生留有一定的自主学习和探索问题的空间，体现生成性教学"动态、发展"的教学特征。当代学生都各具有主见和思想，在教学活动中为了充分发挥其主体性作用，教师在教学时应适当放权，适当地引导促进教学过程的生成，让学生在自我学习探索中展现自己，体现自我价值，满足学习需要。

2. 教学资源的及时利用，激发学生的学习热情

在生成性教学过程中，学生不仅是教学对象和学习的主体，也是教学资源的组成者和生产者。学生在教学活动中的表现，如积极性、注意力、一系列的发言、提问、争辩及错误的问答等，均是可利用的教学资源。教学资源无处不在，教师根据具体的情况加以引导，既有效地利用了学生在学习中自我产生的资源，又可以激励学生，让学生对课堂充满热情。所以，在教学中，教师要充分利用学生自身的特点，让学生发现问题，通过教师的引导，不仅能够使学生掌握应有的知识技能，还能满足学生的表现欲和虚荣心。但是，在实际的教学过程中会出现一些突发性事件，教师要根据学生的具体情况与学生共同处理，以达到师生之间的交流互动，保证课堂教学的顺利进行。

（三）基于生成性教学理论的排球运动技能教学策略对团队凝聚力的影响

团队凝聚力是指团队对成员的吸引力、成员对团队的向心力以及团队成员之间相互的影响和吸引。团队凝聚力的大小可以从侧面反映一个班集体的好坏，而生成性教学法教学策略对团队凝聚力起了影响作用，具体体现在以下两个方面。

1. 个性化的教学方法

新奇的事物对每个人都有一定的吸引，个性化的教学方法能够激发学生的学习兴趣。在生成性教学活动中，笔者主要采用分层教学法和互动教学法，分层教学法是教师根据学生的自身能力特点和教学条件，在学生个体差异的情况下，将学生分层，每个层次的目标和练习方法是由学生自己来定的。不过需要注意的是，在实施的第一阶段我们可以采用同质分组，教师对低层次的学生进行循序渐进的教学，使其在不断练习强化中达到最终的目标；对于层次高的学生，要充分调动其积极性，让其自我探索，在自主学习中理解掌握知识。第二阶段采用异质分组，学生自由组合分组，形成互帮小组，每个高层次的学生带一个低层次的学生，这样既利用了可利用资源，又增加了学生之间的交流，在一定程度上增强了团队之间的凝聚力。

2. 适时的教学比赛

在生成性教学过程中，教师根据学生的表现情况，适时地组织小型的教学比赛，既可以提高学生对排球技术的掌握运用和学生学习的积极性，还可以让学生在比赛中明白团队合作的重要性。一个球队若想打出好的成绩，需要团队中每个人的努力，并不是只靠一个

人就可以完成。一万次的想象，不如一次的亲身经历，实践经历可以让学生更好地明白排球比赛中团队凝聚力的作用。学生未来要走向社会，在以后的生活工作中都要与人交往，让学生早点融入大集体中，让学生感受集体的温暖，以使学生形成正确的人生观、价值观。

由此我们不难发现，将生成性教学引入排球运动技能教学中是可行的。在研究基于生成性教学理论的排球运动技能教学策略时，我们不难发现生成性教学理论下的排球运动技能教学策略可以有效地提高学生对排球运动技能的习得，有利于激发学生的学习兴趣，提高学生的运动动机，加强学生的团队凝聚力。

基于生成性教学理论的排球运动技能教学优化策略在排球运动技能教学中实施，能够激发学生的学习兴趣，提高学生学习的积极性和主动性，增强学生对排球运动的喜爱；能够提高学生的团体凝聚力，培养学生的人际交往能力；有助于增强学生的自信心，提高学生运用排球技术及参与排球比赛的能力。

第三节 羽毛球运动技能教学——多球训练法

随着我国人民生活水平的不断提高，各级教育部门、各级体育部门和各类社会团体组织的学生羽毛球比赛越来越多，这就产生了对学生进行羽毛球训练的需求。本节以多球训练法在学生羽毛球运动技能中的运用为中心内容，对学生羽毛球训练中的一个子方法——多球训练法进行深入的探索研究，以启蒙阶段的多球训练法为主，对今后开展学生羽毛球运动技能的理论研究具有一定的参考价值。另外，本节以对学生羽毛球运动技能中所使用的多球训练法进行研究为切入点，对训练内容、训练程序等进行研究，寻求行之有效的措施与方法来提高学生羽毛球运动的教学质量和教学效果，对培养高水平的学生羽毛球运动员具有一定的现实参考意义。

一、多球训练法的概念

羽毛球多球训练法是指教师站在球场的一侧以发球的形式连续地发出一定数量的球，队员则站在球场的另一侧来击打教师所发出的球，其目的是通过反复练习某一单一技术或几种技术的组合，达到提高队员羽毛球技术水平的训练方法。根据羽毛球的各项技术，可以将训练法分解为高远球技术多球训练法、平高球技术多球训练法、杀球技术多球训练法、劈吊球技术多球训练法、滑板吊球技术多球训练法、后场正手区被动抽球技术多球训练法、后场头顶区反手球技术多球训练法、中场接杀球技术多球训练法、搓放网前球技术多球训练法、网前勾对角技术多球训练法、网前挑球技术多球训练法、网前推球技术多球训练法、网前扑球技术多球训练法等。另外，根据实战情况，可以将各个单一技术多球进行组合，如杀球技术和各种网前技术相结合便可组合成杀上网技术，吊球技术和各种网前技术相结合便可组合成吊上网技术等。此外，还可以通过多球数量的控制和发球速度的变化来达到提高不同代谢能力的作用。例如，发球时采用一组多球的数量在 10~30 颗之间的发球速度较快的多球训练时，经过多组训练后可以有效地提高无氧代谢能力；发球时若采用一组多球的数量在 100 颗以上的发球速度适中的多球训练时，经过一段时间的训练后可以有效地提高有氧代谢能力。

二、羽毛球多球训练法在教学训练中的重要作用体现

（一）多球训练对于学生动力定型有重要的作用

羽毛球技术中的高球、吊球、杀球、网前球是最基本的技术。学生在学习技术动作的初始阶段，对于各技术动作要领并不十分清晰，因此在操作中往往会表现为动作僵硬，缺乏连贯与协调性，甚至有较多的错误动作与不必要的动作，此时需要不断重复多次练习来形成动作表象。多球训练比单球练习在单位时间内练习次数更多、密度更高、强度更大。采取针对性措施，通过围绕掌握和规范动作、强化某一技术特点的单一或连贯的多球练习，纠正和改进错误动作，强化某个技术环节的动作定型，逐渐掌握相关的技术要领。

（二）多球训练有利于强化羽毛球技术节奏感的养成

羽毛球项目在对抗时，球的来回速度、路线上都表现得较为紧凑，需要在对抗时不断控制自己的身体与速度变化，保持击球动作和步法移动协调一致，出球予以回击。多球训练本身具有多变性及可控性的优势及特点，供球者在实际的操作中可采用各种技术组合，多样性地进行不同路线、不同速度、不同弧度、不同落球点的供球，让练习者及时对不同变化的来球做出各种判断，逐渐适应击球变化所需的力量、方向与速度，对不同击球技术之间的应用产生条件反射性的操作，从而提高他们对羽毛球技术的节奏感。

（三）多球训练能有效提升学生的各项身体素质

羽毛球运动经常会出现多拍的现象，连续性较强很容易使身体血乳酸值迅速升高，甚至处于缺氧状态。因此，身体素质的高低直接影响羽毛球技术水平的高低。多球训练由于来球的多变性，要求练习者必须高度集中注意力才能完成每个技术动作。高强的训练密度能够最大限度地加快步伐的移动、挥拍动作的速度和幅度，有效锻炼学生的速度素质、力量素质、有氧耐力水平和身体的协调性。通过各种形式的多球训练，学生的注意力被无形地吸引并积极主动地投身到训练中去，有效地解决了传统身体素质训练枯燥乏味这一矛盾，激发了学生练习的积极性。

三、学生羽毛球运动技能培养的目标

《义务教育体育与健康课程标准》中指出，中学生运动技能目标有学习体育运动知识、

掌握运动技能与方法、增强安全意识和防范能力。在学生运动技能培养中，通过运动技能的学习使学生初步掌握基本的羽毛球运动能力，能够完成基础的羽毛球技术动作。江宇在《从心理学视角论体育与健康课程运动技能目标的价值定位》中指出，人们从事体育运动和进行体育锻炼时所表现出来的能力，也就是以体育为目的的动作能力是最基本的目标。因此运动技能指标可以设定为基础技能目标、组合技能目标和竞赛技能目标。任何一个项目运动技能的形成与培养都是一个完整的系统过程，是一项集技术、战术、心理和体能为一体的综合培养过程。在学生羽毛球运动技能的培养中，各项单一基础技能的培养是其重要的组成部分。学生在学习能力和体质特征方面高于成年人，处于运动技能培养的初级阶段，因此在学生羽毛球运动技能的形成过程中最为适合也最为重要的技能培养内容就是技术和身体素质的培养。其中，羽毛球击球技能的掌握，是学生进行下一阶段训练的基础。羽毛球属于技能主导类隔网对抗，在羽毛球技能培养的每一环节，都需要击球技术作为展开训练的基础。

四、启蒙阶段多球训练法的组织实施

根据《中国学生们羽毛球训练教学大纲》的要求，羽毛球教学训练的启蒙阶段是指还未掌握羽毛球基本技术的学生们所处的阶段。因此本实验中初一年级的学生正处于启蒙阶段。下面对实验中启蒙阶段的羽毛球多球训练法的运用进行详细的介绍。

（一）训练目标

掌握羽毛球的基本击球技术（高远球、吊球、挑球、搓球、勾球）；使击球动作标准、协调，达到动作自动化；击出球的飞行弧线能够高低合理且保持稳定；使球的落点比较精准。

（二）教学手段

启蒙阶段多球训练法的教学手段包括羽毛球场地（五片）、羽毛球拍（每人一支）、羽毛球（30颗）、羽毛球教学课时计划。

（三）组织形式

启蒙阶段多球训练法的组织形式以实践课为主，以演示为辅，即教师站在球场的一侧连续发出30颗球，队员则在球场的另一侧来击打教师发出的球，与此同时教师根据学生的击球效果，可以运用口头讲解或动作示范来加以规范击球动作。

（四）训练方法和要求

按照循序渐进的教学原理，羽毛球所有技术的训练过程都为：首先掌握定点击球技术，然后再掌握移动中的击球技术，最后再将各项技术综合运用。因此，笔者将分别对各项基本技术的训练方法进行论述。

1.高远球的多球训练

（1）定点击打高远球的多球训练。

首先，训练时让学生在球场一侧的双打后发球线位置做侧身架拍动作（以便学生养成侧身的习惯），教师在球场另一侧的中间位置发高远球，要求发出球的高度足够高，能使球垂直下落且落点尽量在队员的头顶上方，使队员减少移动（因为移动中击球的难度要大于定点击球的难度，不利于初学者的动作定型）。

其次，由于击打高远球是所有羽毛球后场技术的基础，而熟练的挥拍则是击打高远球的基础，因此此项训练要求挥拍练习和击打高远球练习相结合，即当一人在场上练球时，要求其他学生做挥拍练习。

最后，教师在发多球时，发球速度不易过快，等待学生击完上一个球，动作完全还原后才能发出下一颗球。教师在发球过程中发现学生动作错误时，要及时停止练习并加以纠正。

（2）移动中击打高远球的多球训练。当学生熟练掌握定点击打高远球技术后，就可以进行移动中击打高远球的多球训练。

首先，学生采用后退步法移动到后场时，教师发出高远球，此时并不需要把球发到学生所处的准确位置而是大体位置，让学生自己去寻找最佳击球点。教师发球速度不易过快，等学生快要移动到后场时才能发球。当发现学生动作错误时，教师要及时停止练习并加以纠正。

其次，学生在场上的移动顺序是：中场准备—退至后场正手区—回至中场—退至后场头顶区—回至中场，如此重复移动直至将所训的球数击打完。

最后，当一人在场上练球时，教师要求其他人在其他场地做步法练习或发球练习。

2.吊直线球的多球训练

（1）定点吊直线球的多球训练。

首先，让学生在球场一侧的双打后发球线位置不需移动，教师在球场另一侧的中间位置发高远球，学生不断练习吊直线球，使其体会吊直线球的动作要领：一是要求吊球的挥拍动作同击打高远球的挥拍动作一致，只是在击球的一瞬间手腕抖动不同；二是要使拍面同球头摩擦，使其能够产生过网急坠的效果。

其次，要求学生控制好球在网带正上方的高度，太高容易给对手造成机会，太低容易造成球下网。

最后，要求球的落点在前发球线左右且下落速度要快，达到出其不意的效果。

（2）移动中吊直线球的多球训练。当学生熟练掌握了定点吊直线球的技术动作后，就可以进行移动中吊直线球的多球训练。

首先，学生采用后退步法移动到后场时，教师发出高远球，学生进行吊直线球练习。教师发球速度不易过快，等学生快要移动到后场时才能发出球。当发现学生动作错误时，教师要及时停止练习并加以纠正。

其次，学生在场上的移动顺序是：中场准备—退至后场正手区—回至中场—退至后场头顶区—回至中场，如此重复移动直至将所训的球数击打完。

最后，当一人在场上练球时，教师根据情况可以安排其他人做辅助练习（如颠球练习、挥拍练习、步法训练等）。

3. 吊斜线球的多球训练

当学生掌握了吊直线球的技术动作后就可以进行吊斜线球的多球训练。吊斜线球分为劈吊球和滑板吊球两种手法，但都为吊斜线球，因此训练方法和要求相同，以下统称为吊斜线球。

（1）定点吊斜线球的多球训练。

首先，让学生在球场一侧的双打后发球线位置不需移动，教师在球场另一侧的中间位置发高远球，学生不断练习吊斜线球，在后场正手区练习劈球，劈吊对角网前小球，在后场头顶区练习滑板吊球，滑板对角网前小球，同时要求学生体会吊斜线球的动作要领：吊斜线球的挥拍动作同击打高远球和吊直线球的挥拍动作一致，只是在击球的一瞬间手腕抖动方向不同。

其次，要求学生控制好球在网带正上方的高度，太高容易给对手造成机会，太低容易造成球下网。

最后，要求球的落点在前发球线左右且下落速度尽量快，达到出其不意的效果。

（2）移动中吊斜线球的多球训练。当学生熟练掌握了定点吊斜线球的技术动作后，就可以进行移动中吊斜线球的多球训练。

首先，当学生采用后退步法移动到后场正手区时，教师发出高远球，学生进行劈吊斜线球练习；当学生采用后退步法移动到后场头顶区时，教师发出高远球，学生进行滑板吊斜线球练习。教师发球速度不易过快，等学生快要移动到后场时才能发出球，当发现学生动作错误时，要及时停止练习并加以纠正。

其次，学生在场上的移动顺序是：中场准备—退至后场正手区—退至中场—退至后场头顶区—回至中场，如此重复移动直到将所训的球数击打完。

最后，当一人在场上练球时，教师根据情况可以安排其他人做辅助练习（如颠球练习、挥拍练习、步法训练等）。

4. 网前搓球的多球训练

（1）定点搓球的多球训练。要求学生定点在网前不需移动，教师在网前扔球，学生连续搓放网前小球，使其体会搓放网前小球的动作要领：一是要注意拍面角度；二是要抢击球的高点；三是要体会手指的捻动发力；四是要使搓放出去的小球直上直下，即球要尽量贴网下落，并且使球的最高点在本方场地内；五是搓放出去的小球高度要合理，太低使不过网的概率加大和难以产生贴网直下的效果，太高容易让对手抓住机会扑球。

（2）移动中搓球的多球训练。当学生熟练掌握定点搓放网前小球技术后，就可以进行移动中搓放网前小球的多球训练。

首先，教师发网前球时，发出的球尽量离网近些高些，以便于学生做出完整的搓放网前球动作，有利于动作定型和养成网前抢高点的意识。发球速度不易过快，要与学生的移动速度相同，当发现学生的动作错误时，要及时停止练习并纠正其动作。

其次，学生在场上的移动顺序是：中场准备—上网至前场的正手位—回至中场—上网至前场的反手位—回至中场，如此重复移动直至将所训的球数击打完。

最后，当一人在场上练球时，教师根据情况可以安排其他人做颠球练习，以培养球感。

5. 网前挑球的多球训练

（1）定点挑球的多球训练。

首先，同前场定点搓放小球的训练一样，要求学生定点在网前不需要移动，教师在网前扔球，学生不断练习前场挑球，使其体会前场挑球的动作要领：一是要求在做挑球准备动作时拍形应与搓放网前球的拍形保持一致；二是在击球时动作要小要突然。

其次，要求学生控制好挑出去球的飞行弧度，太高容易让对手有充足的时间回到后场，太低容易使对手半场拦截。

最后，要求挑球的落点精准，最好落在双打后发球线和底线之间。

（2）移动中挑球的多球训练。当学生熟练掌握了定点挑球的技术动作后，就可以进行移动中挑球的多球训练。

首先，教师发网前球时，发出的球尽量离网近些高些，以便于学生体会正确的挑球动作要领，有利于动作定型和养成网前抢高点的意识。发球速度不易过快，要与学生的移动速度相同，当发现学生的动作错误时，要及时停止练习并纠正其动作。

其次，学生在场上的移动顺序是：中场准备—上网至前场的正手位—回至中场—上网至前场的反手位—回至中场，如此重复移动直至将所训的球数击打完。

最后，当一人在场上练球时，教师根据情况可以安排其他人做辅助练习（如颠球练习、挥拍练习、步法训练等）。

6. 网前勾球的多球训练

（1）定点勾球的多球训练。同前场定点搓放网前球训练一样，要求学生定点在网前不需移动，教师在网前扔球，学生不断练习勾对角技术，使其体会勾对角的动作要领：一是要求在做勾对角准备动作时拍形应与搓放网前球的拍形保持一致；二是在击球时动作要小要突然；三是要控制好勾出去的球的飞行轨迹》，使球在本方场地内的运行时间较长，在对方球场内的飞行时间较短；四是要注意勾球的落点，使其越近网越好。

（2）移动中勾球的多球训练。当学生熟练掌握了定点勾球的技术动作后就可以进行移动中勾球的多球训练。

首先，教师发网前球时，发出的球尽量离网近些高些，以便于学生体会正确的勾球动作要领，有利于动作定型和养成网前抢高点的意识。发球速度不易过快，要与学生的移动速度相同，当发现学生的动作错误时，要及时停止练习并纠正其动作。

其次，学生在场上的移动顺序是：中场准备—上网至前场的正手位—回至中场—上网至前场的反手位—回至中场，如此重复移动直至将所训的球数击打完。

最后，当一人在场上练球时，教师根据情况可以安排其他人做辅助练习（如颠球练习、挥拍练习、步法训练等）。

通过以上论述，进一步明确了多球训练法在学生羽毛球运动技能中的运用效果，因此笔者将研究重点集中在学生羽毛球运动技能所使用的多球训练法上，对训练内容、训练程序和训练负荷进行探索，寻求行之有效的措施与方法来提高学生，羽毛球运动的教学质量和教学效果，对培养高水平的学生羽毛球运动员具有一定的现实参考意义。

第四节 乒乓球运动技能教学—参与教学法

一、参与式教学法的相关概念

（一）参与

参与，又称"介入"或"参加"，通常指的是个体或团体以第二方或第三方的身份加入、融入某项事情中。《现代汉语词典》将"参与"定义为"参加（事务的计划、讨论、处理），介入其事"，即"参加某个组织或某项活动"。

对于教学过程中的"参与"，笔者认为是指学生进入教学群体和教学过程中的状态，参与让学生在教学过程中通过自身活动和亲身体验，享受学习的乐趣，感受知识的奇妙，提升学习信心，让学生在学习过程中真正实现知、情、意、行的统一。

（二）参与式方法

参与式方法是 20 世纪后期确立和完善起来的一种新的工作方法和手段，其显著特点就是强调发展主体能够积极地参与活动的决策、实施、管理和利益分享的全过程。

教学过程中的参与式方法是指学生全面参与到学习活动中来，通过与教师、其他同学的相互沟通、交流和协作。共同完成学习任务，实现个人全面发展的学习方法。

（三）参与式教学历

参与式教学法是指通过在教学中提供各种学习机会，发动学生用积极参与的方式与教师、同学相互学习、相互促进、共同提高的教学方法和学习策略。

参与式教学法相对传统教学法而言，具有七个优势：第一，提供形式多样、丰富多彩的教学活动（包括小组内部和小组之间的活动）来促进学习体会的分享和教学目标的达成；第二，可提供危险性小、无威胁、轻松愉快的学习环境；第三，可以促进师生之间的互动；

第四，为教师和学生提供互教、互学的机会；第五，可为学生提供各种趣味性强、有意义的学习内容；第六，有助于提升学生学习动机；第七，更容易促进师生相互理解对方的观点和看法。

二、参与式教学法常用的活动形式

目前国内外常用的参与式教学法活动形式主要有小组讨论、头脑风暴、角色扮演、游戏及分享、案例教学五种。

（一）小组讨论

参与式教学法中的小组讨论形式是指教学过程中在对某个问题进行深入的讨论时，根据具体情况将学生分为三到五人不等的小组，每组指定两位学生担任记录员和报告员，使每个学生都有机会表达自己的意见和倾听别人意见的教学方法，并通过不停改变小组分组的方式，激发学生对小组讨论的兴趣，

在小组讨论形式中，学生的学习途径主要有四种：第一，在参与中学习。所有学生都有机会积极参与到讨论中来，并且这也是鼓励性格内向、不爱说话的学生积极参与教学的有效方法。第二，在分享中学习。教师与学生之间可以相互分享学习经验，学生和学生之间可以相互分享学习体会。第三，在讨论中学习。小组讨论可以激发学生头脑风暴，寻找问题解决的新途径和最优措施，第四，在问题中学习。可以培养学生发现问题、理解问题、解决问题的能力，有助于学生形成解决问题的个性化方法和基本立场。

但同时，参与式教学方法的小组讨论形式如果组织或把控不好，容易造成四个问题：第一，学生之间的讨论容易跑题或者变成学生之间的争吵；第二，小组之间的讨论通常需要耗费较多的时间才能达成一致，容易造成课堂时间的超时；第三，小组人员越多，每个学生分享个人心得体会、发表个人观点的时间越少；第四，参加讨论的学生越多，小组讨论主持人的工作就越难协调和开展，对主持人的能力要求较高。

小组讨论在以下五个情况中比较适用：第一，让学生出主意；第二，解决一个问题；第三，让学生互相交流意见和经验；第四，让学生感受小组活动的热烈，活泼气氛；第五，当学生对讲课感到厌烦时，小组讨论可以重新恢复他们的兴趣。

（二）头脑风暴

头脑风暴又称快速联想，是指在教学过程中就某个问题快速提出相关的问题，并记录下来，有利于教师在短时间内收集信息，并鼓励学生参与讨论。

头脑风暴法形式中的学习途径主要有三种：第一，在激发中学习。激发每个学生提出新观点、新想法，从而创造性地解决问题。第二，在开拓中学习。有利于提高学生的知识归纳能力，提高记忆力，开拓知识领域和视野。第三，在思考中学习。可以激发学生独立思考，从而提高学生的创造性能力。

在参与式教学中使用头脑风暴法，容易造成三个问题：第一，学生过于强调个人观点，导致相互批评；第二，学生为显示自己的不一样，故意提出新奇的观点；第三，学生在头脑风暴过程中容易接受其他人思维影响而放弃个人主见。

头脑风暴法在以下三个场合中比较适用：第一，课堂教学中的"热身"活动，激发学生参与课堂教学的热情；第二，课堂过程中的知识拓展，把教学内容与学生的个人经验联系起来；第三，训练学生的思维，培养学生运用已学知识解决实际问题的能力。

（三）角色扮演

角色扮演是指在教学过程中通过模拟知识的真实运用环境来发现学习过程中的问题、探索解决办法和促进共同提高的教学方法。

在角色扮演法形式中，学生学习的途径主要有三种：第一，在扮演中学习，角色扮演能够提高学生的表达能力。第二，在锻炼中学习。在锻炼学生的表达能力的同时，有机会应用所学习的技能。第三，在兴趣中学习。角色扮演的"剧本"可以由教师根据教学目的事先设计好，也可以让学生根据他们的生活实际自己设计，尤其是在与青少年交流的过程中，教师通过他们的表演可以了解他们的生活。

尽管角色扮演法具有诸多优势，但角色扮演法在使用过程中需应遵循四个基本原则，即教学活动情景性、教学氛围趣味性、活动参与共同性和教师介入适当性。

（四）游戏及分享

游戏及分享法是指教师将教学内容通过游戏的方式来呈现，帮助教师激发学生的学习兴趣或帮助教师引出要讨论的问题，也可以作为活动开始时的热身或结束时调节情绪的途径。运用游戏及分享教学方法，教师在设计过程中需明确每个游戏的目的和游戏的针对性，让学生真正实现在游戏中学习，在学习中得到乐趣。

（五）案例教学

案例教学是指把实施解决问题中的真实场景加以典型化处理，形成可供学生分析和思考的案例，以此来培养学生独立思考的能力、变革学生的学习方式、开发学生的智慧潜能、提升学生的情感态度、张扬学生的创新精神。

三、参与式教学法的特点

（一）学生主体性：开放式教学环境有益于发挥学生的主体作用

参与式教学的教学环境是开放的，从教室内桌椅、投影、黑板等教学设备及教室内墙壁、窗户的布置都具有开放性，教师可以根据参与式教学的具体使用手段来积极主动地营造一种民主、宽松、和谐、快乐的教学氛围，鼓励学生积极表达个人的想法和建议，给予学生动脑、动手和动口的机会，促进学生主动观察社会万象，思考热点问题，以期用充分的论据来论证自己的观点，激发学生的探究欲望和充分发挥其在教学过程中的主体作用。

（二）师生互动性：师生和生生互动有助于沟通感情、培养兴趣

参与式教学中生动活泼的教学气氛有助于培养学生所学课程的学习兴趣，从而建立深厚的师生、生生情感。开放式教学作为联系实际、贴近生活的教学方法，有助于调动学生学习的积极性，并使学生认识到所学知识即使不考试也有用，甚至伴随一生、终生享用，能够极大地激发学生的学习兴趣和促进学习主动性，把积极情感转移到对教师所任的学科上，从而激发学生的学习兴趣，促进教学相长。

（三）方法多样性：多元化教学方法有利于发现知识、培养能力

参与式教学理论不拘泥于具体的教学方法，凡是能够调动学生积极参与学习过程的方法都可以运用到参与式教学过程中来。参与式教学丰富多样的教学方法方便教师依据不同的教学内容选择合适的教学方法、安排不同的教学活动，在因材施教的基础上，让所有学生从教学过程的参与中获益，在活动的参与中获得知识、发展个性、形成能力。

四、参与式教学法在乒乓球运动技能中的实施原则

（一）落实学生的主体地位

在乒乓球参与式教学中要落实学生的主体地位，需要从以下三个方面入手。

1.尊重学生的学习主体地位，发挥教师的教学主导作用

参与式教学过程需充分尊重学生学习的主体地位、发挥教师教授的主导地位，促进教师和学生在教学过程中相互促进、共同提高，达到教学相长。例如，在乒乓球理论教学部分的电视教学环节中，教师可与学生一起观看世界乒乓球锦标赛、乒乓球世界杯等国际大型乒乓球比赛和中国乒乓球超级联赛等国内大型乒乓球赛事以及学习如何打乒乓球的教学视频，在观看完成后，教师与学生一起讨论乒乓球技术、交流乒乓球运动心得，调动学生的积极性，以形成民主自由、轻松愉快的教学气氛，让教师在教学过程中充分发挥其主导作用，以促使学生意识到掌握乒乓球运动知识的重要性，并使这种外部因素内化为学生主动参与学习的动机，达到教师教学方法和学生学习方法的融合和统一。

2.尊重学生的个体差异，让学生成为学习主人

例如，在乒乓球教学的理论部分，乒乓球组织（竞赛、编排、裁判法）的教学环节，教师可要求学生自主组织乒乓球赛事并建立"运动笔记"，通过学生记录每次比赛前后的乒乓球组织学习状态、赛事组织中遇到的问题、乒乓球组织能力获得的感受以及对乒乓球教学的一些看法等，让教师既能及时地了解到每一个学生所处的状态和反馈的信息，又能适时调整课程教学的进度，做到以学生为中心。学生可以通过运动笔记及时调整自身的学

习状态，避免不良情绪的产生，可以清楚地看到自己的学习轨迹，并主动思考和探究学习问题，能够培养自身独立的能力，体验到学习的快乐，让自己真正成为学习的主人。

3. 注重学生学习兴趣的培养，强调学生学习的主体意识

体育教育要突出"以人为本"，遵循素质教育、创新教育指导思想，突出学生学习的主体地位，并结合参与式乒乓球教学的特点，从注重学生的身体素质提高到素质与能力并举，力求使学生身心全面发展，我们要注重学生成功的运动体验，激发学生的学习兴趣。

例如，在乒乓球教学的直板握拍法和横板握拍法的实践教学的技术与战术教学环节中，教师在进行直板握拍和横板握拍动作的讲解示范后，留给学生充足的时间相互交流讨论直板握拍和横板握拍的优劣，让学生在直板握拍和直板站位、横板握拍和横板站位的练习中相互帮助、相互学习、共同提高，这不仅使学生掌握了如何学和如何教，而且也有利于融洽同伴关系，有助于学生探索适合自己的乒乓球握拍方式。参与式乒乓球教学过程需创设良好的人文环境，体现了以人为本的思想，使学生在公平竞争中相互帮助、相互交流，有利于培养学生健康的心理品质。

（二）转变传统教师教学角色，形成正确的师生关系

参与式教学法强调"以学生为中心"。参与式教学法在普通高校乒乓球教学中的实施要求教师转变传统教学角色，建立正确的师生关系。

1. 学习以学生为中心，教学以平等为基础

参与式教学过程强调学习以学生为中心，教学过程中师生、生生之间相互平等，教学气氛民主、轻松，关注在学习习惯上的培养和已有经验上的学习。例如，在乒乓球的技能教学部分，教师可让学生自行组织课堂教学比赛并要求学生对比赛过程进行思考，有助于学生在已有经验上对乒乓球的技术、战术的运用能力进行再学习，从而达到探索赛事组织方法、拓展乒乓球知识范围、掌握乒乓球运动技能、实践乒乓球比赛组织能力、进行乒乓球学习方法的再创新。

2. 关注学生的发展需求，形成为学生服务的观念

需求是人类发展的动力源泉。不同的发展需求将导致学生不同的学习动机，所以在参与式乒乓球体育教学前，教师要了解学生，要与没有明确发展需求目标的学生交流，帮助他们明确发展目标，从而激起他们的学习欲望，与传统乒乓球教学相比，参与式乒乓球教学法更注重突出学生的主体地位，这就要求乒乓球教师形成为学生发展服务的观念，以学生为主体、教师为主导，根据学生的需要调整教师角色。教师在学生的学习过程中是参与者，在学生学习困难时是鼓励者，在学生情绪波动时是调控者，总之，体育教师是学生学习知识的服务员和前进路上的加油者，是学生发展所需条件的创造者和学生发展的服务者。

（三）选择合适的教学内家

参与式教学法强调"以活动为主要形式"，这对参与式乒乓球教学的教学内容提出新的

要求，选择适合不同乒乓球教学活动的教学内容成为参与式乒乓球教学能否成功的关键。

1.教学内容体现教学活动的竞争与合作性

在参与式乒乓球教学活动中，处处体现集体的协作与配合，合作会使乒乓球运动更为有效，团队的胜利需要全体成员的相互协作和共同努力。美国心理学家 Morton Deutsehmark 认为个体间不同的互动方式决定于不同的合作，正向的依赖（合作）导致正向互动，负向的合作（竞争）导致负向互动，而无依赖（个体努力）没有互动。因此，乒乓球教师可通过组织乒乓球双打等相互依赖性的体育项目，让学生在乒乓球双打比赛中领会个体目标与团体目标的一致性，学会人与人之间频繁的合作，通过乒乓球双打中个人攻防角色的转换，体会乒乓球双打比赛中不仅需要充分发挥个人技能，更需要练习各种不同的战术配合，依靠集体的相互鼓励、默契配合，通力合作实现共同的目标的团体精神。

2.教学内容贴近生活，提高学生的心理健康

由于乒乓球活动需要社会交往和合作的同时参与者之间又存在相互竞争，与现代社会生活十分接近，在乒乓球双打活动过程中形成的合作、在乒乓球单打过程中的竞争和乒乓球活动中交往的意识和比赛过程中的行为会牵引到学生的日常学习、工作和生活中，促进学生与他人合作、竞争能力及良好人际关系的形成，从而提高学生的社会健康水平。

3.关注学生的学习差异，留足时间自由学习

参与式教学强调以学生为主体，以学生为主体并不意味着课堂教学完全按学生的意愿自主选择学习内容，而应在教师确定和完成主要教学内容的基础上，让学生自由选择其他相关教学内容进行自主学习。例如，教师在乒乓球的步法技术与战术方面的主要教学内容已教完，教师可安排 15~20 分钟的时间让学生自主选择乒乓球步法学习活动内容，学生根据需要选择练习内容，如有的学生进行乒乓球换步步法练习，有的学生进行侧身步步法练习，有的学生进行交叉步步法练习，可以大大提高学生的自主参与度。

（四）确定科学的评价方法和标准

参与式教学法强调"以学生的发展为目的"，这就要求参与式乒乓球教学的评价方法和评价标准不能片面地以学生的乒乓球知识和乒乓球技巧掌握程度为评价依据，需系统、全面地形成包含参与式乒乓球教学的评价标准、评价内容、评价方法以及评价实施途径在内的评价体系。例如，对乒乓球基础好、先天身体条件优、乒乓球学习进步快、自信心强的学生，评价时要更严格。不但要求他们能够规范地完成体育教学任务，还可以要求他们完成更高难度的任务，或者要求他们帮助其他同学完成任务，或者让他们成为团队领袖，带领团队竞赛；而对乒乓球基础差、乒乓球学习进步慢、自卑感强的学生，应尽量寻找他们的闪光点，用激励的语言评价帮助他们树立信心，提高体育学习的兴趣。总之，乒乓球参与式教学的评价应以分层评价、激励成功为主，以激发不同层次的学生学习乒乓球的信心和热情，不断提高学生自我认识和自我教育的能力。

五、参与式教学法在普通高校乒乓球教学的实施过程分析

参与式教学法关注所有参与者积极主动地参与到学习中的程度，强调参与者在课前、课中和课后等整个教学过程的全程参与。接下来，笔者以乒乓球运动中的基础技术——左推右攻为例来说明参与式教学法在普通高校乒乓球教学中的实施。

（一）课前参与

在使用参与式教学的乒乓球教学实践中，学生的课前参与主要体现在以下三个方面。

1. 选择教学内容

目前，我国高校的体育教学课程普遍存在教学内容多、课程时间少的问题。因此，如何做到在高等体育教学大纲的指导下，选择学生关注的重点教学内容成为关键。笔者认为，让学生参与课程教学内容的选择不失为一种好的解决方法。

在教学中，教师可以组织 40 名学生自由进行乒乓球练习并对学生整节课的活动情况进行录像。教师在首次课程结束后，由教师将视频录像发到建立的微信群中或者一起观看首次课程视频，分析学生在乒乓球练习中最薄弱的技术动作、最需要提升的技术工作后，确定本学期的主要教学内容为乒乓球发球和左推右攻教学。

2. 确定教学方案

在确定教学内容后，在乒乓球左推右攻打法教学部分，针对推挡、攻球基本动作的技术要领及左推右攻打法的使用等教学内容，教师详细介绍该部分课程参与式教学的设想，并将初步选定的左推右攻打法的教学内容向学生公布，鼓励学生根据自己乒乓球运动经验的基础提出自己对乒乓球左推右攻技术教学的意见，然后教师与学生一起分析探讨后确定重点教学内容为"推挡动作和攻球动作的规范"，教学难点为"左推和右攻技术动作的衔接及组合运用"。

在确定乒乓球发球、左推右攻的教学内容后，教师要求学生自主学习发球、推挡和攻球动作，通过阅读教材、网上视频学习等获得各种可能的信息，在微信群中一起分析讨论，共同进行分析和判断，对乒乓球发球、推挡和攻球学习的内容进行排查认定，教师把发球、乒乓球正手攻球相关的教学资料提供给学生，让学生以乒乓球教师或乒乓球运动员的心态去研究、去"做学问"，形成自己对乒乓球发球、正手攻球"教"的观点、方法和意见，从而与教师一起确定发球、乒乓球正手攻球教学方案，确定乒乓发球、球左推右攻技术要领为：第一，乒乓球发球技术要领，发球三要素—拍型角度、球拍的用力方向、触球时的瞬间速度对发球的影响，发各种旋转的球、配套发球的手法，乒乓球运动中发球的隐蔽性和准确性及第一落点的掌握。第二，乒乓球推挡技术要领。双脚与肩膀同宽，稍抬后跟；大拇指伸开，通过食指和小拇指来调整拍型角度，中指和无名指发力。第三，乒乓球攻球技术要领。包括攻球站位技术要领和攻球动作站位技术要领，身体与乒乓球台保

持 30 厘米左右的距离，两脚距离与肩同宽，双膝自然弯曲、上身前倾，肩部自然放松。第四，攻球动作击球技术要领。通过稍下压拍面来压低网球弧线，球拍斜挥来制造回球弧线，同时需注意挥拍的稳定性以追求攻球的命中率。第五，左推右攻的组合使用。推球时，可以适当地加力，或者借助对方来球的力量，借力打力。正手攻球一般的打法是采用正手拉弧圈的方式，注意拉球时要以肘关节为圆心，挥动小臂划弧，同时注意保持身体重心放低。

在确定技术要领后，确定本学期的教学计划：发球技术学习为 6 个学时；乒乓球推挡技术学习为 10 个学时；攻球技术学习为 10 个学时；左推右攻的组合使用学习为 14 个学时。

教学方法为精细讲解与大员练习相统一、集体示范与个别指导相结合、给予挑战与鼓励表扬相协调。

3. 参与课件制作

如果学生对左推右攻技术中的某些内容感兴趣，就安排学生自行组织小组备课，制作课件和授课，来激发学生学习的兴趣，例如，教师可根据学生学习兴趣的不同，安排学生自行组织推挡技术、攻球技术和左推右攻组合技术三个不同的小组备课，利用多媒体和现有比赛制作视频课件，激发学生的学习兴趣，加强学生对乒乓球技能的理解。

（二）课中参与

1. 准备活动的参与

在本次教学中，乒乓球选修课程开始的第一、二次课，由教师引领准备活动并口讲解准备活动的作用、练习时间的强度和密度、练习的手段方法等，使学生基本掌握如何做准备活动，同时使其组织能力得到锻炼。从第三次课开始，学生由体育委员整队、清点人数后，依次由各个小组轮流带准备活动，每次课结束前安排每一小组下一次课的准备活动，每次带准备的情况进行记录作为平时成绩的依据。

2. 课程内容的参与

参与式教学法强调"以活动为主要形式"，参与式教学法在乒乓球教学实施过程中的课堂教学参与形式多种多样，在此仅以小组讨论和角色扮演两种课堂教学参与形式进行说明。

（1）小组讨论。课前的小组分组以保证所有学生都能公平、全面地参与课堂讨论为目的，以尊重每个学生的想法、激发学生的探索欲望、共同分享课程内容和新的体会为小组的活动原则，鼓励所有学生积极参与到小组活动中来。

例如，在乒乓球左推右攻的技术与战术教学环节中，教师将 40 名学生分成同时包含高、中、低乒乓球技术水平学生的 8 组，让每组学生自行播放由学生自己制作的课件，课件包括世界冠军比赛时运用发球和左推右攻打法得分的视频、教师的示范视频、学生自己练习的错误动作视频和正确动作视频，教师和学生一起观看视频，讨论、分享和比较分析各自动作存在的问题，研究出各种旋转球的落点、左推右攻以近台正手攻球为进攻，以反手推挡为防守和助攻的主要手段，并研究乒乓球运动中有利于先发制人的打法及左推右攻打法的"快、准、狠、变、转"的风格对乒乓球比赛成绩的影响，每一组选取一个水平相对好的学生为组长进行分组练习，能够调动所有学生的积极性。

（2）角色扮演。教师先与学生沟通和编制与课程教学内容相关的剧情，根据剧情内容将扮演角色分为剧情扮演员、剧情观察员、组长、记录员、发言人等，并要求小组成员之间进行角色互换，来相互找出各自的优缺点促进共同提高。

例如，在乒乓球的左推右攻基本技能教学部分，教师通过组织左推右攻乒乓球比赛，将学生分成若干小组，每个小组包含 5 名学生（1 名赛事组织者、2 名乒乓球运动员、1 名乒乓球赛事裁判、1 名乒乓球赛事记录员），2 名运动员中最早完成移动中左推右攻 10 个回合的运动员取胜；并将左推右攻乒乓球比赛小组成员的组内角色互换，可让学生体验乒乓球赛事组织者、乒乓球运动员、乒乓球赛事裁判、乒乓球赛事记录员等不同角色，找出自己在不同角色扮演时做得好的地方和做得不好的地方，加深乒乓球左推右攻基本技能的理解和掌握程度。

（三）课后参与

参与式教学法强调学生教学过程的全程参与，在使用参与式教学的乒乓球教学实践中，学生的课后参与方式主要包括以下两种。

1. 教学反思与评价

在乒乓球参与式课堂教学中，学生的反思是建立评价基础上的，课程教学完成后的教学评价，不是乒乓球运动学习的总结，而是乒乓球教学活动的反馈环节和掌握教学过程、调整教学行为的手段，只有实现评教的有机结合，才能实现评教的相互促进、共同提高。笔者对实施参与式教学方法的班级采用自评、互评、达标评定相结合的评级方法，各种评价方法的所占比例为学生自评 20%、学生互评 20%、达标评定 60%。

2. 心得体会分享

在乒乓球左推右挡技术课堂结束后，在自主自愿的前提下，引导学生以"微博"方式向教师分享对乒乓球发球、左推右挡课堂内容的想法、感悟和建议等，有助于提升学生的个人自信心，加深对体育运动知识的领悟，培养学生的总结归纳能力。

在乒乓球发球、左推右挡教学部分中教师通过向每个学生下发一张白纸，让学生自己思考、判断、编写乒乓球发球、左推右挡学习测试试题来锻炼学生对教材的把握能力，并分别选取了乒乓球运动的发球、推挡和攻球技术动作要领，推挡和攻球技术组合使用的动作要领，左推右攻技术的使用场合和乒乓球组织的部分试题让学生以乒乓球理论知识测试做题、测试完成后的改题、评题的形式来交流乒乓球发球、左推右攻动作知识的学习方法和学习感受，促使乒乓球运动的教学相长。

（四）参与式教学法在乒乓球教学中的建议

1. 排除不利因素的影响的方法

尽管参与式教学法的应用有利于提高学生参与乒乓球教学活动的积极性，有助于提高学生的乒乓球运动知识和技能，有助于培养学生的体育参与和合作精神，但因参与式教学法本身的特点，乒乓球体育教师仍需排除不利因素的影响，具体包括以下三个方面。

（1）教师加强引导来减少学生的个体差异。参与式教学法强调教学过程以问题引导、活动过程为主，从而使体育课程的系统性、综合性受到影响，导致自学能力不强的学生无法适应，影响学生的学习质量。

参与式教学法能使教师更容易利用学生间的差异来进行正确的引导，教师可利用小组成员间的相互信任、相互帮助来充分发挥小组成员的最大潜力，产生驱动力、向心力和约束力，让学生在动作要领、标准水平和动作规范上尽可能一致，消除学生间的差异性。

（2）教师需转变教学观念来体现学生主体地位。在传统体育教学的课堂上，由于教师拥有绝对权威，导致师生间的关系容易紧张，同学的相处也不太和睦，容易阻碍教师和学生之间的沟通交流。参与式乒乓球教学法的应用则要求教师转变教学观念，营造具有融洽型教学气氛的课堂，使教师与学生之间、学生相互之间的关系平等、民主、和谐，学生处于愉快、互动的情感状态。参与式教学方法注重在教学过程中教师与学生之间及学生与学生之间的情感交流，教师与学生的地位平等，教师只是教学过程中的引导者、促进者。因此，教师在进行课堂教学时，需注意营造融洽型的课堂氛围来让学生真正充分参与到课堂中来，以体现学生在学习过程中的主体地位。

（3）学校通过增加课时和开设班级来保证教学质量。随着我国高等教育的逐渐普及，高校师资和体育场地不足的问题逐渐体现出来。乒乓球参与式教学法的实施所需的课时比传统教学方法多，学校应当适当增加课时数量来保证参与式教学法的实施效果；另外，笔者认为参与式教学实施的班级学生人数太多会较难掌控，建议班级人数不超过 30 人，否则教师不能保证每个学生都参与其中，因而学校需要限制班级人数，增加开展乒乓球开设班级数量来保证参与式教学法在乒乓球教学应用中的教学质量。

2. 课前、课中、课后的建议

针对参与式教学法本身的特点及存在的问题，笔者对参与式教学法在普通高校乒乓球教学中的应用给出以下三个建议。

（1）课前：了解学生，合理分组。我国教育家孔子注重"因材施教"，我国高校学生来自不同的省份，有着不同的家庭教育、社会教育、学习教育，因此，乒乓球教师在实施参与式教学的分组过程中需通过观察、谈心及教学前的测试，了解学生的个性、学习能力，根据组内异质、组间同质的分组原则进行优化组合。

（2）课中：丰富活动形式，全面提升素质。参与式教学法的优势在于可提供多种多样的活动，因而，笔者建议乒乓球参与式教学中的活动形式应丰富多彩，应通过采用运动员、裁判员角色扮演，乒乓球比赛情景模拟，乒乓球教学案例分享等活动形式，让学生在模拟的实际场景中实现乒乓球运动知识的被动接收到主动学习的转换，在乒乓球运动体验中磨砺心性、锻炼体能，坚韧品格。

（3）课后：形成体育意识，坚持终身体育。随着社会快速的发展，人们的生活压力日益增大，社会公众对自身健康的重视日益提高，这就必然要求体育活动的生活化。如何培养学生的终身体育锻炼观念，让体育活动成为学生日常生活的常态，成为高校体育教师日益关注的问题。

笔者认为，一线体育教师应加强对学生终身体育意识的培养，将对学生终身体育意识地培养渗透到各个教学环节中，并在课后的日常教学和生活中身体力行，为学生树立榜样，在提高学生运动的同时，提高学生适应社会、促进社会发展的能力。

参考文献

[1] 汪婕，叶松. 高校排球运动员体能训练的困境及优化路径 [J]. 新体育·运动与科技，2022(10):37-39.

[2] 白亮. 大学体育田径教学训练量与训练强度研究 [J]. 江西电力职业技术学院学报，2022, 35(3):3.

[3] 赵子宽. 高校运动训练和体育教学的发展趋势 [J]. 运动 - 休闲：大众体育，2023(2):3.

[4] 贾婧. 团队式教学法在高校篮球训练中的应用研究 [J]. 文体用品与科技，2022(5):8-10.

[5] 丁广鹏，邹光辉. 基于运动类 APP 载体下女大学生课外体育锻炼调查与分析 [J]. 体育科技，2022, 43(4):121-123.

[6] 张金龙. 模拟训练在排球训练中的有效应用 [J]. 新体育·运动与科技，2022(1):31-33.

[7] 邓伟涛，孙玉林. 新媒体视域下的高校体育教学创新 -- 评《新媒体视阈下大学体育理论与实践》[J]. 皮革科学与工程，2022, 32(6):1.

[8] 翟奇. 大学男生高强度间歇训练对体质健康的影响研究 [J]. 当代体育科技，2022, 12(8):33-36.

[9] 谭丽华. 瑜伽教学与形体训练融合策略分析 [J]. 体育世界，2022(12):3.

[10] 陈刚，赵平. 虚拟现实技术在大学体育专业篮球投篮训练中的应用研究 [J]. 中文科技期刊数据库 (全文版) 教育科学，2022(6):4.

[11] 常国霞. 西北师范大学体育专业实习现状与对策分析 [J]. 新体育·运动与科技，2022(1):105-109.

[12] 管伟. 田径训练特点及教学模式优化 [J]. 当代体育科技，2022, 12(12):50-52.

[13] 蔡先锋. 大学生对体育课程价值观与锻炼行为的相关研究 [J]. 湖北体育科技，2022(2).

[14] 冯子豪. 体育运动训练基本原则与其对高校体育教学的启示 [J]. 科技资讯，2022, 20(17):3.

[15] 闫泽源，周滨. 摔跤运动与大学生体质健康相关性分析及训练方法研究 [J]. 文体用品与科技，2022(6):86-88.

[16] 苗英明，郭家骏. 多球训练法在羽毛球教学中的应用研究 [J]. 运动 - 休闲：大众体

育 , 2022(3):0074-0076.

[17] 徐玮泽，吴运明，李晓晗 . 激励理论在高校田径运动训练中的运用分析 [J]. 文体用品与科技 , 2022(16):166-167.

[18] 杨武荣 . 功能性训练在中学体育教学中的应用效果浅析 [J]. 运动 - 休闲 : 大众体育 , 2022(11):0055-0057.

[19] 李明 . 拓展训练在大学体育教育中的作用 [J]. 冰雪体育创新研究 , 2022(2):3.

[20] 何燕燕，李迎春，贺道远 . 神经教育学视角下解读体育运动学习与教育 [J]. 三峡大学学报 : 人文社会科学版 , 2022, 44(5):93-96.

[21] 贾佳 . 高校田径体能训练的优化与创新 [J]. 新体育·运动与科技 , 2022(8):35-37.

[22] 覃裕强 . 体育游戏在高校排球教学中的应用分析 [J]. 运动 - 休闲 : 大众体育 , 2022(23):3.

[23] 贾毅 . 浅析拓展训练在高校体育教学中的应用 [J]. 运动 - 休闲 : 大众体育 , 2023(1):3.

[24] 万君 . 基于学生体能训练的大学体育教学课程构建策略 [J]. 运动 - 休闲 : 大众体育 , 2022(9):3.

[25] 王伟鹏 . 高校体育教学开展体能训练的必要性及对策 [J]. 水利水电科技进展 , 2022, 42(3):I0007-I0008.

[26] 王威 . 高校体育教学与运动训练研究 [J]. 体育世界 , 2022(7):0113-0114.

[27] 余腾飞 . "阳光体育"视角下高校体育教学与运动训练探讨 [J]. 成才之路 , 2022(24):4.

[28] 王蕊 . 基于"锻炼心理学"的体育锻炼与大学生心理健康教育 [J]. 中国电化教育 , 2022(5):I0003-I0004.

[29] 张建斌 . 基于"阳光体育"理念的高校体育教学与运动训练策略研究 [J]. 当代体育科技 , 2022, 12(35):4.

[30] 王佳祺 . "阳光体育"视角下高校体育教学与运动训练研究 [J]. 淮南职业技术学院学报 , 2022, 22(4):112-114.